John Garstang's Footsteps Across Anatolia

Anadolu'da John Garstang'ın Ayak İzleri

Koç University Koç Üniversitesi
Research Center for Anatolian Civilizations | Anadolu Medeniyetleri Araştırma Merkezi
Archaeology • History of Art • Photography | Arkeoloji • Sanat Tarihi • Fotoğraf

John Garstang's Footsteps Across Anatolia | Anadolu'da John Garstang'ın Ayak İzleri
Edited by | Derleyen
ALAN M. GREAVES

Project Manager | Proje Yöneticisi
Buket Coşkuner
Project Coordinator | Proje Koordinatörü
Şeyda Çetin, Ebru Esra Satıcı
Project Editor | Proje Editörü
Çiçek Öztek
Translation | Çeviri
Yiğit Adam
Copy-Editing | Redaksiyon
Lisa Mer Lenker, Çiçek Öztek
Book Design | Kitap Tasarımı
Sinan Kılıç, Alef Yayınevi Editoryal Tasarım

© Koç Üniversitesi, 2015   •   sertifika no: 18318
1st Edition: Istanbul, September 2015 | 1. Baskı: İstanbul, Eylül 2015
© All images are copyrighted to the Garstang Museum of Archaeology, University of Liverpool unless otherwise stated.
© Aksi belirtilmediği sürece bütün görsellerin telifleri Garstang Museum of Archaeolgy, University of Liverpool'a aittir.

Baskı: Yılmaz Ofset   •   sertifika no: 15878
Nato Caddesi No: 14/1 Seyrantepe Kâğıthane/İstanbul   •   tlf. (212) 284 0226

Koç Üniversitesi Anadolu Medeniyetleri Araştırma Merkezi
İstiklal Cad. No: 181 Merkez Han 34422 Beyoğlu/İSTANBUL
www.rcac.ku.edu.tr

Koç University Suna Kıraç Library Cataloging-in-Publication Data
John Garstang's footsteps across Anatolia = Anadolu'da John Garstang'ın ayak izleri / Edited by Alan M. Greaves ; project manager Buket Coşkuner ; project coordinator Şeyda Çetin, Ebru Esra Satıcı, project editor Çiçek Öztek ; translation Yiğit Adam.
240 pages; 23 x 28 cm
Includes bibliographical references.
ISBN 978-975-97802-7-2
1. Garstang, John, 1876-1956. 2. Turkey–Antiquities–Exhibitions. 3. Turkey–Historical geography–Exhibitions. 4. Excavations (Archaeology)–Turkey–Exhibitions. 5. Middle East–Antiquities–Exhibitions. 6. Hittites–Exhibitions. 7. Hittites–Antiquities–Exhibitions. 8. Syria–Antiquities–Exhibitions. I. Garstang, John, 1876-1956. II. Adam, Yiğit. III. Greaves, Alan M., 1969-. IV. Koç Üniversitesi. Anadolu Medeniyetleri Araştırma Merkezi.
DS51.A15 J64 2015

Cover Image
John Garstang and his colleagues taking tea at their camp during the excavation of Sakçagözü in 1911.

Kapak Resmi:
John Garstang ve meslektaşları, 1911 Sakçagözü kazısı sırasında kampta çay içerken.

© Garstang Museum of Archaeology,
University of Liverpool (I/SG/3)

The authors of this book acknowledge that the work is their original creation and that all the opinions are their own and no one else can be held accountable for them, and that there are no parts in their work that could infringe upon the rights of third parties.

Bu kitabın yazarları, eserlerinin kendi orijinal yaratımı olduğunu ve eserlerde dile getirilen tüm görüşlerin kendilerine ait olduğunu, bunlardan dolayı kendilerinden başka kimsenin sorumlu tutulamayacağını; eserde üçüncü şahısların haklarını ihlal edebilecek kısımlar olmadığını kabul ederler.

John Garstang's Footsteps Across Anatolia

Anadolu'da John Garstang'ın Ayak İzleri

EDITED BY | DERLEYEN
ALAN M. GREAVES

John Garstang's Footsteps Across Anatolia

This book is published within the framework of the exhibition John Garstang's Footsteps Across Anatolia held at Koç University's Research Center for Anatolian Civilizations between 17 September–10 December 2015.

Anadolu'da John Garstang'ın Ayak İzleri

Bu kitap 17 Eylül–10 Aralık 2015 tarihleri arasında Koç Üniversitesi Anadolu Medeniyetleri Araştırma Merkezinde açılan Anadolu'da John Garstang'ın Ayak İzleri sergisi kapsamında yayımlanmıştır.

Contents

Foreword 9

ARTICLES

ALAN M. GREAVES — FRANÇOISE RUTLAND
1. John Garstang: A Biographical Sketch 16

ALAN M. GREAVES — FRANÇOISE RUTLAND
2. Garstang's Anatolia Survey and the Land of the Hittites 33

PHIL FREEMAN
3. John Garstang and the Archaeology of the Near East 45

BOB MILLER
4. The Garstang Photography Archive from Asia Minor 1907–11 61

BÜLENT GENÇ
5. John Garstang and Sakçagözü in the Ottoman Archives 103

B. NİLGÜN ÖZ
6. From Sakçagözü to Ankara: The Story of Garstang's Gateway 114

ALAN M. GREAVES
7. John Garstang and the Foundation of the British Institute at Ankara 127

J.R. PETERSON — KATIE WARING
8. Cataloguing and Digitising Garstang's Photographic Archives 141

GARSTANG'S JOURNEY ACROSS ANATOLIA (1907) 155
CATALOGUE 156

Bibliography 222
Timeline 227
Notes 230
Contributors 236

İçindekiler

Önsöz 9

YAZILAR

ALAN M. GREAVES — FRANÇOISE RUTLAND
1. John Garstang: Bir Yaşam Öyküsü Eskizi 16

ALAN M. GREAVES — FRANÇOISE RUTLAND
2. Garstang'ın Anadolu Yüzey Araştırması ve Hitit Ülkesi 33

PHIL FREEMAN
3. John Garstang ve Yakındoğu Arkeolojisi 45

BOB MILLER
4. Garstang'ın 1907–11 Küçük Asya Fotoğraf Arşivi 61

BÜLENT GENÇ
5. Osmanlı Arşivleri'nde John Garstang ve Sakçagözü 103

B. NİLGÜN ÖZ
6. Sakçagözü'nden Ankara'ya Garstang'ın Kapısının Hikâyesi 114

ALAN M. GREAVES
7. John Garstang ve Ankara İngiliz Arkeoloji Enstitüsünün Kuruluşu 127

J.R. PETERSON — KATIE WARING
8. Garstang'ın Fotoğraf Arşivinin Kataloglanması ve Dijitalleştirilmesi 141

GARSTANG'IN BÜYÜK ANADOLU SEYAHATİ (1907) 155
KATALOG 157

Kaynakça 222
Zaman Çizelgesi 227
Notlar 230
Katkıda Bulunanlar 236

Foreword

This book, and the accompanying exhibition, aim to highlight the international contributions of Professor John Garstang to the study of archaeology in Turkey and the Near East. Garstang is an important figure in the archaeology of Turkey but is relatively unknown outside of academia. Two of his most significant contributions were his 1907 Anatolia Survey and his use of photography as a means of recording archaeological discoveries, which are the foci of this book. The photographic collections from Garstang's survey of Anatolia and North Syria that are featured here established for the first time the full extent of the ancient Hittite Empire and effectively laid the foundation for Hittite historical geography as we know it today.

This book, and the exhibition that accompanies it, are the fruition of five years of research at the University of Liverpool, where a team of technicians, using the latest digital technology, digitised thousands of images from Garstang's archives of delicate glass photographic negatives. The captured images were of a very high resolution and were catalogued using international standards of archival description. These images, and the catalogue data that accompanies them, are not just beautiful or interesting—they will serve as an important source of primary research data for the academic community for years to come.

Önsöz

Bu kitap ve ona eşlik eden sergi, Profesör John Garstang'ın Türkiye ve Yakındoğu'daki arkeolojik çalışmalara yaptığı uluslararası katkıları vurgulamayı amaçlamaktadır. Türkiye arkeolojisinde önemli bir şahsiyet olan Garstang, akademik çevreler dışında çok fazla tanınmaz. Yapmış olduğu en önemli iki katkı 1907 yılı Anadolu Yüzey Araştırması ve arkeolojik keşiflerin kayıtlarında fotoğraf kullanmasıdır, bu kitabın odağını da bu araştırma ve fotoğraflar oluşturmaktadır. Bu kitaba alınan, Garstang'ın Anadolu ve Kuzey Suriye yüzey araştırmalarında çektiği fotoğraflardan oluşan koleksiyonlar, ilk defa eski Hitit İmparatorluğu'nun tam kapsamını tespit etmiş, buna bağlı olarak da bugün bildiğimiz anlamıyla tarihi Hitit coğrafyası araştırma alanının temellerini atmıştır.

Bu kitap ve sergi, Liverpool Üniversitesinde beş yıl boyunca yürütülen bir araştırma sonucunda ortaya çıkan bulgular üzerine inşa edilmiştir. Bir araştırma ekibi Garstang'ın fotoğrafik arşivlerinde bulunan binlerce görüntüyü en son dijital teknolojileri kullanarak dijitalleştirdi ve narin cam negatifler üzerindeki görüntüleri çok yüksek çözünürlükte fotoğraflayarak içerdikleri bilgileri uluslararası arşiv kaynakları tanımlama standartlarına uygun şekilde katalogladı. Bu görüntüler ve onlara eşlik eden katalog verileri güzel ya da ilginç olmakla kalmayıp, akademik topluluğun yıllar boyunca faydalanacağı başlıca araştırma veri kaynağı olarak hizmet edecektir.

Once the images held on the delicate glass plate negatives have been captured, their "digital surrogates" can be made widely available without the need handle the fragile originals. They can be digitally enhanced to reveal details not previously visible, or studied for evidence of buildings, artefacts and landscapes that have been irrevocably changed or lost in the intervening century since Garstang photographed them. They can also be digitally restored to undo the damage caused by repeated handling and the passage of time. However, when compiling this book, the decision was made not to crop or retouch the images in any way (except where stated) so that the reader can appreciate the original composition of each image as it was intended to be seen.

The contents of this book are divided into two sections: articles in the first section and photographs in the second. Each of the articles analyse a different aspect of Garstang's work in Turkey. The first two cover Garstang's life story and the background to his important 1907 Anatolia Survey (Greaves and Rutland). Phil Freeman surveys Garstang's career in the archaeology of the Near East as a means of providing context for his work in Turkey, and sheds light on the financial and political constraints under which archaeologists of that era had to work. Next, Bob Miller provides fascinating insight into technical as well as aesthetic considerations of the photographs created by Garstang and his technician Horst Schliephack. Bülent Genç then explores Garstang's relationship with the Ottoman state by examining official correspondence regarding his excavations at Sakçagözü. The history of Garstang's most iconic discovery in Turkey—the carved stone reliefs of the palace gateway at Sakçagözü—is examined by B. Nilgün Öz in an article that follows them from initial discovery to transport, restoration, and display in the Mu-

Narin cam plaka negatifler üzerindeki görüntülerin fotoğraflanmasıyla, bu "dijital suretler" hassas orijinalleri kullanmaya gerek kalmadan geniş kitlelerin erişimine sunulabilir. Bunların dijital olarak daha iyi hale getirilmesiyle daha önce görülemeyen ya da incelenmemiş ayrıntıların görülmesi mümkün olmakta, bu sayede Garstang'ın fotoğraflamasından bu yana geri dönülmez şekilde değiştirilmiş veya yok olmuş binalar, eserler ve manzaralara kanıt oluşturmaktadır. Bu görüntülerin tekrar tekrar kullanılmalarının ve aradan geçen zamanın yol açtığı hasarları ortadan kaldırabilmek amacıyla dijital olarak onarılmaları da mümkündür. Ancak, bu kitap derlenirken, okuyucunun her resmi, çekildikleri anda düşünülen kompozisyonuyla değerlendirebilmesi amacıyla (aksi belirtilmedikçe) görüntülerin hiçbir şekilde kesilmemesi veya rötuşlanmaması yönünde bir karar alındı.

Bu kitabın içeriği makaleler ve albüm olmak üzere ikiye ayrılıyor. Makalelerin her biri Garstang'ın Türkiye'deki çalışmalarının bir yönünü ele alıyor. İlk ikisi, Garstang'ın hayat hikâyesini ve onun en önemli çalışmalarından biri olan 1907 yılı Anadolu Yüzey Araştırması'nın arka planını kapsamaktadır (Greaves ve Rutland). Phil Freeman, Garstang'ın Mısır ve Filistin'de yaptığı çalışmalar da dahil olmak üzere Yakındoğu arkeolojisi kariyerini ele alarak Türkiye'de gerçekleştirdiği çalışmaları bir bağlama oturtup bir yandan da o dönemde arkeologların çalışmalarını yürütürken karşılaştıkları finansal ve politik kısıtlamaları gözler önüne sermektedir. Garstang ve teknisyeni Horst Schliephack'ın fotoğraf kullanımına ilişkin etkileyici bir kavrayış sergileyen Bob Miller'ın makalesinde de fotoğraflar detaylı bir şekilde incelenerek teknik özellikleri ve estetik kompozisyonları değerlendirilmektedir. Bunun ardından Bülent Genç, Garstang'ın 1908-11 yıllarında Sakçagözü'nde yaptığı kazılara ilişkin Osmanlı Arşivleri'nde bulunan yazışmaları inceleyerek arkeoloğun Osmanlı Devleti ile ilişkisini ele almaktadır. Garstang'ın Türkiye'deki en ikonik keşfi olan Sakçagö-

seum of Anatolian Civilisations in Ankara where they can be seen to this day. In addition to his work in the field, John Garstang also established the British Institute in Ankara (BIAA); our penultimate chapter assesses Garstang's use of his diplomatic and academic contacts in its founding. Finally, JR Peterson and Katie Waring describe the methodical process by which Garstang's glass plate negatives were digitised and catalogued in a dedicated research facility in the University of Liverpool.

The second half of this book presents a catalogue of selected images from Garstang's 1907 journey across Anatolia. Not only did Garstang's photograph albums provide him with essential recordings of his excavations and surveys as they had happened, they were also useful to show to his sponsors. In an era before there were large government grants or charitable institutions to underwrite archaeological fieldwork, Garstang financed his work through convening "archaeological committees" of local businessmen and dignitaries with an interest in archaeology. When he returned to England from doing fieldwork, Garstang would host dinners for his sponsors during which photographic albums of his latest expedition would be displayed. This relationship with his sponsors is not just a historical curiosity of the time; it fundamentally informed where and how he could work, and can also be seen reflected in the composition of his photographs. For example, in the image on the cover of this book, Garstang and his team are prominently displaying to his sponsors emblems and behaviours of British "civilisation" such as a pith helmet, drinking tea from a British-style teapot, and the new technology of mosquito nets that would justify the investment that had made in his expedition. The very prominent position of the saddle in the front of the image and the horse in the background also reminded them that their money had been

zü'ndeki saray giriş kapısının taş kabartmalarının, ilk keşfedilişinden naklendilişine, restorasyonuna ve nihayet Ankara Anadolu Medeniyetleri Müzesinde sergilenişine kadar tarihçesi B. Nilgün Öz tarafından irdelenmektedir. Garstang Ankara İngiliz Arkeoloji Enstitüsünün (BIAA) kurucusudur. Bunu başarmak için diplomatik ve akademik bağlantılarını nasıl kullandığı da sondan bir önceki bölümde incelenmektedir. Son olarak J.R. Peterson ve Katie Waring, Liverpool Üniversitesinde bu iş için özel olarak kurulan bir araştırma tesisinde Garstang'ın cam plaka negatiflerinin dijitalleştirilmesi ve kataloglanmasında kullanılan yöntem ve süreci anlatmaktadır.

Bu kitabın ikinci yarısında Garstang'ın 1907'de Anadolu'yu kateden yolculuğunda çekilmiş görüntülerden seçilmiş bir katalog sunulmaktadır. Bu fotoğraf albümleri Garstang'a kazı ve yüzey araştırmalarının yapıldıkları zamandaki halini gösteren temel kayıtlar sunmakla kalmayıp mali destekçilerine sunabileceği belgeler olarak da yararlı olmaktaydı. Arkeolojik saha çalışmalarını finanse edecek büyük çaplı devlet teşvikleri veya hayır kurumlarının olmadığı bir çağda, Garstang çalışmalarına mali destek bulabilmek için "arkeoloji komiteleri" oluşturmuştu. Bunlar Garstang'ın o zamanki projesine yönelik önemli bir miktar para taahhüt etmiş, arkeolojiyle ilgilenen yerel işadamları ve ileri gelenlerden oluşmaktaydı. İngiltere'ye döndüğünde, destekçilerine akşam yemeği düzenler ve yemekte son seferinin albümlerini gösterirdi. Destekçileriyle girdiği bu ilişki sadece o döneme ait ilgi çekici bir konu olmakla kalmayıp, onun nerede ve nasıl çalışacağını da temelden belirlemekteydi; bunun yansımaları fotoğraflarının kompozisyonunda da görülebilir. Örneğin, bu kitabın kapağında yer alan fotoğrafta Garstang ve ekibi, yanlarında bulunan sömürge tarzı şapka, İngiliz tarzı çaydanlık ve en son teknoloji sinekliklerleri belirgin bir şekilde destekçilerine yaptıkları yatırımın boşa gitmediğini gösteren Britanya "medeniyeti"ne dair izler ve dav-

spent on transport and horses, which is corroborated by Garstang's published accounts of the 1907 expedition that show these items accounted for a large proportion of his total expenditure. Examples of Garstang's photo albums survive in the archives of the Garstang Museum of Archaeology in Liverpool and in the British Institute in Ankara. In designing the catalogue we have therefore taken inspiration from these albums to remind the reader that this is how they would have been viewed by Garstang's colleagues, friends and sponsors.

The research for this project began with an Arts and Humanities Research Council Collaborative Doctoral Award in partnership with National Museums Liverpool. Françoise Rutland's research for that project used archival sources to understand the social and political context within which the Hittite Gallery at Liverpool Public Museum—which featured plaster casts of Hittite sculptures produced by Garstang during his travels in Turkey—was established in 1931. When that gallery was bombed in the Blitz of May 1941, Liverpool lost the most prominent legacy of Garstang's long career in that city. In 2010, the Heritage Lottery Fund was approached to fund a new exhibition and digitisation project to recapture Liverpool's missing heritage. The Lost Gallery exhibition, which first opened in 2011, included loans of casts from the British Museum and attracted hundreds of thousands of visitors to both Liverpool University's Victoria Gallery and Museum and to Garstang's hometown of Blackburn. Most recently, The University of Liverpool has created a permanent imaging suite to allow the digitisation of Garstang's archives to continue. Generous grants from the Pilgrim Trust and Friends of the University of Liverpool charities have allowed the research team to start work on digitising his collections from Egypt and Sudan.

ranışlar sergilemektedir. Resmin ön kısmında yer alan göze çarpan konumuyla bir eyer ve arka plandaki at da destekçilere paralarının ulaşım ve atlara harcandığını hatırlatmakta, Garstang'ın 1907 yılı seferine ilişkin yayımlanmış belgelerinde de görülen, bu kalemlerin toplam harcamalarının büyük bir kısmını oluşturduğu doğrulanmaktadır. Bugün Garstang'ın bazı fotoğraf albümleri Liverpool'daki Garstang Arkeoloji Müzesi arşivlerinde ve Ankara'daki İngiliz Arkeoloji Enstitüsünde saklanmaktadır. Kataloğu tasarlarken biz de bu albümlerden esinlenerek okuyucuya bu görüntüleri Garstang'ın meslektaşları, arkadaşları ve destekçilerinin görmüş olacağı şekilde yansıtmayı düşündük.

Bu proje için yapılan araştırma National Museums Liverpool ortaklığı ile Arts and Humanities Research Council Doktora İşbirliği Desteği sayesinde başlatıldı. Françoise Rutland, o proje kapsamında yürüttüğü araştırmada, 1931'de Liverpool Halk Müzesi bünyesinde kurulan ve Garstang'ın Türkiye'de yaptığı yolculukları sırasında üretilen Hitit heykellerinin alçı döküm modellerinin sergilendiği Hitit Galerisinin kuruluşundaki sosyal ve politik bağlamı anlamak için arşiv kaynaklarını kullandı. Bu galeri büyük Mayıs 1941 hava taarruzunda bombalandığında, Liverpool şehri de Garstang'ın bu kentteki uzun kariyerinin en önemli mirasını kaybetmiş oldu. Böylece Liverpool'un kayıp mirasını ortaya çıkarmak için düzenlenecek yeni bir sergi ve dijitalleştirme projesine mali destek bulabilmek amacıyla 2010'da Heritage Lottery Fund ile temasa geçildi. British Museum'dan ödünç alınan alçı döküm modelleri de içeren, 2011'de açılan Lost Gallery sergisi hem Liverpool Üniversitesi bünyesindeki Victoria Galeri ve Müzesine hem de Garstang'ın memleketi olan Blackburn'e yüz binlerce ziyaretçi çekti. Çok kısa bir süre önce de Liverpool Üniversitesi, Garstang arşivlerinin dijitalleştirilmesinin devam edebilmesi için kalıcı bir görüntüleme odası tesis etti. Araştırma ekibinin Garstang'ın Mısır ve Sudan koleksiyonlarını dijitalleştirmeye başlaması

It is a great honour to acknowledge the help and support of the many people who have made this book and exhibition project possible. The Koç University Research Centre for Anatolian Civilisations provided not only the venue and funding for the exhibition, but also the overall project direction and support by their expert professional events team of Buket Coşkuner, Şeyda Çetin and Ebru Esra Satıcı. In Istanbul, the editorial team of Çiçek Öztek, Sinan Kılıç and Yiğit Adam made the process of editing the book a real pleasure. In Liverpool, the project research team of JR Peterson, Françoise Rutland and Katie Waring provided essential technical, academic and archival support throughout. Contributing institutions include the British Institute at Ankara, the Palestine Exploration Fund and University College London. Above all, it is the wonderful images from the archives of the Garstang Museum of Archaeology that inspired this project and it is therefore a delight to be able to acknowledge the collegial support of their curatorial staff, especially Gina Criscenzo-Laycock and Daniel Potter. Ivan Sestan also provided generous technical support and enthusiasm. On a personal note, I would like to thank Brigitte Resl of the School of Histories, Languages and Cultures at Liverpool University for her unstinting support for the on-going digitisation project.

da Pilgrim Trust ve Friends of the University of Liverpool derneklerinin cömert yardımları sayesinde mümkün oldu.

Bu kitap ve sergi projesini mümkün kılan çok sayıda insanın yardım ve desteğinden dolayı teşekkürlerimi sunmak benim için büyük bir onur. Koç Üniversitesi Anadolu Medeniyetleri Araştırmaları Merkezi sadece sergiye ev sahipliği etmekle ve mali destek sağlamakla kalmadı, Buket Coşkuner, Şeyda Çetin ve Ebru Esra Satıcı'dan oluşan profesyonel ekibinin uzman proje yönetimi ve desteğini de sundu. Çiçek Öztek, Sinan Kılıç ve Yiğit Adam'dan oluşan editoryal ekip sayesinde kitabın yayına hazırlanması gerçekten keyifli bir süreç oldu. JR Peterson, Françoise Rutland ve Katie Waring'den oluşan Liverpool'daki proje araştırma ekibi, tüm süreç boyunca önemli teknik, akademik ve arşivsel destekler sundu. Projeye katkı sunan kurumlar arasında Ankara İngiliz Arkeoloji Enstitüsü, Filistin Araştırma Fonu ve University College London bulunuyor. Her şeyden öte, bu projeye esin olan, Garstang Arkeoloji Müzesi arşivlerindeki muhteşem fotoğraflardır, dolayısıyla en başta Gina Criscenzo-Laycock ve Daniel Potter olmak üzere kurumun tüm küratöryel ekibine teşekkürü borç bilirim. Ivan Sestan da cömert teknik desteğini ve coşkusunu esirgemedi. Liverpool Üniversitesi Tarih, Diller ve Kültürler Okulundan Brigitte Resl'e, devam etmekte olan dijitalleştirme projesine verdiği cömert destek için özellikle şükranlarımı sunmak isterim.

ARTICLES

YAZILAR

FIG. 1.1 John Garstang.
GARSTANG MUSEUM OF ARCHAEOLOGY, UNIVERSITY OF LIVERPOOL, (I/G/001)

RES. 1.1 John Garstang.
GARSTANG ARKEOLOJİ MÜZESİ, LIVERPOOL ÜNİVERSİTESİ, (I/G/001)

ALAN M. GREAVES — FRANÇOISE RUTLAND

CHAPTER 1

John Garstang: A Biographical Sketch

The aim of this chapter is to present a brief overview of the life of John Garstang. In particular, the chapter covers the education, family and friends that proved to be influential in Garstang's academic career which is the subject of this book and accompanying exhibition. Themes that are developed in the remaining chapters of this book are touched upon only briefly here.

Education

John Garstang (May 5, 1876–September 12, 1956) was a charismatic figure in the history and development of British archaeology (Fig. 1.1). The son of a physician and one of six children, Garstang was born and educated in Blackburn (Fig. 1.2). Blackburn was one of the boomtowns of the Industrial Revolution and at the time Garstang was born it was a large and prosperous town with many textile factories.

From an early age Garstang developed an interest in archaeology. As a young man, he participated in excavations

BÖLÜM 1

John Garstang: Bir Yaşam Öyküsü Eskizi

Bu bölümün amacı, John Garstang'ın hayatına ilişkin kısa bir biyografik bakış sunmak ve bu sergi ve kitabın konusu olan akademik kariyeri üzerinde etkili olmuş eğitimi, ailesi ve arkadaşlarına dair bilgi vermektir. Kitabın geri kalan bölümlerinde etraflıca ele alınan temalara burada sadece kısaca değinilmiştir.

Eğitimi

John Garstang (5 Mayıs 1876–12 Eylül 1956) İngiliz arkeolojisinin tarihinde ve gelişiminde rol oynamış karizmatik bir kişiliktir (Res. 1.1). Blackburn'de bir hekimin altı çocuğundan biri olarak doğmuş, eğitimini burada tamamlamıştır (Res. 1.2). O zamanlar Blackburn, Sanayi Devrimi ile hızla gelişen yerlerden biri, Garstang'ın doğduğu yıllarda birçok tekstil fabrikasının olduğu büyük ve müreffeh bir şehirdi.

Garstang, daha erken yaşlarda arkeolojiye ilgi duymaya başlamış, 1898 yazında, Lancashire, Ribchester'da, kendi

FIG. 1.2 Garstang family home in Blackburn, Lancashire, Northwest England.
COURTESY OF WOODCOCKS, HAWORTH AND NUTHALL SOLICITORS

RES. 1.2 Garstang ailesinin Blackburn'deki evi, Lancashire, Kuzeybatı İngiltere.
WOODCOCKS, HAWORTH AND NUTHALL SOLICITORS'IN İZNİYLE

FIG. 1.3 Jesus College, University of Oxford.

RES. 1.3 Jesus College, Oxford Üniversitesi.
HTTP://UPLOAD.WIKIMEDIA.ORG/WIKIPEDIA/COMMONS/0/07/SECOND_QUAD%2C_JESUS_COLLEGE_OXFORD.JPG

across Britain, including the Roman fort at Ribchester in Lancashire in the summer of 1898, close to his native Blackburn, as well as Melandra (in 1899), Richborough (in 1900) and Brough-on-Noe (in 1903). Francis J. Haverfield (1860–1919), Camden Professor of Ancient History at Oxford University, introduced Garstang to excavation at Roman Ribchester, during which time a bronze cavalry helmet, now in the British Museum, was uncovered (Freeman 2007).

memleketi Blackburn yakınlarında bulunan Roma kalesinin yanı sıra Melandra (1899), Richborough (1900) ve Brough-on-Noe (1903) da dahil olmak üzere, İngiltere'nin çeşitli alanlarında kazılara katılmıştır. Oxford Üniversitesi Eskiçağ Tarihi Camden Profesörü Francis J. Haverfield (1860–1919) Garstang'ı kazı ile Roma dönemi Ribchester'ında tanıştırmış ve o sıralarda kazıda, şu anda British Museum'da bulunan bir bronz süvari kaskı bulunmuştur (Freeman 2007).

FIG. 1.4 Archibald Sayce (left), John Garstang (centre) and another man in the excavators' camp during the first season of excavations at Meroë, Sudan 1910.

"EXCAVATORS IN CAMP," 1910, GARSTANG MUSEUM OF ARCHAEOLOGY, UNIVERSITY OF LIVERPOOL, (I/M/Z/015)

RES. 1.4 Sudan, Meroe'de 1910'daki ilk kazı sezonunda kazı kampında Archibald Sayce (solda), John Garstang (ortada) ve başka bir adam.

"EXCAVATORS IN CAMP," 1910, GARSTANG ARKEOLOJİ MÜZESİ, LIVERPOOL ÜNİVERSİTESİ, (I/M/Z/015)

In 1895 Garstang went up to Oxford University to read Mathematics at Jesus College (FIG. I.3). The young John was introduced to Oxford by his elder brother Walter (1868–1949) who was already there as a Fellow of Zoology by the time John enrolled. Walter was also to go on to become a famous academic, as professor of Zoology at Leeds University. John read Mathematics at Jesus College but his studies were not a resounding success, and he graduated with only a third class degree. However, it was at Oxford that Garstang first met the Reverend Archibald Henry Sayce (1846–1933) who was then the Professor of Assyriology at Oxford (FIG. I.4). Sayce was to become Garstang's lifelong mentor and friend, and would be a great influence on his future career. It was Sayce who first inspired the young Garstang to search for the Hittites in Anatolia.

Garstang, 1895 yılında, Jesus College'da (RES. I.3) matematik okumak için Oxford Üniversitesine gitti. Genç John'un Oxford ile tanışmasına, onun kaydını yaptırdığı sıralarda zooloji bölümünde çalışmakta olan ağabeyi Walter (1868–1949) önayak olmuştur. Walter da daha sonra Leeds Üniversitesinde zooloji profesörü olarak ünlü bir akademisyen olacaktır. John, Jesus College'da matematik okumuş, fakat öğrenciliğinde çok başarılı olmamış ve okuldan ancak üçüncü sınıf bir dereceyle mezun olmuştur. Ancak Garstang, o dönemde Oxford'da Asuroloji profesörü olan Peder Archibald Henry Sayce (1846–1933) ile ilk defa orada bir araya gelmişti (RES. I.4). Sayce, Garstang'ın ömür boyu akıl hocası ve arkadaşı olacak, gelecekteki kariyeri üzerinde de büyük bir etki bırakacaktır. Genç Garstang'a Anadolu'da Hititleri araştırma ilhamını ilk veren de Sayce olmuştur.

JOHN GARSTANG: A BIOGRAPHICAL SKETCH

JOHN GARSTANG: BİR YAŞAM ÖYKÜSÜ ESKİZİ

FIG. 1.5 William Flinders Petrie.
COURTESY OF THE PETRIE MUSEUM OF EGYPTIAN ARCHAEOLOGY, UCL

RES. 1.5 William Flinders Petrie.
PETRIE MISIR ARKEOLOJİ MÜZESİ, UCL İZNİYLE

In 1900 Sayce introduced Garstang to the eminent archaeologist Sir William Matthew Flinders Petrie (1853–1942), who led to his work as apprentice archaeologist on Petrie's excavations at Abydos in Egypt (FIG. 1.5). Then aged twenty-three, Garstang was to work with Petrie for four years, during which time he became fluent in Arabic. In 1904 he transferred to the Beni Hassan site, also in Egypt, where he lived within the empty tombs with workmen and hosted visitors (Garstang 1903). Here he discovered an intact ancient Egyptian footprint in one of the sealed tombs (Garstang 1950, 206–7).

Sayce, Garstang'ı 1900 yılında, Mısır, Abydos'ta sürdürdüğü kazıda stajyer arkeolog olarak çalışmak üzere, tanınmış arkeolog Sir William Matthew Flinders Petrie (1853–1942) ile tanıştırdı (RES. 1.5). O zaman yirmi üç yaşında olan Garstang, Petrie'yle dört yıl boyunca çalışmış, bu zaman zarfında akıcı düzeyde Arapça öğrenmişti. 1904 yılında, yine Mısır'daki Beni Hasan kazı alanına nakledilmiş, orada ziyaretçiler ve işçilerle birlikte boş mezarların içinde kalmıştı (Garstang 1903). Burada, mühürlenmiş mezarlardan birinde, bozulmamış halde antik Mısır'dan kalma bir ayak izi keşfetmişti (Garstang 1950, 206–7).

FIG. 1.6. This waterfront of the historic maritime city of Liverpool, now designated a World Heritage Site by UNESCO.

RES. 1.6. Tarihi liman şehri Liverpool'un rıhtımı UNESCO tarafından Dünya Mirası ilan edildi.
HTTP://UPLOAD.WIKIMEDIA.ORG/WIKIPEDIA/COMMONS/0/01/
LIVERPOOL_PIER_HEAD_FROM_ALBERT_DOCK.JPG

Just as Sayce had influenced his archaeological thinking, so Petrie was to influence Garstang's fieldwork practices. Petrie was known to be a difficult man to work with but Garstang proved to be an avid pupil of his archaeological methods. Petrie must have been satisfied with Garstang's work, because he was given sites to manage independently quite soon into his apprenticeship (Drower 1995, 263–285). Garstang eventually worked for Petrie at twenty different sites across Egypt and Nubia. Petrie was one of the first archaeologists to use photography as an archaeological recording method (Drower 1995, 48). Garstang went on to fully develop this technique and he amassed thousands of glass negatives, now held at the University of Liverpool's Garstang Museum of Archaeology.

Garstang also adopted Petrie's methods of site management which involved recruiting and training a local workforce, recognising the importance of learning native languages, applying new technology (such as photography), and utilizing Petrie's accurate site survey meth-

Sayce, nasıl Garstang'ın arkeolojik düşünce yapısını etkilediyse, Petrie de saha pratiklerini etkileyecekti. Petrie birlikte çalışması zor bir kişi olarak bilinirdi, fakat Garstang, hocasının arkeolojik yöntemlerinin gayretli bir öğrencisi olduğunu kanıtlayacaktı. Petrie de Garstang'ın çalışmalarından memnun kalmış olmalı ki, acemilik döneminin üzerinden çok zaman geçmeden ona yönetiminden tek başına sorumlu olduğu kazı alanları teslim etmeye başladı (Drower 1995, 263–285). Garstang sonunda, Petrie için Mısır ve Nubiya genelinde yirmi farklı kazı alanında çalıştı. Petrie, fotoğrafı arkeolojik bir kayıt yöntemi olarak kullanan ilk arkeologlardan biriydi (Drower 1995, 48). Garstang daha sonra bu tekniği geliştirdi ve günümüzde Liverpool Üniversitesi bünyesindeki Garstang Arkeoloji Müzesinde bulunan binlerce cam negatif biriktirdi.

Garstang ayrıca, Petrie'nin yerel işgücü kullanmayı ve onları eğitmeyi içeren kazı alanı yönetimi yöntemlerini benimsemiş, yerel dilleri öğrenmenin, (fotoğrafçılık gibi) yeni teknolojilere başvurmanın ve Petrie'nin hassas kazı alanı yüzey araştırmaları metodolojisinin önemini kavramıştı

odology (Drower 1995, 34–67) He also acquired some of Petrie's interest in Near Eastern physiognomy which can be seen in the photographs of local people that he took during his travels (Sheppard 2010, 17). Furthermore, Garstang adopted Petrie's practice of delegating the tricky job of on-site management to some unsuspecting assistant who had been taken to the excavation site on an entirely different premise (e.g. as site artist).

Life in Liverpool

At a time when the British Empire spanned the globe, the port of Liverpool was its second city (Fig. 1.6). At times during the nineteenth century the wealth of Liverpool even exceeded that of London itself. In the early twentieth century, British society was developing a great interest in archaeology, especially that of ancient Egypt. Although he was a successful archaeologist, Garstang's real gift was as a fundraiser. He popularised archaeology in the wealthy city of Liverpool and in doing so raised the money he needed to fund his excavations and establish Britain's first ever Institute of Archaeology. He wrote extensively for Liverpool-based newspapers such as the *Daily Post* and *Liverpool Echo* as well as nationally for *The Times*. In these articles, his readers could follow his latest exploits in archaeology, very much like modern day Internet blogs. Liverpudlians also flocked to hear his public lectures and to see exhibitions of artefacts from his latest excavations.

Most importantly, Garstang's popularisation of archaeology succeeded in stimulating the interest of the merchants and industrialists that were so central to Liverpool's commercial boom, and successfully recruiting them as donors and sponsors of his work. In an era before there were government grants to pay for archaeo-

(Drower 1995, 34–67). Aynı zamanda, seyahatleri sırasında çektiği yöre insanlarının fotoğraflarından anladığımız üzere, Petrie'nin Yakındoğu fizyonomisine yönelik ilgisini de benimsemişti (Sheppard 2010, 17). Garstang'ın, Petrie'nin yaptığı gibi, kazı alanı yönetimi gibi zorlu bir işi, orada tamamen farklı bir sebeple bulunan, konudan bihaber bir asistana (örneğin bir kazı alanı sanatçısına) emanet etme uygulamasını benimsemiş olduğunu da görüyoruz.

Liverpool'daki Hayatı

Britanya İmparatorluğu'nun dünyaya yayılmış olduğu bir dönemde, Liverpool limanı ülkenin ikinci büyük kentiydi (Res. 1.6). On dokuzuncu yüzyılın belirli dönemlerinde Liverpool'un zenginliği Londra'yı bile geçmişti. Yirminci yüzyılın başlarında, İngiliz toplumu arkeolojiye, özellikle de eski Mısır'a büyük bir ilgi duymaya başlamıştı. Başarılı bir arkeolog olan Garstang'ın esas yeteneği çalışmalarını gerçekleştirmek için mali destek bulma konusundaki ustalığıydı. Kendi memleketi olan zengin Liverpool kentinde arkeolojiyi popülerleştirerek hem kazılarını finanse edebilmek hem de İngiltere'nin ilk Arkeoloji Enstitüsünü kurmak için gereken parayı toplamayı başarmıştı. Garstang, hem Liverpool merkezli *Daily Post* ve *Liverpool Echo* gibi yerel gazetelere hem de *The Times* gibi ulusal gazetelere sık sık makaleler yazıyordu. Okuyucuları, bunlar aracılığıyla, aynı günümüzdeki internet blog'larında olduğu gibi, onun arkeoloji alanındaki son başarılarını takip edebiliyordu. Liverpool'lular onun halka açık konferanslarına ve son kazılarında bulunan eserlerin sergilerine de akın ediyordu.

En önemlisi, Garstang'in arkeolojiyi popülerleştirmesi, Liverpool'un ticari başarısında merkezi bir rol üstlenen tüccar ve sanayicilerin ilgisini uyandırmış, bu da onları çalışmalarına bağışta bulunmaya ve destek vermeye ikna etmişti. Arkeolojik araştırmalara devlet teşviklerinin olmadı-

FIG. 1.7 The original University of Liverpool building, now the Victoria Gallery and Museum.

RES. 1.7 Liverpool Üniversitesinin ilk binası. Günümüzde Victoria Galerisi ve Müzesine ev sahipliği etmektedir.

© UNIVERSITY OF LIVERPOOL 2015

logical research, Garstang engaged these wealthy philanthropists in a series of excavation committees that were to pay for his expeditions and excavations (see Freeman in this volume). The members of these committees were generally local merchants with antiquarian interests who shared the costs of the expedition among them.

Garstang began working at the University of Liverpool in 1902 (FIG. 1.7), when he was only twenty-six years old, and within just five years he was made Professor of Methods and Practice of Archaeology, a post he held until 1941. He used this position at the university and his contacts with wealthy merchants and industrialists to establish the Liverpool Institute of Archaeology in 1904. Ramsay Muir (1872–1941), who was Professor of History at Liverpool, wrote:

> John Garstang brought the hard-headed business sense of a Lancashire man to the service of archaeology [...] we used to laugh at him when he set forth

ğı bir dönemde Garstang, bu zengin hayırseverleri, yaptığı keşif seferlerini ve kazıları karşılayacak bir dizi kazı komitesi kurarak konuya dahil etmeyi başarmıştı (bkz. Freeman'in bu kitaptaki makalesi). Bu komiteler genellikle keşif seferlerinin maliyetlerini aralarında paylaşan eski eserlere meraklı yerel tüccarlardan oluşuyordu.

Garstang, 1902 yılında Liverpool Üniversitesinde çalışmaya başladığında sadece yirmi altı yaşındaydı (RES. 1.7) Bundan beş yıl kadar kısa bir süre sonra arkeoloji yöntemleri ve uygulaması profesörü oldu ve bu görevi 1941 yılına kadar sürdürdü. Üniversitedeki bu konumundan ve zengin tüccar ve sanayicilerle bağlantılarından faydalanarak 1904 yılında Liverpool Arkeoloji Enstitüsünü kurdu. Liverpool'da tarih profesörü olan Ramsay Muir (1872–1941) şöyle yazar:

> John Garstang, Lancashire'lı bir adamın iş bilir ticari sezgilerini arkeolojinin hizmetine sunmuştu [...] pazar günleri, siyah paltosu, ipek şapkasıyla sokaklara düşüp

FIG. 1.8 The only known photograph of the Aegean and Hittite Gallery at Liverpool Public Museum, c.1931. In the centre is a plaster replica of the sphinx column base Garstang found during his excavations at Sakçagözü, Gaziantep Province, Turkey. The cabinets in the background contain artefacts and reproductions from Greece and Egypt.

RES. 1.8 Liverpool Halk Müzesinde açılan Ege ve Hitit Galerisinin bilinen tek fotoğrafı, 1931 civarı. Ortada, Garstang'ın Gaziantep, Sakçagözü kazılarında bulduğu sfenksli sütun kaidesinin alçı kopyası görülüyor. Arka plandaki camekânlarda ise Yunanistan ve Mısır'dan gelen çeşitli eserler ve röprodüksiyonlar bulunuyor.

© NATIONAL MUSEUMS LIVERPOOL

on Sundays, in a black coat and silk hat, to call on merchant princes to fire them with enthusiasm for archaeology. It was mainly due to him that a modern university in a commercial city was actually equipped with no less than four Chairs of Archaeology and an Archaeological Institute (Muir 1943).

tüccar prenslerin arkeoloji tutkusunu ateşlemek üzere ziyaretlere gittiğinde arkasından gülerdik. Bir ticaret kentindeki modern bir üniversitenin tamı tamına dört Arkeoloji Kürsüsü ve bir Arkeoloji Enstitüsü ile donatılmış olması neredeyse tamamıyla onun sayesindedir (Muir 1943).

FIG. 1.9 The Aegean and Hittite Gallery at Liverpool Public Museum after the May Blitz bombing of 1941. On the back wall, plaster copies of Hittite relief sculptures made by Garstang at Yazılıkaya and Sakçagözü can be seen. The sphinx column base can be seen centre right, beside the policeman. It can be seen to be a plaster cast of hollow construction.

RES. 1.9 1941 Alman hava taarruzu sonrası Liverpool Halk Müzesi, Ege ve Hitit Galerisi. Arkadaki duvarda Garstang'ın Yazılıkaya ve Sakçagözü'nde yaptığı Hitit kabartma alçı kopyaları görülebiliyor. Ortada, polis memurunun yanında tahrip olmuş sfenksli sütun kaidesinin alçı kopyası görülüyor.

© NATIONAL MUSEUMS LIVERPOOL

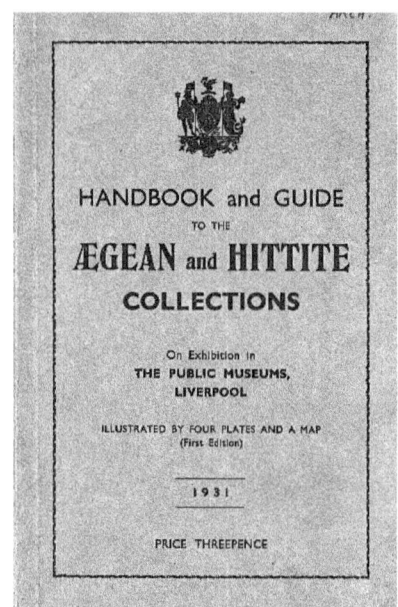

FIG. 1.10 The guidebook to the Aegean and Hittite Gallery (1931).

RES. 1.10 Ege ve Hitit Galerisi rehberi (1931).

© NATIONAL MUSEUMS LIVERPOOL

Garstang recruited outstanding scholars to work at the Liverpool Institute of Archaeology and established an important academic journal *Liverpool Annals of Archaeology and Anthropology* (see Greaves in this volume). The Institute he created in Liverpool, now the Department of Archaeology, Classics and Egyptology, has always retained a very strong focus on the archaeology of Anatolia, Egypt and the Near East. Between the world wars, Garstang's attention moved from Anatolia and Egypt to Palestine where he was working at that time (see Freeman in this volume) but he was eventually to return to Anatolia for his final excavation at Mersin.

During his Anatolia survey and excavations at Sakçagözü in the Gaziantep Province of Turkey, Garstang made several plaster cast models of the stone–carved reliefs and inscriptions that are a distinctive feature of Hittite culture. In 1911, after several written requests, the Ottoman Imperial Museum in İstanbul finally sent these casts to Garstang in Liverpool and they were put on

Garstang, Liverpool Arkeoloji Enstitüsünde seçkin akademisyenleri işe aldı ve *Liverpool Annals of Archaeology and Anthropology* adlı önemli bir akademik dergi kurdu (bkz. Greaves'in bu kitaptaki diğer yazısı). Liverpool'da kurduğu, günümüzde Arkeoloji, Klasikler ve Mısırbilimi Bölümü adını almış olan enstitü en başından beri Anadolu, Mısır ve Yakındoğu arkeolojisine yönelik güçlü odağını korudu. İki dünya savaşı arasında, Garstang'ın dikkati Anadolu ve Mısır'dan, o zamanlar çalışmakta olduğu Filistin'e kaydı (bkz. Freeman'ın bu kitaptaki makalesi), ancak hayatının son kazısı için tekrar Anadolu'ya, Mersin'e dönecekti.

Garstang, Anadolu yüzey araştırması ve Gaziantep, Sakçagözü'ndeki kazılarında Hitit kültürünün ayırt edici bir özelliği olan taşa kazılı kabartmalar ve yazıtların pek çok alçı kalıp modelini yaptı. Yapılan birçok yazılı talep sonrasında 1911'de İstanbul'daki Müze-i Hümayun nihayet bu alçı modelleri Garstang'a Liverpool'a gönderdi ve böylece bunlar halka sergilendi (RES. 1.8). *The Land of the*

public display (Fig. 1.8). Following the publication of his book *The Land of the Hittites* in 1910, which conclusively proved the existence of this large ancient civilisation, Garstang began to be recognised as a "local hero" within the city. In 1931, the Liverpool Public Museum opened a new Aegean and Hittite Gallery where Garstang's discoveries from Turkey were displayed alongside those of British archaeologist Sir Arthur Evans, who was credited with discovering the Minoan civilisation of Crete (Allan 1931). In this way, the gallery was used by the museum curators as a vehicle for promoting public awareness of the intellectual achievements of the British Empire (Greaves and Rutland forthcoming).

During the Blitz of May 1941 the museum received a direct hit and all of the casts were destroyed in the ensuing fire and subsequent dereliction of the museum building (Fig. 1.9). The artefacts displayed alongside the casts were mostly either destroyed in the fire that followed or looted from the ruins. All that survives of the gallery today is a single photograph and the guidebook for visitors (Fig. 1.10).

Family

In addition to his valuable network of wealthy benefactors in Liverpool and his academic mentors in Oxford, Garstang's family also played a part in his archaeological career.

Garstang married Mariè Louise Bergès in Marseille in 1907 (Fig. 1.11). She was the daughter of a French farmer whom he had met in Egypt. Garstang received a hill on her father's land as a dowry. The hill was rich in marble which Garstang had quarried, shipped to Liverpool and sold as cemetery headstones; making him a personal fortune (Seton-Williams 1988, 57–8). The couple had two children, John Bergès Eustace (born 1908) and Meroë (born 1915).

Hittites adlı, bu büyük eskiçağ medeniyetinin varlığını tartışmasız bir şekilde kanıtlayan kitabının 1910'da yayımlanmasının ardından Garstang, şehirde "halk kahramanı" ilan edildi. Garstang'ın Türkiye'deki keşifleri, 1931 yılında, Liverpool Halk Müzesinde yeni açılan Ege ve Hitit Galerisinde Girit'teki Minos uygarlığını keşfetmesiyle ün yapmış İngiliz arkeolog Sir Arthur Evans'ın bulduğu eserlerle yan yana sergilendi (Allan 1931). Böylelikle bu galeri, müze küratörleri tarafından Britanya İmparatorluğu'nun entelektüel başarılarına dair halk farkındalığı yaratmada önemli bir araç haline getirildi (Greaves ve Rutland'ın yakında yayınlanacak makalesinden).

Mayıs 1941'deki büyük Alman hava bombardımanı sırasında müze doğrudan isabet almış ve alçı modellerin tümü bunu izleyen yangında ve sonradan müze binasının sahipsiz kaldığı dönemde imha olmuştur (Res. 1.9). Alçı modellerin yanında sergilenen eserlerin çoğu ya takip eden yangında tahrip olmuş ya da kalıntıların arasından yağmalanmıştır. Günümüzde bu galeriden geriye, tek bir fotoğraf ve ziyaretçiler için basılmış rehber kalmıştır (Res. 1.10).

Ailesi

Garstang'ın arkeoloji kariyerinde, Liverpool'daki değerli zengin hayırseverler ağı ve Oxford'daki akademik akıl hocalarının yanı sıra ailesi de önemli bir rol oynamıştır.

Garstang, Mariè Louise Bergès'le 1907 yılında Marsilya'da evlendi (Res. 1.11). Fransız bir çiftçinin kızı olan Mariè'yle Mısır'da tanışmışlardı. Garstang'a, çeyiz olarak eşinin babasının arazisinde bulunan bir tepe verildi. Garstang, mermer yatağı olan tepeden çıkardığı taşları Liverpool'a nakledip orada mezar taşı olarak sattı, bu da ona hatırı sayılır bir servet sağladı (Seton-Williams 1988, 57–8). Biri 1908 doğumlu John Bergès Eustace, diğeri 1915 doğumlu Meroë olmak üzere iki çocukları oldu.

FIG. 1.11 Mrs Garstang.
GARSTANG MUSEUM OF ARCHAEOLOGY, UNIVERSITY OF LIVERPOOL, (I/G/144)

RES. 1.11 Bayan Garstang.
GARSTANG ARKEOLOJİ MÜZESİ, LİVERPOOL ÜNİVERSİTESİ, (I/G/144)

Mrs Garstang accompanied her husband on most of his expeditions and, as Mrs Petrie had done for her husband, she kept detailed diaries of the workmen, and assisted with the photography and pottery (FIG. I.12). Garstang publicly acknowledged Marie's work on site at a lecture given to the Society of Antiquaries on the 22nd of May 1947 when he presented his final work at Mersin (A.A.P. 1947). She is also credited with lending a feminine touch to otherwise rather basic campsites. Once their son and daughter were born Mrs Garstang's

Bayan Garstang, keşif seferlerinin çoğunda kocasına eşlik etti. Bayan Petrie'nin yaptığı gibi o da kazı alanlarındaki işçilere dair günlükler tuttu, fotoğraf çekimlerine ve çömlek işlerine yardımcı olurdu (RES. I.12). Garstang, 22 Mayıs 1947 tarihinde, Tarihi Eserler Cemiyetinde düzenlenen, Mersin'de yaptığı son çalışmaları sunduğu konuşmasında Marie'nin kazı alanındaki çalışmalarını herkesle paylaşmıştı (A.A.P. 1947). Ayrıca normalde hayat koşullarının oldukça ilkel olduğu kamplara onun sayesinde kadın eli değdiği için sitayişle anılırdı. Bayan Garstang, oğlunun ve kızının do-

FIG. 1.12 Mrs Garstang working with pottery in the dig house at Meroë, c.1913.

"MRS GARSTANG IN THE DIG HOUSE," GARSTANG MUSEUM OF ARCHAEOLOGY, UNIVERSITY OF LIVERPOOL, (I/M/ZZ/003/c)

RES. 1.12 Bayan Garstang, Meroe'deki kazı evinde çömlekler üzerinde çalışırken, 1913 civarı.

"MRS GARSTANG IN THE DIG HOUSE," GARSTANG ARKEOLOJİ MÜZESİ, LIVERPOOL ÜNİVERSİTESİ, (I/M/ZZ/003/c)

trips where somewhat curtailed until the children were grown. However, she was once again able to join her husband on his last ever excavation at Mersin.

Garstang was also to work closely with his maternal nephew Oliver Gurney (1911–2001) (FIG. 1.13). Sarah Gurney had been accompanying her brother on-site with her son over many years and thus influenced the young boy's interests (*Times* 1907, 219). He read Greats (i.e. Classical Greek and Latin) at New College, Oxford, but was urged by his uncle to focus his DPhil research on the Hittite language. Gurney eventually published his DPhil thesis, "Hittite Prayers of Mursilis II" in the *Liverpool Annals of Archaeology* (1940). The two men co-authored *The Geography of the Hittite Empire* (1959) which was published posthumously after Garstang's death. Gurney also fol-

ğumlarında bir süre kocasıyla seyahat edemediyse de çocuklar büyüyünce yine bu seyahatlere katılmaya başladı. Kocasının Mersin'de yaptığı hayatının son kazısına da katılmıştır.

Garstang, kız kardeşinin oğlu Oliver Gurney'le (1911–2001) de yakın ilişki içinde çalışmıştır (RES. 1.13). Sarah Gurney yıllarca oğlunu da yanına alarak kazılarda kardeşine eşlik etmişti, böylece küçük çocuğun ilgi alanları da bundan etkilenmişti (*Times* 1907, 219). Oliver, Oxford, New College'da günlük dilde Greats diye tabir edilen klasikler (yani Klasik Yunan ve Latin dili ve kültürü) üzerine eğitim aldı, fakat dayısı tarafından doktora araştırmalarını Hititçe üzerine yoğunlaştırmaya teşvik edildi. Gurney, yıllar sonra doktora tezi olan "Hittite Prayers of Mursilis II" adlı çalışmasını *Liverpool Annals of Archaeology*'de yayımlayacaktı (1940). Bu iki adam, Garstang'ın ölümün-

FIG. 1.13 Garstang's nephew, Oliver Gurney.
COURTESY OF BIAA

RES. 1.13 Garstang'ın yeğeni Oliver Gurney.
BIAA'NIN İZNİYLE

lowed his uncle by becoming president of the British Institute of Archaeology at Ankara, a position he held from 1982 until his death in 2001 (Hawkins 2003, 224).

The outbreak of The Great War must have been particularly difficult for Garstang with his French wife and his close German and Turkish friends and colleagues. During World War I Garstang, who was then thirty-eight, served in France at the Hospices Civils et Militaires de Carcassonne in 1915, for which he was awarded the Médaille de la Reconnaissance Française in 1920.[1] During WWI Mrs Mariè Garstang was a Red Cross Voluntary Aid Detachment nurse serving from June to November 1917 at Ingham Old Hall VAD Auxiliary Hospital with the Norfolk/126 detachment receiving injured soldiers from France (FIG. 1.14).[2] Ingham Hall was the family home of Robert, Sarah and Oliver Gurney. It was Mrs Gurney, mother to Oliver Gurney, who directed the hospital. The Gurney family connection had been useful in giving Mariè the opportunity to contribute to the war effort from a safe distance, maybe for the sake of their children. However, in Decem-

den sonra yayımlanan *The Geography of the Hittite Empire* (1959) adlı kitabı birlikte kaleme aldılar. Gurney ayrıca dayısının ardından Ankara İngiliz Arkeoloji Enstitüsünün başkanlığını üstlenerek bu görevi 1982 yılından 2001 yılında vefatına dek sürdürdü (Hawkins 2003, 224).

Büyük Savaşın patlak vermesi, Fransız bir eşi, pek çok Alman ve Türk yakın arkadaşı ve meslektaşı olan Garstang için özellikle zor olmuş olsa gerek. Birinci Dünya Savaşı sırasında otuz sekiz yaşında olan Garstang 1915 yılında Fransa'da Hospices Civils et Militaires de Carcassonne bünyesinde görev almış, burada verdiği hizmetler nedeniyle 1920 yılında Médaille de la Reconnaissance Française ile ödüllendirilmiştir.[1] Bayan Mariè Garstang da Birinci Dünya Savaşı'nda Kızılhaç Gönüllü Yardım Birliği hemşiresi olarak Norfolk/126 birliği bünyesinde, 1917 yılının Haziran ayından Kasım ayına kadar Ingham Old Hall Gönüllü Yardım Birliği Destek Hastanesinde Fransa'da yaralanan askerlere hizmet verdi (RES. 1.14).[2] Ingham Hall, Robert, Sarah ve Oliver Gurney'nin aile eviydi. Hastaneyi Oliver Gurney'nin annesi Bayan Gurney yönetiyordu. Gurney ailesiyle olan

FIG. 1.14 The Gurney family home, Ingham Old Hall, Norfolk.

RES. 1.14 Gurney ailesinin Ingham Old Hall'daki evi, Norfolk.
HTTP://WWW.INGHAMOLDHALL.CO.UK/IMAGES/HOME.JPG

ber 1917, Mrs Garstang joined the French Red Cross, presumably to be with her husband.

Later Life

Australian archaeologist, Veronica Seton-Williams (1910–92) met Garstang in Jericho in 1935. She worked with Garstang in Liverpool, Palestine and Turkey, and wrote quite extensively about life in the field with the Garstangs, observations that provide insight into the person Garstang became in his mature years. Seton-Williams describes him as the typical absent minded professor who regularly left things behind. Garstang had met Mustafa Kemal Atatürk while he was excavating at Mersin but on another occasion when he was due to meet Atatürk he had misplaced his suit trousers. Aware of the importance of being properly attired to meet the founder of the Turkish Republic, Garstang made his excuses by claiming he was ill, cancelling the meeting and departing on the Orient Express (Seton-Williams 1988, 54).

yakınlıkları, belki de çocuklarını düşünerek, Mariè'ye savaşa güvenli bir mesafeden katkıda bulunma fırsatı vermişti. Ancak Bayan Garstang Aralık 1917'de, muhtemelen kocasının yanında olmak için, Fransız Kızılhaçına katıldı.

İleri Yaşları

Avustralyalı arkeolog Veronica Seton-Williams (1910–92) Garstang'la 1935 yılında Eriha'da tanıştı. Garstang'la Liverpool, Filistin ve Türkiye'de çalıştı ve Garstanglarla sahada yaşam hakkında oldukça kapsamlı yazılar kaleme aldı. Yazdıkları, Garstang'ın olgunluk yıllarında nasıl bir insan olduğuna ışık tutar. Seton-Williams onu, sürekli orada burada bir şeylerini unutan tipik dalgın profesör olarak betimler. Garstang, Mustafa Kemal Atatürk'le Mersin'de kazı yaparken tanışmıştı, ancak başka bir sefer Atatürk'le görüşme fırsatı olduğunda takım elbisesinin pantolonunu bulamamıştı. Türkiye Cumhuriyeti'nin kurucusuyla buluşacağı zaman iyi giyimli olmanın öneminin farkında olan Garstang, hasta olduğu mazeretini öne

Garstang retired from his chair at Liverpool in 1941 during the Second World War. During this period the city of Liverpool was hit by air raids and it was the most heavily bombed city in Britain, other than London. The Institute of Archaeology that he had established and which housed many of his excavation records was badly damaged during the bombing and the Hittite Gallery in Liverpool Museum was completely destroyed.

After the War, Garstang returned to Turkey to complete his excavations at Mersin and publish the results. It was here that he first had the idea to establish the British Institute of Archaeology in Ankara (see Greaves in this volume).

Just before he died, Garstang had led a party of tourists from a cruise liner to visit the site of his Mersin excavations. He was travelling as Guest of Honour and, despite his failing health, he insisted on being carried ashore accompanied by Oliver Gurney and his mother, Sarah, to get to Mersin. Being the consummate archaeologist, he managed to give a talk about his excavations there before he collapsed. He died two days later at Beirut, on 12th September 1956 (Hawkins 2003, 232).

His funeral was held in the chapel of Jesus College in Oxford (Baker 1971). Many were present, including representatives of Jesus College, Oxford, the Royal Asiatic Society, the British Institute of Archaeology at Ankara, Prof. Forester of the University of Liverpool, the Society of Antiquaries, and the Palestinian Exploration Fund, from the British School of Archaeology in Jerusalem, Palestinian Archaeological Society as well as family members, friends and colleagues.[3]

sürerek görüşmeyi iptal etmiş ve Şark Ekspresi ile ülkeden ayrılmıştı (Seton-Williams 1988, 54).

Garstang, İkinci Dünya Savaşı sırasında, 1941 yılında, Liverpool'daki kürsüsünden emekliye ayrıldı. Liverpool, İngiltere'de Londra'dan sonra savaşta en yoğun hava saldırılarına maruz kalan şehirdi. Garstang'ın kurduğu ve kendi kazı kayıtlarının birçoğunu barındıran Arkeoloji Enstitüsü bombardımanlarda büyük hasar gördü, Liverpool Müzesindeki Hitit Galerisi de tamamen tahrip oldu.

Garstang, savaştan sonra Mersin'de yaptığı kazıları tamamlamak ve sonuçlarını yayınlamak üzere Türkiye'ye döndü. Ankara İngiliz Arkeoloji Enstitüsünü kurma fikri de ilk burada aklına geldi (bkz. Greaves'in bu kitaptaki diğer makalesi).

Garstang, vefatından hemen evvel, bir yolcu gemisindeki turist kafilesine Mersin'deki kazı alanını ziyaretlerinde rehberlik etti. Sağlık durumu pek iyi olmamasına rağmen onur konuğu olarak seyahat ettiği yolculukta, Oliver Gurney ve annesi Sarah'nın eşliğinde Mersin'de kıyıya çıkarılmak için ısrar etmişti. Adanmış bir arkeolog olan Garstang, buradaki kazıları hakkında bir konuşma yapmayı başardı ve ardından yığıldı. İki gün sonra, 12 Eylül 1956'da, Beyrut'ta hayata gözlerini yumdu (Hawkins 2003, 232).

Cenaze merasimi Oxford, Jesus College'ın şapelinde yapıldı (Baker 1971). Cenazesine, ailesinden kişiler, arkadaşları ve meslektaşlarının yanı sıra Oxford Jesus College, Kraliyet Asya Cemiyeti ve Ankara İngiliz Arkeoloji Enstitüsünden temsilciler, Liverpool Üniversitesinden Prof. Forester, Tarihi Eserler Cemiyeti ve Filistin Araştırma Fonu, Kudüs İngiliz Arkeoloji Okulu, Filistin Arkeoloji Cemiyeti da dahil olmak üzere birçok kurum ve kuruluşun temsilcileri katıldı.[3]

ALAN M. GREAVES — FRANÇOISE RUTLAND

CHAPTER 2

Garstang's Anatolia Survey and the Land of the Hittites

BÖLÜM 2

Garstang'ın Anadolu Yüzey Araştırması ve Hitit Ülkesi

Garstang's professor at Oxford University, Archibald Sayce (1891–1919) had convinced him of the existence of a pre-Hellenic Hittite empire in the Near East which was waiting to be discovered (Bryce 2002, 3). In 1904, Garstang travelled on foot across Anatolia in Turkey, recording his travels with his cameras. He struck up an acquaintance with local British solicitor and consul Sir Edwin Pears (1835–1919) who was a friend of Osman Hamdi Bey (1842–1910), the Director of the Ottoman Imperial Museum in Istanbul. He was to play a major role in Garstang's archaeological career. Garstang applied to Osman Hamdi Bey for a permit to excavate (*firman*) at Bogazköy-Hattuša. Although the permit was initially granted, by the time he arrived in Turkey it had been revoked. Disappointed, Garstang headed off on a reconnaissance survey across Anatolia in search of other sites that might belong to Sayce's putative Hittite em-

Garstang'ın Oxford Üniversitesinden hocası Archibald Sayce (1891–1919) onu Yakındoğu'da keşfedilmeyi bekleyen bir Helen öncesi Hitit İmparatorluğu'nun varlığı konusunda ikna etmişti (Bryce 2002, 3). Garstang, 1904 yılında, yürüyerek Anadolu'yu gezmiş ve fotoğraflar çekmişti. Garstang'ın arkeoloji kariyerinde önemli bir rol oynayacak İstanbul'daki Müze-i Hümayun Müdürü Osman Hamdi Bey'in (1842–1910) arkadaşı olan ve o zamanlar Türkiye'de bulunan, İngiltere'nin İstanbul konsolosu avukat Sir Edwin Pears (1835–1919) ile şans eseri bir tanışıklıkları olmuştu. Garstang, Boğazköy-Hattuša için kazı izni (ferman) almak üzere Osman Hamdi Bey'e başvuruda bulunmuş, ancak ilk başta izin verilmesine rağmen o Türkiye'ye gelinceye kadar izni iptal olmuştu. Hayal kırıklığına uğrayan Garstang, Anadolu genelinde Sayce'ın farazi Hitit İmparatorluğu'na ait olabilecek başka yerleşimleri aramak

pire. In doing so he made the biggest discovery of his academic career—proving for the first time the true extent of that empire and leaving behind a legacy of superb photographic images of Hittite archaeology, as well as the culture of the late Ottoman Empire (Garstang 1910). In this chapter we will explore the academic and political context to that ground-breaking survey.

Hittite archaeology only became a focus for British archaeologists at the turn of the 20th century. In addition to Garstang, the main British scholars working in the field were David G. Hogarth (1862–1927) of the Ashmolean Museum in Oxford, Sir C. Leonard Woolley (1880–1960) and Thomas E. Lawrence (1888–1935). During the late 1870s the decipherment of Egyptian temple records indicated the existence of a previously unknown culture referred to as (K)Hatti. At the time, the Egyptians, Akkadians, Babylonians, Assyrians, Etruscans, Persians, Greeks, and Phoenicians were all well-known, but questions were beginning to be asked about the language and culture of these mysterious (K)Hatti. These studies were led by Garstang's friend and mentor Archibald Sayce, a pioneering British Assyriologist and linguist. Garstang had decided to study Hittite language whilst at Oxford, at the suggestion of Sayce. However, it was in Liverpool that he began his first serious archaeological work in Turkey (Garstang, 1908a; 1950).

Garstang went on his first trip to view Hittite sites in Turkey in 1904, recording his journey and discoveries through photography. During this trip he came upon the Midas Tomb at Gordion. This led to his academic publications in which he compared its significance to that of the Mycenaean Lion Gate at the second millennium BCE. city of Mycenae, Greece (Garstang 1908, 10–16). Subsequently Garstang sought evidence of Virgil's Aeneas through Italian museums, and Anatolian art attempting to establish

üzere keşif amaçlı bir yüzey araştırması turuna çıktı. Bu sayede tarihte ilk kez bu imparatorluğun gerçek kapsamını kanıtlayıp akademik kariyerinin en büyük keşfini yapmış oldu, ardından da geç Osmanlı İmparatorluğu'nun arkeoloji ve kültürünün enfes fotoğrafik görüntülerinden oluşan bir miras bıraktı (Garstang 1910). Bu bölümde, bu çığır açıcı yüzey araştırmasının ardında yatan akademik ve siyasi bağlam ele alınacaktır.

İngiliz arkeologlar için Hitit arkeolojisi ancak yirminci yüzyıla girerken bir odak noktası haline geldi. Garstang'ın yanı sıra, bu alanda çalışan başlıca İngiliz bilim insanları Oxford, Ashmolean Müzesinden David G. Hogarth (1862–1927), Sir C. Leonard Woolley (1880–1960) ve Thomas E. Lawrence (1888–1935) idi. 1870'lerin sonlarında Mısır tapınak kayıtlarının çözülmesiyle (K)Hatti olarak anılan, daha önceden bilinmeyen bir kültürün varlığı ortaya çıkmıştı. O dönemde Mısırlılar, Akadlar, Babilliler, Asurlular, Etrüskler, Persler, Yunanlılar ve Fenikeliler hakkında kapsamlı bilgi sahibi olunmasına rağmen bu gizemli (K)Hattilerin dili ve kültürü hakkında sorular yeni yeni sorulmaya başlıyordu. Bu alandaki araştırmalar Garstang'ın arkadaşı ve akıl hocası, öncü İngiliz Asur bilimci ve dilbilimci Archibald Sayce tarafından yürütülmekteydi. Garstang Oxford'da iken, Sayce'ın önerisiyle, Hitit dili üzerine eğitim almaya karar vermişti. Ancak, Türkiye arkeolojisine dair ilk ciddi araştırmalarına Liverpool'da başladı (Garstang, 1908a; 1950).

Garstang Türkiye'de Hitit yerleşimlerine yaptığı ilk seyahate 1904 yılında çıkar, yolculuğunu ve keşiflerini fotoğraflarla kaydeder. Bu gezi sırasında Gordion'daki Midas Mezarı'na rast gelir. Mezarı, İÖ ikinci binyılda Yunan şehri Mykenai'de bulunan Mykenai Aslanlı Kapısı ile karşılaştıran bir dizi akademik yayın kaleme alır (Garstang 1908, 10–16). Daha sonra Garstang İtalyan müzeleri ve Anadolu sanatı aracılığıyla Troya ile bir bağlantı kurmaya

a link with Troy, however the trail went cold and he gave up on this idea. Instead he concentrated upon the Hittites (Garstang 1950).

At this time, Egypt and Sudan were under British rule, therefore it was relatively easy for Garstang and his contemporaries to secure excavation permits and bring back a share of the artefacts from their excavations for their sponsors and museums. However, in the Ottoman Empire Osman Hamdi Bey had enacted very strict controls that remain the basis of Turkish antiquities laws to this day (Cobbing and Tubb 2005, 82–83). Not only were permits difficult to secure, but exporting antiquities was banned except for a very small selection of scientific samples of pottery fragments which had to be sent to Istanbul for the museum to approve their export. It is testimony to Garstang's great interest in the Hittites that he ever excavated in Turkey at all.

As he had done for his excavations in Egypt and Sudan (see Freeman in this volume), Garstang went on to establish Anatolian survey and excavation committees, in this case featuring four prominent Liverpool merchants to assist with his research. They included Sir Robert Mond, who was himself an avid archaeologist, and his father Dr Ludwig Mond (Fig. 2.1). Through Robert Mond Garstang met Sir John Brunner who was to become a major funding member of Garstang's Sakçagözü excavations. Mond and Brunner were industrialists who owned a number of chemical factories in partnership. Finally, there was the merchant ship-owner, philanthropist, and Chairman of the Mersey Docks & Harbour Board, Mr Ralph Brocklebank who became another funder and member of Garstang's work in Anatolia.

Garstang was granted the *firman* to excavate at Boğazköy-Hattuša in 1907,[1] and travelled to begin work, but upon his arrival he found that the permit had al-

çalışarak Vergilius'un Aeneas'ının izlerini arar, ancak takip ettiği ipuçları onu bir yere götürmez, o da bu fikrin peşini bırakır. Bunun yerine Hititlere odaklanacaktır (Garstang 1950).

O dönemde Mısır ve Sudan İngiliz egemenliği altındaydı, Garstang ve çağdaşları için buralarda kazı izni almak ve kazılarda bulduklarına eserlerden bir kısmını kendi ülkelerindeki destekçilerine ve müzelere vermek üzere geri götürmek nispeten daha kolaydı. Ancak Osman Hamdi Bey, Osmanlı İmparatorluğu'nda, günümüzde Türkiye'nin Eski Eserler Kanunu'nun temelini oluşturan çok sıkı denetimler yürürlüğe koymuştu (Cobbing ve Tubb 2005, 82–83). İzin almanın zorluğu dışında eski eserlerin yurtdışına çıkartılması da yasaklanmıştı, ancak sınırlı sayıda çanak çömlek parçalarından oluşan bilimsel numuneler önce İstanbul'a müzenin onayına gönderiliyor, izin verilmesi durumunda yurtdışına çıkartılabiliyordu. Garstang'ın Türkiye'de kazı yapmış olması bile başlı başına onun Hititlere duyduğu büyük ilginin kanıtıdır.

Garstang, Mısır ve Sudan'da yaptığı kazılarda olduğu gibi (bkz. Freeman'ın bu kitaptaki makalesi), Anadolu'daki araştırmalarına da destek olmak üzere Liverpool'un önde gelen dört tüccarını bir araya getirerek Anadolu Yüzey Araştırması ve kazı komiteleri kurdu. Bunlar arasında arkeoloji meraklısı Sir Robert Mond ve babası Doktor Ludwig Mond da bulunuyordu (Res. 2.1). Garstang, Robert Mond aracılığıyla Sakçagözü'ndeki kazılarının önemli bir mali destekçisi olacak Sir John Brunner ile tanıştı. Mond ve Brunner, birkaç kimya fabrikasının ortak sahibi olan iki sanayiciydi. Garstang'ın Anadolu'daki çalışmalarının dördüncü destekçisi de, Mersey Docks & Harbour Yönetim Kurulu Başkanı, ticari gemileri olan, hayırsever Ralph Brocklebank idi.

Garstang'a Boğazköy-Hattuša'da kazı yapmasına izin veren ferman 1907 yılında çıktı.[1] Garstang çalışmaya baş-

ready been revoked and issued to the German archaeologist Hugo Winckler (1863–1913). The real reason behind the delay and revocation of the permit from Istanbul was now revealed because, unbeknownst to Garstang and Pears, Hugo Winckler and Theodor Makridi Bey had already conducted their first survey at Boğazköy-Hattuša in 1906 (Boehmer and Güterbock 1987). The reasons for this change of heart by the Ottoman authorities appear to have been political. As C.W. Ceram summarised it:

> One of the best British archaeologists had already received permission from the Turkish Government to dig at Boğazköy. At this time, however, the sabre-rattling German Kaiser, Wilhem II, was on better terms with Abdul-Hamid II, the Sultan of Turkey, than was the government of King Edward VII. The political amity rested on economic factors. In 1899 the Deutsche Bank had obtained the concession to build the Berlin-to-Bagdad Railway, one of the greatest railroad projects in the world. In granting this concession the Sultan was making a gesture of friendliness towards the Kaiser, who liked to appear as a patron of archaeologists. (Ceram 1957: 42)

Disappointed, Garstang embarked upon a reconnaissance mission to visit and record Hittite sites in central and south-eastern Turkey and north Syria in 1907 (Garstang 1908a). On this trip he set out from Ankara and headed off to visit Winckler's excavations at Boğazköy-Hattuša. Here he took an important set of photographs that document the Hittite capital at the very moment that excavations first began. He also visited the nearby site of Alaca Höyük where another major Hittite site was just starting to be uncovered by the Turkish archaeologist Theodor Makridi Bey (Makridi Bey 1908).

lamak üzere İstanbul'a doğru yola çıktı, fakat oraya vardığında bu iznin iptal edilerek Alman arkeolog Hugo Winckler'e (1863–1913) verildiğini öğrendi. İstanbul'un verdiği iznin gecikmesi ve iptali arkasındaki gerçek neden ortaya çıkmıştı, Hugo Winckler ve Theodor Makridi Bey, Garstang ve Pears'in haberi olmaksızın zaten 1906 yılında Boğazköy-Hattuša'da ilk yüzey araştırmalarını yürütmüşlerdi (Boehmer ve Güterbock 1987). C.W. Ceram'a göre Osmanlı yetkililerinin bu fikir değişikliğinin ardında siyasal nedenler yatıyor olabilir:

> İngiliz arkeologlarının en iyilerinden biri zaten Boğazköy'de kazı yapmak için Türk Hükümetinden izin almıştı. Ancak, o sıralarda savaş tehditleri savuran Alman Kayzeri II. Wilhem, Türk Padişahı II. Abdülhamid ile, Kral VII. Edward hükümetinden daha iyi ilişkilere sahipti. Bu siyasi dostluk, ekonomik etmenlere bağlıydı. Deutsche Bank 1899 yılında, dünyanın en büyük demiryolu projelerinden biri olan Berlin-Bağdat Demiryolu hattını inşa imtiyazını elde etmişti. Bu imtiyazı veren Padişah, arkeologların hamisi olarak görünmekten hoşlanan Kayzer'e bir samimiyet jesti yapıyordu. (Ceram 1957: 42)

Hayal kırıklığına uğrayan Garstang, 1907 yılında, orta ve güneydoğu Türkiye ve kuzey Suriye'deki Hitit yerleşimlerini ziyaret etmek ve kayıt altına almak üzere bir keşif seyahatine çıktı (Garstang 1908a). Bu gezide Ankara'dan yola çıkarak Winckler'ın Boğazköy-Hattuša'daki kazılarını ziyaret etti. Burada çektiği bir dizi önemli fotoğraf kazıların ilk başladığı sıralarda Hitit başkentini belgeler. Daha sonra, yakınlardaki bir başka önemli Hitit yerleşimi olan ve Türk arkeolog Theodor Makridi Bey tarafından daha yeni ortaya çıkarılmaya başlanan Alaca Höyük'ü de ziyaret etti (Makridi Bey 1908).

FIG. 2.1 Robert Mond.

RES. 2.1 Robert Mond.

HTTP://UPLOAD.WIKIMEDIA.ORG/WIKIPEDIA/COMMONS/B/BE/ROBERT_LUDWIG_MOND.JPG

On the 21st of May, 1907 when Garstang arrived at Boğazköy he wrote:

... lunch with Makridi Bey. Taken over lower temples and shown in a trench of excavation myriad fragments of tablets sticking in channel side. Their profusion was astounding... Food beastly, bugs ghastly. (Hawkins 2003, 220)

Upon first meeting, Winckler struck Garstang as enthusiastic but disorganised. Winckler disclosed all his evidence for believing that this was the Hittite capital city and offered Garstang the position of site supervisor, which he lacked. Garstang claims to have stayed for three weeks and then continued on the reconnaissance mission of Hittite sites (Garstang 1950, 221). This episode with the Boğazköy-Hattuša permit demonstrates how politically-

Garstang, Boğazköy'e geldiği 21 Mayıs 1907 günü şöyle yazmıştı:

... Makridi Bey ile öğle yemeği. Aşağı tapınaklara götürüldük, oradaki kazı açmalarından birini gösterdiler bize, kanalın bir yanına dizili yüzlerce tablet parçası gördük. O kadar çoklardı ki gözlerimize inanamadık... Yemekler ve böcekler dehşetti. (Hawkins 2003, 220)

İlk izlenim olarak Winckler, Garstang'a hevesli ama dağınık biri gibi görünmüştü. Winckler burasının Hitit başkenti olduğuna inanmasına sebep olan bütün bulguları paylaşmış, Garstang'a kazı alanı gözetmenliği görevini teklif etmişti. Garstang burada üç hafta kaldığını ve daha sonra Hitit yerleşimlerini keşfine devam ettiğini söyler (Garstang 1950, 221). Boğazköy-Hattuša kazı izni konusundaki olaylar, Britanya, Alman ve Osmanlı impara-

FIG. 2.2 Nomadic "yörük" women spinning in front of a tent.

"GROUP OF NOMAD WOMEN AT YENI SEKKELI," GARSTANG MUSEUM OF ARCHAEOLOGY, UNIVERSITY OF LIVERPOOL, (I/BOS/033)

RES. 2.2 Çadırın önünde yörük kadınları, bir tanesi dokuma yapıyor.

"GROUP OF NOMAD WOMEN AT YENI SEKKELI," GARSTANG ARKEOLOJİ MÜZESİ, LİVERPOOL ÜNİVERSİTESİ, (I/BOS/033)

charged the subject of archaeology was at a time when the British, German and Ottoman Empires were all vying for power in the period before World War I. Yet, as archaeologists, Garstang and his German and Turkish contemporaries appear to have worked together harmoniously and freely recognised the importance of one another's work in each other's publications (Larson 2006).

torluklarının Birinci Dünya Savaşı öncesinde iktidar için mücadele ettiği bu dönemde arkeoloji konusunun ne kadar siyaseten yüklü olduğunu gösteriyor. Yine de, Garstang ile çağdaşı Alman ve Türk arkeologlar birlikte uyum içinde çalışmış gibi görünüyor. Arkeologlar birbirilerinin çalışmalarının önemini yaptıkları yayınlarda özgürce ifade etmişler (Larson 2006).

In 1908, Garstang published two articles in the first volume of the *Liverpool Annals of Archaeology and Anthropology* (1908a, 1908b). In the first he produced a list of dated photographs he took while travelling through Turkey. One of the entries is dated 21st, 22nd, 23rd and 24th of May at Boğazköy and Yazılıkaya where numerous photographs and squeezes were taken at both sites with Winckler's consent. In this same section, he mentions in passing that the photographs were taken while they waited for an issue with a *firman* (presumably the same Winckler had been granted by Osman Hamdi Bey) to be clarified (Garstang 1908a, 1–11).

The second article is a review of Winckler's Boğazköy report of 1907[2] (Garstang 1908b). Garstang congratulated him on having been the first to have the initiative and ability to excavate here. He did not mention that he himself had identified the site during his 1904 tour of Anatolia and had received a permit to excavate there in 1907. Garstang indicates that he assisted Winckler as a questioning archaeologist, rather than a simple visitor, but he chose not to elaborate upon this despite evidently finding Winckler's report disappointing (Garstang 1908b).

Eduard Meyer (1855–1930), Winckler's director, invited Garstang back to the Boğazköy site in 1908 as joint director with Winckler. This did not happen as the Oriental Institute insisted on a solely German report publication, and would not allow one in English. This was unacceptable to Garstang's exploration fund committee (Garstang 1950, 222–224), so instead Garstang went to excavate at Sakçagözü.

There remain some discrepancies between German accounts and Garstang's records regarding this incident with Winckler at Boğazköy. Where Garstang's records state that he assisted Winckler for three weeks in 1907, the German archives state that they missed each other by a day or so and probably never met (Alaura 2006, 122).³ There are no records of Meyer inviting an equal collaboration between Winckler and Garstang the year after either, though this might be a direct biased amendment by Eduard Meyer and his brother Kuno Meyer (1858–1919)⁴ in light of their subsequent political careers in Germany and America during World War I. (Roscoe Thayer, et al. 1915, 215; Huether 2006, 234–8). This discrepancy has still not been fully cleared up, perhaps giving an opportunity for a future collaborative archival research project.

During the 1907 Anatolia survey, while looking for Hittite sites, Garstang recorded sites of all periods and also furthered his interest in anthropology by observing and photographing the local peoples whom he encountered on his travels. (Fig. 2.2) The glass negative plates that survive from this project show Garstang using photography as a means of systematic recording. This was one of his major contributions to the development of archaeological methods (Fig. 2.3).

Garstang sought to consolidate and to further the developing idea of a "big" Hittite world as originally proposed by Sayce by better understanding of the extent, nature and date of the Hittite presence at sites beyond central Turkey. Garstang therefore applied again for a *firman* for 1908, and this time he started his excavations at Sakçagözü (see Genç in this volume). Here he had seen evidence of Hittite sculptures on his 1907 survey that he wished to investigate further. The site was located near Gaziantep in the south-east of what is now Turkey in the *vilayet* of Aleppo. In applying for his permit to excavate at the site, Garstang was at pains to emphasise to Osman Hamdi Bey how he would adhere strictly to the terms of his permit and asked only for a few "duplicates and specimens" to be sent to him in Liverpool after the excavations.⁵

arşivleri onların birkaç gün arayla birbirilerini kaçırdıklarını ve muhtemelen hiç karşılaşmamış olduklarını dile getirir (Alaura 2006, 122).³ Bundan bir yıl sonra Meyer'in Winckler ve Garstang'ı eş düzeyli bir işbirliğine davet etmesine ilişkin hiçbir kayıt da yoktur. Gerçi, Eduard Meyer ve kardeşi Kuno Meyer'in (1858–1919)⁴ daha sonra, Birinci Dünya Savaşı sırasında Almanya ve Amerika'da atılacakları siyasi kariyerleri ışığında bakılacak olursa, bu belgelerde taraflı bir değişiklik yapıldığı düşünülebilir (Roscoe Thayer, vd. 1915, 215; Huether 2006, 234–8). Bu tutarsızlık hâlâ tam anlamıyla açıklığa kavuşmuş değildir, belki ileride iki tarafın arşivlerinde ortak bir proje yürütülüp bu sorunun cevabı aranabilir.

Garstang, 1907 Anadolu Yüzey Araştırması'nda Hitit yerleşimlerini ararken, tüm dönemlerden kalma yerleşimlerin kaydını tutmuş, aynı zamanda seyahatlerinde karşılaştığı yöre insanlarını gözlemleyerek ve fotoğraflarını çekerek antropoloji alanındaki ilgisini de daha ilerilere taşımıştır (Res. 2.2). Bu projeden geriye kalan cam negatif plakalar Garstang'ın fotoğrafı sistematik bir kayıt aracı olarak kullandığını ortaya koyar. Bu, onun arkeolojik yöntemlerin gelişimine yaptığı en önemli katkılardan biridir (Res. 2.3).

Garstang, Orta Anadolu'daki Hitit yerleşimlerinin ötesine geçerek, Hitit varlığının kapsamını, niteliğini ve tarihini daha iyi anlayıp, ilk başta Sayce tarafından öne sürülen "büyük" Hitit dünyası fikrini pekiştirmeyi ve daha da geliştirmeyi amaçlamıştı. Bu nedenle 1908'te, bu sefer Sakçagözü'nde kazı yapmak için başvuruda bulundu ve orada kazılara başladı (bkz. Genç'in bu kitaptaki makalesi). 1907 yılında yaptığı yüzey araştırmasında burada Hitit heykelleri görmüştü, burayı daha fazla araştırmak istiyordu. Günümüzde Türkiye'nin güneydoğu bölgesinde yer alan, Gaziantep yakınlarındaki bu yerleşim alanı o zamanlar Halep Vilayeti'ne bağlıydı. Bu yerleşimde yapacağı kazı iznine başvururken Garstang, Osman Hamdi Bey'e iznin kurallarına nasıl sıkı sıkıya uyacağını vurgulama konusunda büyük

FIG. 2.3 Sakçagözü palace façade.

SAKJE GEUZI NO. 42, "PORTICO SIDE VIEW (SHOWING STEPS)," GARSTANG MUSEUM OF ARCHAEOLOGY, UNIVERSITY OF LIVERPOOL, (I/SG/055)

RES. 2.3 Sakçagözü sarayının ön cephesi.

SAKJE GEUZI NO. 42, "PORTICO SIDE VIEW (SHOWING STEPS)," GARSTANG ARKEOLOJİ MÜZESİ, LİVERPOOL ÜNİVERSİTESİ, (I/SG/055)

Garstang excavated at Sakçagözü in 1908 and 1911. He was unable to work there in 1909 and 1910 due to civil unrest in the region (Garstang 1908b). His excavations at Sakçagözü uncovered the monumental façade of a palace, fronted by carved stone relief slabs. A small box of pottery fragments, which were duplicates of common types found during the excavation were eventually, and after much pleading, sent on to Garstang in Liverpool by the Ottoman Imperial Museum in Istanbul.[6]

çaba sarf etmiş ve kazı sonrasında Liverpool'a sadece birkaç "kopya ve numune" gönderilmesini rica etmişti.[5]

Garstang Sakçagözü'nde 1908 ve 1911 yıllarında iki kazı yaptı. 1909 ve 1910 yıllarında bölgedeki huzursuzluklar nedeniyle orada çalışma fırsatı olmadı (Garstang 1908b). Garstang Sakçagözü'ndeki kazılarında, bir sarayın oyma taş kabartmalı levhalarla kaplı anıtsal cephesini açığa çıkardı. Birçok uğraş ve uzun bir bekleyiş sonrasında nihayet Müze-i Hümayun, kazıda çıkarılan yaygın türlerin, birbirinin aynı

FIG. 2.4 Image showing the excavation of the mound of Jobba Eyuk (Coba Höyük) near Sakçagözü. Includes handwritten note stating "Jobba Eyuk mound excavated" and "expedition" crossed through.

SAKJE GEUZI NO. 63, GARSTANG MUSEUM OF ARCHAEOLOGY, UNIVERSITY OF LIVERPOOL, (I/SG/113)

RES. 2.4 Sakçagözü yakınlarında Jobba Eyuk (Coba Höyük) tepesi kazısı. Negatifin üzerinde "Jobba Eyuk kazıldı" ve "keşif" ibareleri var.

SAKJE GEUZİ NO. 63, GARSTANG ARKEOLOJİ MÜZESİ, LİVERPOOL ÜNİVERSİTESİ, (I/SG/113)

During his excavations in 1908, Garstang had uncovered a unique set of architectural reliefs at Sakçagözü. Even when he was first applying to the Ottoman authorities for a permit to excavate at the site, he had already expressed his intention to make plaster casts of any reliefs found.[7] Once the Sakçagözü reliefs had been uncovered, Garstang's assistant Horst Schliephack,

olan parçalarından numunelerin bulunduğu küçük bir kutu çanak çömlek parçasını Garstang'a Liverpool'a gönderdi.[6]

Garstang 1908 yılında Sakçagözü'nde yaptığı kazılarda bir dizi benzersiz mimari kabartma açığa çıkardı. Daha ilk başta, bu yerleşimde kazı izni almak üzere Osmanlı yetkililerine başvururken bile, bulunacak kabartmalardan alçı kalıplar alma niyetini dile getirmişti.[7] Sakçagözü kabartmaları açığa çıkarıl-

made squeezes of the sculptures as they were uncovered and at the end of the excavation season they were sent to the Ottoman Imperial Museum in Istanbul. From here they were eventually sent on to Berlin, where casts were produced and sent on to Liverpool (see Öz, this volume). Another series of plaster casts was produced in 1913. This second series included the lion orthostats (Garstang's term is "Lion Corner Stones"), processions of mythological creatures and figures of the King-Priest and his attendants from the Coba Höyük (Jobba Hüyük) mound (FIG. 2.4).

Whilst working at Sakçagözü, Garstang was also working on perhaps his greatest achievement, his book *The Land of the Hittites* (1910). This incorporated many photographs and notes taken during his Anatolia Survey of 1907, and set out to prove Sayce's theory that the Hittite Empire had once been one of the great civilisations of the ancient Near East (Sayce 1880). Garstang achieved this by the presentation of maps, illustrations, photographs and drawings demonstrated in great detail the extent and nature of Hittite monuments and inscriptions across a wide area. The costs of publication were sponsored by Sir Francis Chattilon Danson (1855–1926) and Garstang was later to rewrite and republish it in a new format as *The Hittite Empire* (1929). With its publication, *The Land of the Hittites* presented the conclusive archaeological evidence of what had been up until then only the speculations of historians and linguists; it finally and definitively put the Hittite Empire back on the map. His various trips across this region were also to lead to the detailed, and still largely accurate, co-authored publication *The Geography of the Hittite Empire* (Garstang and Gurney, 1959). In effect, Garstang's travels and publications established an entire new field of academic research—Hittite historical geography.

dıktan sonra, Garstang'ın yardımcısı Horst Schliephack, ortaya çıkan kabartmalardan stampaj tekniğiyle alçı kalıplar aldı ve bunlar kazı sezonu sonunda Müze-i Hümayun'a gönderildi. Oradan Berlin'e gönderilen kalıplardan üretilen alçı kopyalar da daha sonra Liverpool'a yollandı (bkz. Öz'ün bu kitaptaki makalesi). 1913 yılında ikinci bir alçı kopya serisi üretilmişti. Bu ikinci serinin içinde aslan ortostatlar (Garstang'ın kullandığı terim ile "Aslanlı Köşe Taşları") ve mitolojik yaratıklar, Kral-Rahip ve refakatçilerinin figürlerinden oluşan Coba Höyük tören alayı bulunmaktaydı (RES. 2.4).

Garstang Sakçagözü'nde çalışırken, bir yandan da belki en büyük başarısı olacak olan kitabı *The Land of the Hittites* (1910) üzerinde çalışıyordu. Bu kitapta 1907 Anadolu Yüzey Araştırması sırasında çektiği birçok fotoğrafa ve aldığı notlara yer verdi. Kitap Sayce'ın, Hitit İmparatorluğu'nun bir zamanlar eski Yakındoğu'nun büyük medeniyetlerinden biri olduğu teorisini (Sayce 1880) kanıtlamayı amaçlıyordu. Garstang, Sayce'ın hipotezini, çok geniş bir coğrafyada bulunan Hitit anıtlarının kapsamını ve doğasını en ince ayrıntısına kadar gösteren pek çok harita, çizim, fotoğraf ve eskizle kanıtlamıştır. Sir Francis Chattilon Danson (1855–1926) kitabın yayımlanması için Garstang'a sponsor oldu. Garstang 1929'da bu başeserini revize edecek, yeni bir formatta *The Hittite Empire* adı altında bir kez daha yayımlayacaktı. *The Land of the Hittites* kitabının yayımlanmasıyla, o güne kadar birkaç tarihçi ve dilbilimcinin spekülasyonlarının ötesine geçmeyen bilgiler kesin arkeolojik kanıtlarla desteklenmiş oldu. Kitap sayesinde, sonunda Hitit İmparatorluğu kesin bir şekilde haritadaki yerini aldı. Bölgeye yaptığı seyahatler başka bir ayrıntılı kitaba daha vesile olacaktı: *The Geography of the Hittite Empire* (Garstang ve Gurney, 1959). Yeğeni Oliver Gurney ile birlikte kaleme aldığı bu kitaptaki bilgiler bugün hâlâ büyük ölçüde geçerliliğini koruyor. Aslında Garstang'ın seyahatleri ve yayınları, yepyeni bir akademik araştırma alanı başlatmış oldu: Hititlerin tarihsel coğrafyası.

PHIL FREEMAN

CHAPTER 3

John Garstang and the Archaeology of the Near East[1]

This article seeks to place Garstang's work in the Near East within the context of the practice and, in particular, funding of archaeological fieldwork at a time before state sponsorship or charitable support for such work was available. Except for a not inconsequential foray in to Romano-British archaeology, John Garstang's work as an archaeologist is best known for his time in the Near East.[2] Excluding the war years from 1898 to 1946, he excavated there almost annually for forty years. His career can be divided into two relatively distinct phases, the pair divided by the years of the First World War.

Prior to the War, Garstang's reputation is based on a combination of his excavations in Egypt and Sudan, with a brief diversion to Anatolia and then back to Sudan. In the Egyptian period he excavated a number of pre-dynastic sites.[3] In Anatolia, after a failed attempt to excavate at Boğazköy in 1907, he and his excavation team under-

BÖLÜM 3

John Garstang ve Yakındoğu Arkeolojisi[1]

Bu yazı, Garstang'ın, arkeolojide devlet desteğinin veya özel sponsorların olmadığı bir dönemde Yakındoğu'daki çalışmalarını arkeoloji pratiği bağlamına oturtmayı hedefliyor. Roma dönemi İngiltere arkeolojisi açısından ciddiye alınmayacak çalışmalara da katılmış olan John Garstang aslen Yakındoğu'da geçirdiği süre zarfında yaptığı arkeolojik çalışmalarla tanınır.[2] 1898–1946 yılları arasında, savaş dönemi hariç olmak üzere, bu bölgede kırk yıl boyunca neredeyse her sene kazı yapmıştır. Kariyeri çeşitli yönlerden Birinci Dünya Savaşı tarafından ikiye bölünmüş, kısmen farklı iki evreye ayrılabilir.

Garstang savaştan önce, Mısır ve Sudan'da yaptığı kazılarla ünlendi. Bu çalışmalar sırasında dikkatini kısa bir süreliğine Anadolu'ya çevirse de ardından Sudan'a geri döndü. Mısır'da geçirdiği süre boyunca hanedanlık öncesi döneme ait bir dizi arkeolojik yerleşimde kazılar yaptı.[3] Anadolu'da, 1907 yılında Boğazköy'deki başarısız kazı girişiminin ardın-

took a tour of Hittite sites in southern Turkey before conducting two separate seasons of excavations at Sakçagözü (1907–8 and 1911–2). The political conditions in 1908 forced him to abandon temporarily work there and to move, with Archibald Sayce's (1846–1933) assistance to Sudan where he undertook five seasons at Meroë (1909–14).

What is clear however, is that from his time at Oxford (1895–9), Garstang was from the outset by inclination a Hittite scholar, albeit a frustrated one. He regarded his mentor in this respect to be Sayce. It explains too how in his Egyptian years Garstang was at the same time manoeuvring and petitioning for access to a site in Anatolia whilst at the same time in conjunction with Liverpool staff placing in the likes of *The Times* statements about the then burning issue of the inter-relationship of the Etruscans and the Hykos, and the Hittites.[4] The Etruscans were an especial interest of the Rathbone Professor of History, John Mackay (1856–1931) and a highly influential figure in the Liverpool Institute of Achaeology, the second of interest to Percy Newberry (1856–1949), already a noted Egyptologist and soon to become the Brunner Professor of Egyptology in the same university and Garstang on the Hittites.

The outbreak of WWI, interrupted the Sudan phase of Garstang's career. After his war service the trajectory of his career shifted. In the break-up of the territories of the former Ottoman Empire, discussion among British archaeologists who worked in the Near East with politicians and the government resulted in the decision to establish a British School of Archaeology in Jerusalem as a counter-balance to the already established American School of Oriental Research and the French École Biblique there. In turn Garstang was invited to oversee the practical arrangements for establishing a school in Palestine. At about the same time, in the vacuum created by the collapse of the Ottoman Empire in the Near East and the consequent creation of the Mandate territories, Garstang was asked by the British authorities in Palestine to see to the creation of an administration to protect and manage the region's archaeological heritage. This appointment later expanded in to the same for British Mandate Transjordan.

The significance of the hinging of Garstang's career on the outbreak and end of WWI can be gauged in other ways. There was for example, the way he structured his activities in the field. His field methodology and techniques also evolved. In the Egypt and Sudan years, and indeed for pre-War Anatolia, Garstang adopted a method of funding his work used previously by William Flinders Petrie in Egypt (Petrie 1932: 79–80). In the refined version, from 1902 onwards, Garstang gathered each year in anticipation of the field season, groups of investors to form what were referred to as "syndicates." In one sense, Garstang was the employee of the syndicate. The original syndicates were private individuals, initially drawn from the great and good of Liverpool and its hinterland shipping and industrial society, each of whom would contribute £100 or thereabouts to fund the season. The reasons for members to become involved varied, from those who wanted to embellish (semi–) public collections to those wanting "longer" term investments, and still others who wanted to speculate on what was delivered to Liverpool, after the consent and permissions of the relevant authorities in Egypt.[5] With normally ten members per year, the budget of £1000 would be deployed as Garstang's fee (he was still only a part-time professor and paid on his time at the university and at a rate for the teaching he attracted), with a percentage going to his field assistant. The remainder would cover their travel and living expenses as well as for the local excavation labour. For their investment, the syndicate members could expect to receive a

FIG. 3.1 Hierakonpolis (Nekhen) which Garstang dug in 1905 at the same time he was in Esna.

GARSTANG MUSEUM OF ARCHAEOLOGY, UNIVERSITY OF LIVERPOOL, (I/H/070)

RES. 3.1 Garstang'ın 1905'te Esna'dayken yaptığı Hierakonpolis (Nekhen) kazısından.

GARSTANG ARKEOLOJİ MÜZESİ, LIVERPOOL ÜNİVERSİTESİ, (I/H/070)

package of artefacts—all packets supposedly enjoying roughly the same estimated financial value—and allocated at a formal dinner via a lottery arrangement.

This mode of funding excavation had consequences for what, where and how Garstang excavated in Egypt, where the first priority was to secure artefacts to satisfy the desires of the syndicate members. The emphasis was on portable finds for the purposes of export, thus royal, private and public structures were not desirable excavation sites. Better suited for the purpose of the syndicates were cemeteries which explains why Garstang's Egyptian sites tended to be cemeteries. The pursuit of finds and the need to identify the following year's sites impacted the quality of Garstang's excavation in these years to a significant extent, as did the norms of excavation at the time. The unpublished records and the monthly reports to the investors back in Britain

da tarihi eserlerden oluşan bir paket elde etme şansına sahipti ve her biri tahmini olarak benzer bir maddi değere sahip olan paketler resmi bir yemekte yapılan bir çekilişle sahiplerini bulurdu.

Kazıların bu şekilde finanse edilmesinin Garstang'ın Mısır'da ne için, nerede ve nasıl kazı yapacağı üzerinde belirleyici bir etkisi oluyordu, öncelikli olan da birlik üyelerini memnun edecek tarihi eserlerin bulunmasıydı. Ülkeden ihraç edilebilecek olan taşınabilir eserlere odaklanılıyordu, bu bağlamda kraliyete ait, özel ve kamusal mimari yapılar bir işe yaramıyordu. Mezarlıklar bu işe çok uygun yerlerdi, dolayısıyla Garstang'ın Mısır'daki kazılarda neden hep mezarlıkları seçme eğiliminde olduğu anlaşılabilir. Belirli türde arkeolojik buluntular ele geçirme ve gelecek senenin kazı alanlarını belirleme ihtiyacı hem Garstang'ın o yıllardaki kazılarının niteliğini hem de o

FIG. 3.2 Excavating graves at Beni Hasan.
GARSTANG MUSEUM OF ARCHAEOLOGY,
UNIVERSITY OF LIVERPOOL, (I/B/027)

RES. 3.2 Beni Hasan'daki mezar kazısı.
GARSTANG ARKEOLOJİ MÜZESİ,
LIVERPOOL ÜNİVERSİTESİ, (I/B/027)

of these various excavations are replete with references as to how many graves per day had been opened, and how much had been recovered in terms of monetary value per day, along with descriptions of any significant objects. Digging graves and the assemblages therein was easy work, one that could be facilitated by the use of photography which at the same time negated the need for detailed field records of each and every of the tens, if not hundreds, of graves excavated by Garstang (FIG. 3.1, FIG. 3.2). Indeed, the excavation did not necessarily require "expert" management, which in turn explains why Garstang could employ initially untrained site assistants to supervise the excavations during his periodic absences. The conventions of the time did not expect the "definitive" publication of the results of excavations, not least because each site—up until Abydos (1909)—was only dug for a single season.

dönem kazı normlarını etkiliyordu. Bu kazılara ait İngiltere'deki yatırımcılara gönderilen yayınlanmamış kayıtlar ve aylık raporlar bir günde kaç mezarın açıldığı, ortaya çıkarılan buluntuların toplam maddi değerini ve kayda değer objelere dair açıklamalar içeriyordu. Mezarların ve içlerinde yer alan objelerin kazılması zor bir iş değildi, fotoğrafın da kullanımıyla kolayca yürütülebiliyor ve bu şekilde Garstang'ın kazdığı onlarca hatta belki de yüzlerce mezarın her birine ait detaylı saha kayıtları tutma ihtiyacı da ortadan kalkıyordu (RES. 3.1, RES. 3.2). Kazıların esasen "uzman" yönetimi gerektirmemesi Garstang'ın zaman zaman olmadığı durumlarda kazıları eğitimsiz saha asistanlarının gözetimine bırakabilmesini de açıklar. O zamanın temayüllerine göre, özellikle de Abydos kazısı öncesinde (1909), her kazı alanı sadece tek bir sezon kazıldığı için, kazı sonuçlarına dair "nihai" bir yayın beklentisi yoktu.

The *modus operandi* that Garstang devised for his Egyptian excavations was transferred first to his Anatolian expeditions and then to Sudan. In the case of the Ottoman, Antiquities Service was better administered in comparison to its counterparts in Egypt and Sudan, which meant that they exerted a far greater degree of control over Garstang's operations, and thus his ability to export finds with which to reward his investors. The only substantial changes to the arrangements were that with his success as an excavator who could deliver, Garstang's net of sponsors enlarged from the local pool in Liverpool to Britain as a whole. Speculators other than those with a passion for Egyptology emerged, as did English, Scottish and overseas institutions, all of which came to be syndicate members. The season budgets in turn grew in size. But the quality of excavation did not necessarily improve. Just as many of the Egyptian sites were not satisfactorily published but for brief "interim reports" or were summarised in his works of synthesis, the field records of those excavations are now either lost or are very incomplete.[6] In the intervening decades some of those interim reports were turned into more substantial publications. Whilst Garstang was to claim that he had taken the Meroë report to just about its final publication standard state, the fact is that the excavations themselves were a management disaster (Török 1997). There is an irony to the fact that in the aftermath of Meroë, Garstang was invited to become the Archaeological Advisor to the British authorities in Sudan, his first foray in preserving the archaeological resource.

After his time in Jerusalem, during which in his various official and semi-official capacities Garstang facilitated fieldwork to varying degrees, he returned to Liverpool to resume his duties as a University professor. The sense is that he had nearly given up realistic prospects for a re-

Garstang'ın Mısır kazılar için oluşturduğu işleyiş biçimi önce Anadolu'daki keşif gezilerine sonra da Sudan'a taşındı. Türkiye özelinde Osmanlı Asar-ı Atika Müdürlüğünün Mısır ve Sudan'daki muadillerinden daha iyi yönetilmesi, burada Garstang'ın faaliyetleri ve yatırımcılarını ödüllendirmek için buluntuları ülkeden çıkarması üzerinde çok daha güçlü bir denetim olması anlamına geliyordu. İşleyişteki tek kayda değer değişiklik kazılardaki başarısı kanıtlanan Garstang'ın sponsor ağının Liverpool merkezli olmaktan çıkıp ülke çapına yayılması, sponsorların spekülatörlerden çok Mısırbilimi tutkunlarına kayması ve İngiliz, İskoç ve deniz aşırı ülkelerden birçok kurumun birlik üyesi haline gelmesi oldu. Böylece sezon bütçeleri de arttı. Fakat bu durum kazıların kalitesinin de koşulsuz olarak arttığı anlamına gelmez. Mısır'daki çoğu kazı alanına yönelik kısa "ara dönem raporları" veya sentez çalışmalarındaki özetler haricinde tatmin edici belgeler yayımlanmadığı gibi bu kazılara ait saha raporları da ya kayıp ya da son derece eksiktir.[6] Bu ara dönem raporlarından bazıları uzun yıllar içinde daha doyurucu yayınlara dönüştürülmüştür. Garstang, Meroe raporuna yayına uygun standartlara sahip nihai halini verdiğini iddia etmiş olsa da esasen bu kazılar tam bir yönetim faciasıdır (Török 1997). İronik bir şekilde, Meroe'nin ardından Garstang, arkeolojik zenginliği koruma adına ilk girişimi olarak Sudan'daki İngiliz yönetimi için Arkeoloji Danışmanı olmaya davet edilmiştir.

Garstang, çeşitli resmi ve yarı resmi yetkilerini kullanarak farklı düzeylerde saha çalışmaları yürüttüğü Kudüs'te geçirdiği zamanın ardından üniversitede profesör olarak çalışmalarına devam etmek üzere Liverpool'a döndü. Anlaşılan saha çalışmalarını sürdürmesini sağlayacak gerçekçi beklentileri neredeyse ortadan kalkmak üzereydi. Değişen ekonomik iklimle birlikte Birinci Dünya Savaşı öncesinde yürüttüğü çalışmaları destekleyen yatırımcıların hepsi ortadan kaybolmuştu. Bunun yerine Kitab-ı Mukaddes'te geçen

FIG. 3.3 The excavation of the water sanctuary at Meroë showing Schliephack's shadow (1911). Because Schliephack was usually behind the camera, rather than in front of it, there are no known photographs of him, which only adds to his enigma.

GARSTANG MUSEUM OF ARCHAEOLOGY, UNIVERSITY OF LIVERPOOL, (I/M/LA/08)

RES. 3.3 Meroe'deki su tapınağı kazısından Schliephack'in gölgesinin göründüğü bir fotoğraf (1911). Schliephack genelde kameranın önünde değil arkasında olduğundan, bilinen bir fotoğrafı yoktur, bu da onun gizemine gizem katar.

GARSTANG ARKEOLOJİ MÜZESİ, LIVERPOOL ÜNİVERSİTESİ , (I/M/LA/08)

sumption of field work. In the changed economic climate the sort of investor who had patronised his pre-WWI work had all but disappeared. Instead with the opening up of the Biblical lands to British interests but with the straitened financial conditions of the British School in Je-

toprakların İngiliz ilgi alanına ama bir yandan da Kudüs İngiliz Okulunun içinde bulunduğu zorlu maddi koşullar ve Filistin Araştırma Fonu ile birlikte yeni tip arkeolojik hamiler ortaya çıktı: Kitab-ı Mukaddes'e özel bir ilgi gösteren akademik kurumlar ve zengin işadamları. Garstang 1930'da

rusalem and with the Palestine Exploration Fund, new types of archaeological patrons emerged: academic institutions and wealthy businessmen with a particular interest in the Bible. In 1930 Garstang began excavating Biblical Jericho at the behest of Sir Charles Marston (1867–1946), a successful British engineer, "manufacturer, politician, traveller, (and) Biblical archaeologist" with a particular interest in wanting to prove the veracity of the Bible through archaeology. The first Jericho season was also supported by Alfred Mond, the Lord Melchett (1868–1930), a successful businessman and pro-Zionist politician, a son of an industrialist family which had variously sponsored Garstang when he worked in Egypt. It was the involvement of these two individuals, and especially Marston after Melchett's death, which explains how the almost annual sequence of excavations came to be best known for the controversy created by its supposed discovery of the Biblical "tumbled walls of Jericho" (Joshua 6. 1–27).

With the prospect of work at Jericho coming to a conclusion, which it did in 1936, it seemed that Garstang again faced the prospect of having to retire from fieldwork. His reprieve came in 1934, when the former Liverpudlian Francis Neilson (1867–1961), by then an impresario resident in the USA, visited his home city and was introduced to Garstang. Out of that meeting came a commitment from Neilson for £9000 to fund three years' work at a site to be selected in north Palestine. After reconnoitring various potential sites in Syria in 1935, local political disturbances forced Garstang in 1936 to move further north, to the Cilician Plain in southern Anatolia and where he explored forty sites, some showing promising pre-Hittite and Hittite deposits. It was Yümüktepe in Mersin, which became the focus of his excavations in 1938 and 1939. Work there was interrupted by WWII, after which Garstang was able to undertake one more season—his last—in 1946.

In the case of Garstang's dealings with Marston and Neilson, there was superficially the sort of patron–client relationship that had existed pre–1914, in which the patron supplied the funds for excavation. But there was one major difference with the pre-WWI arrangements. Now it was the patrons who drove the agenda, Marston more explicitly than Neilson. Marston's (and Melchett's) objectives were clear, and followed a route that Garstang with his own interest in Biblical archaeology, was happy to go along with. In the case of Neilson there is the sense that Garstang had a hand in shaping what the client wanted. Here it was not to gather objects in order to fund future work, but rather the identification of sites with a suitable Hittite connection. In effect, Garstang managed to obtain funding for work on the sort of Hittite site for which he had been searching for nearly twenty if not more years. It is by this mechanism that Garstang came across Mersin. The same approach had been attempted during his Jerusalem years, in southern Palestine. Building on the experience gained pre-WWI and in his post-War time in Palestine, now the search could be shifted northwards into Syria.

World War I saw the end of the archaeological "investor" and artefact-driven excavation. At the same time, Garstang had become part of the establishment meaning that there was a far greater degree of responsibility on his part, occasioned by the fact that he was now the representative for agencies meant to protect archaeology. Garstang was now a poacher-turned-gamekeeper: from one who excavated to one who was now responsible for safeguarding the resource. Equally important is the fact that the social and economic climate back in the UK had changed. The sort of investors and patrons that Garstang had been able to draw upon had now disappeared in the straitened circumstances of inter-War Europe. It is these

yordu. Fakat Birinci Dünya Savaşı öncesine ait düzenlemeden temel bir fark söz konusuydu. Artık gündemi belirleyenler hamilerdi ve anlaşılan, Marston'un etkisi Neilson'dan daha açıktı. Marston'un (ve Melchett'in) amacı açıktı ve Kitab-ı Mukaddes arkeolojisine duyduğu kişisel ilgi yüzünden Garstang da bu yolu takip etmekten memnundu. Söz konusu Neilson olduğunda, anlaşılan Garstang müşterinin isteklerine şekil veriyordu. Buradaki amaç da ileriki çalışmaları finanse etmek üzere objeler toplamak değil, uygun bir Hitit bağlantısı olan yerleşimlerin belirlenmesiydi. Bunun sonucunda Garstang, aşağı yukarı yirmi yıldır, belki de daha fazla bir süredir aramakta olduğu türde bir Hitit yerleşiminde çalışmak için gereken maddi kaynağı buldu. Garstang'ın Mersin'e gelmesi de bu işleyişin sonucunda oldu. Aynı yaklaşım Kudüs'te geçirdiği yıllarda güney Filistin'de de denenmişti. Birinci Dünya Savaşı öncesi ve savaş sonrası Filistin'de geçirdiği zaman içinde kazandığı deneyimler sayesinde artık araştırmaları daha kuzeye, Suriye'ye doğru kaydırması mümkündü.

Birinci Dünya Savaşı'yla arkeoloji "yatırımcısı" tipi ortadan kayboldu ve tarihi eser arayışına yönelik kazıların sonu geldi. Aynı zamanda, Garstang da düzenin bir parçası olmuştu, ki bu da arkeolojiyi koruma görevi üstlenen kurumların temsilcisi olmasıyla ortaya çıkan daha büyük bir sorumluluk taşıması anlamına geliyordu. Artık Garstang'ın oyundaki rolü tamamen değişmiş, alanda kazı yapan kişiden kazı alanını korumakla sorumlu olan kişiye dönüşmüştü. Aynı derecede önemli bir gelişme de İngiltere'deki sosyal ve ekonomik iklimin değişmiş olmasıydı. Garstang'ın destek almayı başarmış olduğu yatırımcılar ve hamiler dar boğazda bulunan iki savaş arası Avrupa'sında artık ortadan kaybolmuştu. Bu iki unsur Birinci Dünya Savaşı'ndan sonraki yıllarda Garstang'ın Filistin'de katıldığı kazıların neden nitelik değiştirdiğini açıklar. Kazılar artık tarihi eser arayışı yerine daha açık ve belirgin

two facts that explain why in the years after the World War I when he was in Palestine, the type of excavation Garstang was involved with changed. Excavation was now justified in terms of more explicit research objectives rather than for the pursuit of artefacts. It was Garstang who encouraged the Palestine Exploration Fund excavations at Ashkalon between 1920 and 1922, where the objective was to "help clear up some of the historical problems of the Philistines and the Western Palestinian coastlands. Egyptian sculptures represent the inhabitants of Askalon with 'Hittite' features; and the relation between Philistines, Cretans and Hittites and other inhabitants of Asia Minor is a problem upon which Ashkelon(sic) will throw light" (PEF QS [July] 1920: 98). Ashkalon ended unsatisfactorily, with no clear resolution to those objectives. Nevertheless, as Director of Antiquities it was Garstang who also encouraged the 1923–5 excavations at Mount Ophel in Jerusalem and where again the sub-text, as with Ashkalon and Gaza, the search was for the Philistines and their contemporaries.

On the one hand while Garstang is best known as a (pre-WWI) Egyptian archaeologist whose techniques and activities we now know left much to be desired—while on the other he is a Near Eastern archaeologist, best remembered for his excavations at Jericho, which he published in such detail that his conclusions could later be analysed, checked and criticised by Kathleen Kenyon. In other words, as an excavator Garstang's fieldwork was probably better post-WWI. Why this should have occurred is due to a combination of factors. What was driving these post-WWI excavations was different to the money-for-results-for-money arrangement under which he had previously operated in Egypt. There was also the element of him now being part of an intense archaeological fraternity in Jerusalem, assisted by his contact with

araştırma hedefleriyle gerekçelendiriliyordu. Filistin Araştırma Fonunu 1920–2 yılları arasında Aşkelon'da kazı yapmaya teşvik eden Garstang oldu. Buradaki amaç şuydu: "Filistinlilerin ve Batı Filistin kıyılarının bazı tarihsel sorunlarının çözülmesine yardımcı olmak. Mısır heykellerinde Aşkelon sakinleri 'Hitit' özelliklerine sahip olarak temsil edilmektedir; ve Filistinliler, Giritliler, Hititler ve Küçük Asya'nın diğer sakinleri arasındaki bağlantılar meselesine Aşkelon ışık tutacaktır" (PEF QS [Temmuz] 1920: 98). Aşkelon kazısı bu amaçların hiçbirinin açık bir şekilde çözüme ulaştırılamadığı, tatmin edici olmaktan uzak bir sonuç verdi. Bununla birlikte, 1923–5 yılları arasında Kudüs'teki Ophel Dağı kazılarını teşvik eden yine eski eserler direktörü Garstang oldu, bu çalışmaların örtük amacı da Aşkelon ve Gazze'de olduğu gibi yine Filistinliler ve çağdaşlarına yönelik araştırma yapmaktı.

Garstang bir yandan bugün bildiğimiz kadarıyla teknikleri ve faaliyetlerinin çok daha iyi olabileceğini düşünmekten kendimizi alıkoyamayacağımız bir (Birinci Dünya Savaşı öncesi) Mısır arkeoloğu olarak nam salmış olsa da, diğer yandan da Eriha'daki kazılarıyla tanınan bir Yakındoğu arkeoloğudur; bu kazılardan sonra yaptığı yayınlar da, paylaştığı sonuçların daha sonra Kathleen Kenyon tarafından analiz edilmesini, sınanmasını ve eleştirilmesini sağlayacak kadar detaylıdır. Diğer bir deyişle, Garstang'ın kazı yürütücüsü olarak yaptığı çalışmaların Birinci Dünya Savaşı sonrasındaki dönemde daha başarılı olduğunu söyleyebiliriz. Bu durum birden fazla faktörün bir araya gelmesiyle ortaya çıkmıştır. Birinci Dünya Savaşı sonrası kazılarının arkasındaki itici güç Mısır'daki çalışmalarının arkasında yatan para getirecek sonuçlar elde edebilmek için para kaynağı bulma düzeneğinden farklıydı. Buna neden olan bir diğer unsur da hepsi Garstang'ın daha önce Mısır'daki çalışmalarından beklenenden daha yüksek standartlarda kazı yapan ve kayıt tutan Amerikan

the likes of William Albright at the American School and the brothers of the Franciscan École, all of whose excavation and recording standarts were decidedly higher than those to which Garstang had previously been expected to conform when working in Egypt. In this respect he was also assisted by the fact that the quality of the staff he employed or who worked with him post-WWI were of a higher calibre.

In Egypt, Sudan and Anatolia Garstang was heavily reliant on the support of a single European, his assistant. The first of these was the painter, and certainly at the start of their relationship not an archaeologist, Harold E. Jones (1877–1911). Taken into the field untrained (1903) and initially described as the expedition's artist, Jones was expected to see to the everyday management of the excavations and the labour force while Garstang often disappeared to seek out new sites, socialise with the great and good who happened to be over-wintering in Egypt and generally be absent. Initially happy to play such a role, Jones became increasingly disenchanted and eventually gave up with working with, or rather for, Garstang, opting to pursue better prospects elsewhere.

Garstang replaced Jones with an enigmatic German, Horst Schliephack (FIG. 3.3). Originally a photographer—not least on James Breasted's Second Nubian Expedition (1906–7), Schliephack came to Garstang after being fired by Breasted for vandalising two ancient temples in Sudan by scratching his name on them (FIG. 3.4). This enabled Garstang to create a position for Schliephack as the Liverpool Institute's Resident Photographer in an attempt to drum up new revenue for the Institute. Schliephack also supplemented his income as a commercial photographer in the city and as a part-time antiquities dealer. At the same time he was Garstang's general factotum in Anatolia, where he was the 1911–2 Anatolia Expedition's prin-

Okulu'ndaki William Albright gibi kişiler ve Fransiskan Okulu'ndaki rahiplerle kurduğu ilişkiler sayesinde artık Kudüs'te hararetli bir arkeoloji cemaatinin parçası olmasıydı. Bu açıdan, Birinci Dünya Savaşı'ndan sonra işe aldığı ve beraber çalıştığı ekibin kalitesinin daha yüksek nitelikli olması da Garstang'a yardımcı olmuştur.

Mısır, Sudan ve Anadolu'da Garstang, asistanı olarak çalışan tek bir Avrupalı'nın yardımına bel bağlıyordu. Bunlardan ilki bir ressam olan ve beraber çalışmaya başladıklarında kesinlikle bir arkeolog olmayan Harold E. Jones (1877–1911) idi. Sahaya eğitimsiz bir şekilde çıkarılan (1903) ve keşif seferinin ressamı olarak tanımlanan Jones'dan beklenen, kazıların ve işgücünün gündelik yönetimini üstlenmesiydi. Bu sırada Garstang genellikle yeni kazı alanları bulmak için ortadan kaybolur ve kışı Mısır'da geçiren önemli kişilerle sosyalleşir, yani genelde orada olmazdı. Başlarda sahip olduğu pozisyondan memnuniyet duyan Jones'un hayal kırıklığı zaman geçtikçe artmaya başladı ve sonunda başka bir yerde daha iyi koşullarda çalışma ümidiyle Garstang'la, daha doğrusu Garstang için, çalışmayı bıraktı.

Garstang, Jones'un yerine esrarengiz bir Alman olan Horst Schliephack'ı aldı (RES. 3.3). James Breasted'in İkinci Nubiya Seferi'nde (1906–7) olduğu gibi, aslen fotoğrafçılık yapan Schliephack, Sudan'da üzerlerine adını kazıyıp iki eski tapınağa zarar verdiği için Breasted tarafından kovulduktan sonra Garstang'ın yanına geldi (RES. 3.4). Bu sayede Garstang Schliephack için Liverpool Enstitüsünde kadrolu fotoğrafçı olarak bir pozisyon yaratabildi ve bu şekilde enstitü için yeni bir gelir kaynağı yaratmaya çalıştı. Schliephack da şehirde ticari fotoğrafçılık yaparak ve yarı zamanlı antikacılık yaparak kendi gelirine katkıda bulunuyordu. Aynı zamanda Anadolu'da Garstang'ın kişisel asistanlığını yapmaktaydı ve 1911–2 Anadolu seferinde ve daha sonra Sudan'da Garstang'ın baş fotoğrafçılı-

FIG. 3.4 Schliephack's graffito on a temple in Sudan.

RES. 3.4 Schliephack'in Sudan'daki bir tapınağa kazıdığı adı.

HTTPS://WANDERINGROUND.WORDPRESS.COM/TAG/HORST-SCHLIEPHACK/

HTTP://WWW.PERON4.PL/W-PUSTYNI-BEZ-PUSZCZY-CZY-KORYBUT-DASZKIEWICZ-ODWIEDZIL-SUDAN/2/

(© MARCIN S. SADURSKI)

cipal photographer, and latterly Sudan. Indeed he was "loaned" to Henry Wellcome when he visited Sudan as a tourist but then decided to excavate at Gebel Moya in 1911. Schliephack left Liverpool in 1912 to return to Germany where he blazed an even more incredible career during at least the First World War. On his Anatolian expedition, along with Schliephack, Garstang was accompanied by others although but for one exception, none of them were to establish reputations as archaeologists.

If the assistants who were responsible for the day-to-day management of his fieldwork were not necessarily field archaeologists, post-WWI Garstang was able to draw on more and more competent staff, which had decided benefits for the quality of his field craft and recording. The first of these was William JT Pythian-Adams, who had previously worked for Garstang in Anatolia and Sudan, subsequently joined him when he took

ğını üstlendi. Hatta, bir seferinde de Sudan'ı turist olarak ziyaret eden fakat daha sonra 1911'de Gebel Moya'da kazı yapmaya karar veren Henry Wellcome'a "ödünç" verildi. Schliephack 1912'de Liverpool'dan ayrılarak Almanya'ya geri döndü ve burada en azından Birinci Dünya Savaşı boyunca çok daha inanılmaz bir kariyer sürdürdü. Garstang'a Anadolu seferinde Schliephack dışında başkaları da eşlik etti, fakat biri dışında bunlardan hiçbiri arkeolog olarak isim yapmış kişiler değildi.

Saha çalışmalarının günlük yönetiminden sorumlu olan asistanlar illaki saha arkeoloğu olmasa da Garstang Birinci Dünya Savaşı sonrası dönemde yanına daha fazla yetkin eleman çekmeye başladı, bunun da saha performansı ve kayıtların tutulması üzerinde olumlu etkileri oldu. Bunlardan ilki daha önce Anadolu ve Sudan'da Garstang için çalışmış olan William JT Pythian-Adams idi. Garstang Filistin'de çalışmaya başlayınca ona katıldı

up his duties in Palestine, and who eventually became responsible for the Palestine Archaeological Museum in Jerusalem established in 1922 (and now the Rockefeller Museum). At that time, in his capacity of Director General of Antiquities in Palestine, Garstang had a staff that became increasingly professional in its outlook, including Pythian-Adams, who was not only Garstang's right-hand man in Jerusalem, but who also appears to have been a more than competent excavator than Garstang as he undertook work on Garstang's behalf at Ashkalon and in and around Gaza. Just as Schliephack's resignation caused Garstang much lamentation, so Pythian-Adams' decision to do the same in favour of a career in the church occasioned much regret. Compensating for the loss however, was the way that Garstang from the time of Jericho increasingly used archaeology students and others with field skills to build up teams, many with specialist duties or expertise, and who went on to noteworthy careers as Near Eastern academics, archaeologists and as archaeological administrators. The list of names includes, in Palestine-Transjordan and in Turkey, George Horsfield, ET Richmond, JCB Richmond, Thomas Hodgkin, PLO Guy, Judith Marquet-Krausse, GM Fitzgerald, Alan Rowe, MV Seton-Williams, Seton Lloyd, Joan Crowfoot, John Waechter and Dorothy Marshall among many others.

In summary, when assessing Garstang as a Near Eastern archaeologist, we are left with a paradox. In pre-WWI Egypt and Sudan his work was profitable in more ways than one, in that it obtained for him a reputation as one of the leading authorities in the subject, and put him at the centre of scholarly debate about what would now be called "heritage management issues." And yet his work in Egypt and Sudan left much to de desired in terms of management and publication. He was able to use the antiquities legislation in these parts of the world to his and his

ve daha sonra Kudüs'te 1922'de kurulan Filistin Arkeoloji Müzesinin (günümüzde Rockefeller Müzesi) başına geçti. O dönemde Filistin'de eski eserler genel direktörü sıfatıyla bulunan Garstang'ın altında gittikçe daha profesyonel bir görünüm sergileyen bir ekip çalışmaya başladı. Bu listeye dahil olan Pythian-Adams, sadece Garstang'ın Kudüs'teki sağ kolu olmakla kalmayıp, aynı zamanda Aşkelon ve Gazze civarında Garstang'ın adına yaptığı kazılarda yetkin bir kazı yürütücüsünden çok daha fazlası olduğunu kanıtladı. Schliephack'ın istifası Garstang'ı ne kadar zor durumda bıraktıysa, Pythian-Adams'ın da kilisede bir kariyer sürdürmek adına aynı kararı vermesi de bir o kadar zor durumda bıraktı. Bu kaybın yerini bir nebze de olsa dolduran şey, Garstang'ın Eriha'dan itibaren giderek artan bir şekilde arkeoloji öğrencileri ve saha becerilerine sahip uzman ve bilirkişi konumundaki başka kişilerden ekipler oluşturmasıydı; bu kişiler daha sonra Yakındoğu akademisyenleri, arkeologları ve arkeolojik idareciler olarak saygın kariyerler yapacaktı. Filistin, Transürdün ve Türkiye'de çalışan George Horsfield, ET Richmond, JCB Richmond, Thomas Hodgkin, PLO Guy, Judith Marquet-Krausse, GM Fitzgerald, Alan Rowe, MV Seton-Williams, Seton Lloyd, Joan Crowfoot, John Waechter ve Dorothy Marshall gibi isimler bunlardan bazılarıdır.

Özetle, Garstang'ı bir Yakındoğu arkeoloğu olarak değerlendirirken bir paradoksla karşı karşıya kalırız. Birinci Dünya Savaşı'ndan önceki dönemde Mısır ve Sudan'daki çalışmaları birçok açıdan kârlı sonuçlar doğurmuş, bu alanın önde gelen otoritelerinden biri olarak nam salmış ve günümüzde "miras yönetimi" diyebileceğimiz alanın ve akademik tartışmaların merkezine oturmasını sağlamıştır. Öte yandan Mısır ve Sudan'daki çalışmaları yönetim ve yayın açısından bir hayli yetersizdir. Bu bölgelerdeki tarihi eserler yasalarını kendi ve hamilerinin çıkarları için kullanmayı başarsa da sonuçların yayınlaması aşama-

FIG. 3.5 Garstang working at Jericho.
COURTESY OF PALESTINE EXPLORATION FUND, LONDON

RES. 3.5 Garstang Eriha'da çalışırken.
LONDRA FİLİSTİN ARAŞTIRMA FONUNUN İZNİYLE

patrons' advantage and where the expectation for the dissemination of the results was not that great. Post-WWI however, with his shift first to resource management and then his return to active excavation things changed, with a far greater degree of independence in the field, but with better excavation and recording techniques, in part as consequence of his operating in a more professional world of archaeologists. The irony is that for these improvements, other than for being the excavator of Egypt, his reputation rests on his work at Jericho, where it can be shown that his original optimistic interpretations of the evidence

sında beklentilerin altında kalmıştır. Öte yandan Birinci Dünya Savaşı sonrası dönemde önce kaynak yönetimine yönelip ardından tekrar aktif kazıya döndüğünde, sahada daha bağımsız hareket edip daha iyi kazı ve kayıt teknikleri kullanması ve kısmen daha profesyonel arkeologlarla çevrilmiş olmasının sonucunda işler değişmiştir. İronik olan şudur ki, bu gelişimi gerçekleştirebilmiş olmasına rağmen, Mısır'da yaptığı kazılar haricinde, aslen, eldeki kanıtlardan yola çıkarak ilk başta yaptığı iyimser yorumların hatalı olduğu söylenebilecek, Eriha'daki çalışmalarıyla ün yapmıştır (Res. 3.5). Fakat kazı kayıtlarının niteliği o

were mistaken (FIG. 3.5). But such was the quality of his excavation records, that Kenyon's negative reassessment of his conclusions could be made. Such assessments are also possible for the Mersin phase of his work where an Italian team (re–)excavating the site can come to an informed assessment of his work and its interpretation. The accumulator of archaeological objectives had become an excavator.

kadar iyidir ki Kenyon onun notlarından faydalanarak çalışması hakkında olumsuz bir değerlendirme üretebilmiştir. Bu tür olumsuz değerlendirmeler Mersin'de yaptığı çalışmalar için de mümkündür; burada yeniden kazılar yapan İtalyan bir ekip onun çalışmalarını etraflıca yorumlayıp değerlendirebilmiştir. Arkeolojik hedef toplayıcısı bir kazıcıya dönüşmüştür.

BOB MILLER

CHAPTER 4

The Garstang Photography Archive from Asia Minor 1907–11

BÖLÜM 4

Garstang'ın 1907–11 Küçük Asya Fotoğraf Arşivi

Introduction

John Garstang's photographic archive from Asia Minor contains the c.800 surviving field photographs from his archaeological expeditions to the Near East between 1907 and 1913. The collection is extremely valuable in a number of ways. The photographs are of a high technical quality and provide a vital historical record of the expeditions (FIG. 4.1, FIG. 4.2). They also show important cultural information about the area, important objects as found *in situ*, the team, and local assistants to the expedition. This importance is enhanced by the artistic qualities of the photographs themselves. Furthermore, the photographs are important as a record of the historical development of photography in archaeology, both from a technical photographic equipment standpoint and by demonstrating how photography was beginning to be adopted as a tool to supplement—and even partially replace—written notes.

Giriş

John Garstang'ın Küçük Asya fotoğraf arşivi 1907 ve 1913 yılları arasında Yakındoğu'da yaptığı arkeolojik keşif seferlerinden günümüze kalmış yaklaşık 800 fotoğrafı içerir. Bu koleksiyon birçok açıdan son derece değerlidir. Fotoğrafların teknik kalitesi çok yüksektir ve seferlere ilişkin çok önemli bir tarihsel kayıt sunarlar (RES. 4.1, RES. 4.2). Ayrıca bu bölgeye, bulunan önemli *in situ* objelere, ekibe ve yöre halkından yardımcılara dair önemli kültürel bilgiler içerirler. Bu önem fotoğrafların sanatsal nitelikleri sayesinde daha da artar. Bunun yanı sıra, bu fotoğraflar hem teknik fotoğrafik donanımlar açısından hem de fotoğrafın yazılı notlara destek olan, hatta kimi zaman kısmen de olsa onların yerini alan bir araç olmaya başlamasını göstererek arkeolojide fotoğraf kullanımının tarihsel gelişimini kayıt altına almalarıyla da önemlidir.

FIG. 4.1 Sphinx gate at Alaca Höyük (1907). Glass Plate 5"x7". Published by John Garstang in *The Hittite Empire* (1929) Plate XXV11.

EYUK NO. 7. "SPHINXES GATE AT EYUK," 1907, GARSTANG MUSEUM OF ARCHAEOLOGY, UNIVERSITY OF LIVERPOOL, (I/HIT/EY/009)

RES. 4.1 Alaca Höyük'teki sfenksli kapı (1907). 5"x 7" cam levha. John Garstang'ın *The Hittite Empire* (1929) adlı kitabından. Levha XXV11.

EYUK NO. 7. "SPHINXES GATE AT EYUK," 1907, GARSTANG ARKEOLOJİ MÜZESİ, LİVERPOOL ÜNİVERSİTESİ, (I/HIT/EY/009)

Garstang himself was a competent photographer who developed his photographic skills early in his archaeological career. Having worked as field assistant to W.M. Flinders Petrie in Egypt in 1899 at the age of twenty three, Garstang was well-versed in the use of photography to record archaeological excavations. Garstang, seeing the benefit of the photographic image to accurately illustrate

Garstang yetkin bir fotoğrafçıdır ve fotoğrafik becerilerini daha arkeoloji kariyerinin başlarında geliştirmiştir. 1899 yılında, yirmi üç yaşında, Mısır'da W.M. Flinders Petrie için saha asistanı olarak çalışan Garstang, arkeolojik kazıları kaydetmede fotoğraf kullanımında iyi yetişmiş olsa gerek. Fotoğrafik görüntünün, yaptığı çalışmaları eksiksiz ve kesin bir şekilde göstermedeki yararını gören Garstang, 1904 yı-

FIG. 4.2 John Garstang mounted on horse (1907).
GARSTANG MUSEUM OF ARCHAEOLOGY, UNIVERSITY OF LIVERPOOL, (I/G/092)

RES. 4.2 John Garstang at üstünde (1907).
GARSTANG ARKEOLOJİ MÜZESİ, LİVERPOOL ÜNİVERSİTESİ, (I/G/092)

his work, began to rely on photographs to replace written notes, as in his extensive tomb excavations in Egypt in 1904, where the photographs of the tomb goods are the primary record of the artefacts found. He is generally credited with taking his own photographs in his earlier excavations, including the Roman fort of Brough-on-

lında Mısır'da yürüttüğü, bulunan insan yapımı objelerin asli kaydını mezar eşyalarının fotoğraflarının oluşturduğu, büyük çaplı mezar kazılarında olduğu gibi, yazılı notların ötesinde fotoğraflardan da faydalanmaya başlar. İngiltere'de Brough-on-Noe'daki Roma kalesi de dahil olmak üzere, genelde kazılarında fotoğrafları kendisinin çektiği biliniyor.

Noe in England. However, for his 1907–13 expeditions, Garstang employed a specialist photographer, Horst Schliephack. Perhaps he did so realizing that although he could take his own photographs, by employing a professional photographer, Garstang could reap the benefit of Horst's artistic and technical expertise, while also having more time for other work.

The Expeditions

In 1907, Garstang reported to the Institute of Archaeology in Liverpool that he had returned to England with over 600 photographs from his survey team's two month journey across Anatolia and Asia Minor. Arriving in Istanbul with his team in the early summer of 1907, Garstang had prepared to excavate the ancient Hittite capital of Boğazköy-Hattuša. However, the Ottoman authorities had transferred the permit to German archaeologist Hugo Winckler. As a result, a team consisting of Garstang, Schliephack, W.M. Linton-Smith and Arthur Wilkin set out across Asia Minor on a survey to locate other Hittite sites with a view to finding one for future excavation.

For this 1907 expedition, Garstang relinquished the role of photographer to Schliephack; the two were to work together on Garstang's expeditions for the next six years. In the preface to *The Land of the Hittites*, Garstang wrote, "The bulk of the illustrations, however, are the handiwork of Mr Horst Schliephack, and they speak for themselves. Anyone who has attempted photography under the conditions of travel in Asia Minor will realize the skill with which these results have been obtained" (1910: viii).

Garstang first met Schliephack while in Egypt in early 1907. After Garstang returned to Liverpool, Schliephack was employed as staff assistant and photographer for the Liverpool Institute of Archaeology until 1912 (see

Ancak Garstang, 1907–13 seferlerinde, bu iş için fotoğrafçılık konusunda uzmanlaşmış Horst Schliephack'ı istihdam eder. Belki de Garstang, Horst'un sanatsal ve teknik uzmanlığının sağlayacağı yararlar kadar fotoğrafları kendi çekmek yerine profesyonel bir fotoğrafçı işe alırsa başka işlere daha fazla vakit ayırabileceğini düşünmüştür.

Seferler

Garstang, 1907 yılında Liverpool Arkeoloji Enstitüsüne, Anadolu ve Küçük Asya genelinde ekibi ile yaptığı iki aylık yüzey araştırması seyahatinden altı yüzü aşkın fotoğrafla İngiltere'ye döndüğünü bildirdi. 1907 yılı yazının başında ekibi ile İstanbul'a gelen Garstang kendini, Boğazköy-Hattuša'daki eski Hitit başkentini kazmaya hazırlamıştı. Ancak Osmanlı yetkilileri kazı iznini Alman arkeolog Hugo Winckler'e devretmişti. Bunun üzerine Garstang, Schliephack, W.M. Linton-Smith ve Arthur Wilkin'den oluşan ekip, gelecekte kazmak için başka Hitit yerleşimleri bulmak amacıyla Küçük Asya genelinde yüzey araştırması yapmak üzere yola çıktı.

Garstang, 1907 yılı seferinde, fotoğrafçı rolünü Schliephack'a terk etti, ikili bundan sonraki altı yıl boyunca Garstang'ın keşif seferlerinde birlikte çalışacaktı. *The Land of the Hittites* kitabının önsözünde Garstang şöyle yazar: "Buradaki resimlerin tümü Bay Horst Schliephack'ın el emeğinin ürünüdür ve hiçbir izaha gerek duymazlar. Küçük Asya'da seyahat koşullarında fotoğraf çekmeye çalışmış herhangi biri bu sonuçların elde edilmesinin ardında yatan beceriyi görecektir" (1910: viii).

Garstang Schliephack'la ilk olarak 1907 yılının başlarında Mısır'dayken tanışmıştır. Garstang Liverpool'a döndükten sonra Schliephack 1912 yılına kadar Liverpool Arkeoloji Enstitüsü tarafından personel asistanı ve fotoğrafçı olarak istihdam edilmişti (bkz. Freeman'ın bu kitaptaki makalesi).

FIG. 4.3 "A Living Amorite." The background has been painted out on the glass plate to leave just the head and shoulders.

GARSTANG 1910: PLATE LVVVIV

RES. 4.3 "Günümüzde bir Amori." Portrenin belirgin olması için arka plan cam levhada boyanmış.

GARSTANG 1910: LEVHA LVVVIV

FIG. 4.4 "Surviving Hittite Type." Sketch by Horst Schliephack.

GARSTANG 1910: PLATE LVVVIV

RES. 4.4 "Yaşayan Bir Hititli Tipi." Horst Schliephack'in çizimi.

GARSTANG 1910: LEVHA LVVVIV

Freeman, in this volume). During this time, he accompanied Garstang to Anatolia and Sudan and, judging by the range of images he produced, it is evident that Schliephack contributed significantly towards the work with understanding, insight and artistic interpretation. He created not only photographs, but also illustrations, plaster casts and other artwork for the Institute's collection. Both the modified photograph and sketches for "A Living Amorite" and a "Surviving Hittite Type" typify his contribution, in this case as part of Garstang's anthropological study of ethnic types (Garstang 1910: Plate LVV-VIV. See Fig. 4.3 and Fig. 4.4). Horst Schliephack's major legacy is his photographic work for Garstang in Anatolia. Although he also spent two seasons with Garstang at Meroë in the Sudan, he appears in the historical records only briefly and in the photographic archives even less.

Horst Schliephack

Born in Russian Georgia to German parents, early records list Schliephack as being fluent in Russian and a skilled human bone specialist working on Anatolian archaeological material in Berlin. Nothing is known of his artistic or photographic training, although he evidently worked as a photographer for the German army in 1904. He joined the American archaeologist James Henry Breasted for the 1906 Nubia excavations as a photographer. Schliephack was dismissed from the expedition for inscribing an Egyptian monument with a graffito of his name, but he did not remain unemployed for long, as he was almost immediately introduced to Garstang, who subsequently employed him. Talented and multi-skilled, Schliephack became a core member of Garstang's expeditions. The Honorary Secretary's report for the Institute in 1907–8 reported that:

Schliephack bu süre zarfında Anadolu ve Sudan seferlerinde Garstang'a eşlik etmiştir, ürettiği görüntülerin çeşitliliğine bakılırsa, anlayışı, içgörüsü ve sanatsal yorumu ile bu çalışmalara önemli katkılarda bulunduğu açıktır. Sadece fotoğraf çekmekle kalmamış, aynı zamanda Enstitü koleksiyonu için çizimler, alçı döküm modeller ve diğer sanat eserleri üretmiştir. Garstang'ın etnik türler üzerine yürüttüğü antropolojik çalışmanın parçası olan "Günümüzde bir Amori" ve "Yaşayan Bir Hititli Tipi" başlıklı çalışmalarda yer alan üzerinde oynanmış fotoğraflar ve eskizler onun katkılarına örnek teşkil eder (Garstang 1910: Plaka LVVVIV. Bkz. Res. 4.3 ve Res. 4.4). Horst Schliephack'ın geride bıraktığı en önemli çalışmalar Garstang için Anadolu'da çektiği fotoğraflardır. Garstang'la Sudan, Meroe'de iki sezon geçirmiş olmasına rağmen tarihi belgelerde bundan çok az bahsedilir, fotoğrafik kayıtlarda ise bundan bile daha az karşımıza çıkar.

Horst Schliephack

Rusya'da Gürcistan'da Alman bir anne babanın çocuğu olarak dünyaya gelen Schliephack'la ilgili ilk bilgiler Rusçayı akıcı bir şekilde konuştuğu ve Berlin'de Anadolu arkeolojik malzemeleri üzerinde çalışan yetenekli bir insan kemiği uzmanı olduğu yönündedir. 1904 yılında Alman ordusu için fotoğrafçı olarak çalıştığı bilinmesine rağmen sanat veya fotoğraf eğitimi hakkında bir bilgi yoktur. 1906 Nubiya kazılarında fotoğrafçı olarak Amerikan arkeolog James Henry Breasted'e katılmıştır. Bir Mısır anıtı üzerine adını kazıması sebebiyle görevden alınan Schliephack uzun süre işsiz kalmamış, bu olayın hemen ardından Garstang ile tanıştırılmış ve kısa bir süre sonra da onun tarafından istihdam edilmiştir. Yetenekli ve birçok beceriye sahip Schliephack, Garstang'ın seferlerindeki çekirdek kadronun parçası haline gelmiştir. Enstitü fahri sekreterinin 1907–8 yılı raporunda belirtildiği üzere,

Herr Schliephack's camera has also provided a fine series of photos of the monuments and scenery of Egypt and Asia minor, some of which have been enlarged and have become part of the teaching material of the staff. He has also made for the Institute a series of impressions in plaster from paper squeezes of some of the Hittite monuments found recently at Sakje-Geuzi.[1]

In 1912, Schliephack left Liverpool for the Anthropological Museum in Berlin and was issued with a special certificate in recognition of his six years of excellent service at the Institute of Archaeology. There are no known photographs by him after 1912. He was reported as joining the German army in October 1914, and by 1915, he had become Russian translator for General Hermann von Francois. A Lieutenant Horst Schliephack was then the first commander of the Georgian Legion, a German-Ottoman group based initially near the Black Sea. The same Lt Schliephack went on to design the medals for the Order of Queen Tamar in 1915. Schliephack is an uncommon name, and therefore it is tempting to identify this Lt Horst Schliephack with the one who had been Garstang's photographer. Considering his Georgian background, his fluent Russian, and his work in Anatolia, this would fit his previous work profile. Following WWI, a certain Horst Schliephack worked as a scientific assistant for the Museum für Ethnologie in Berlin, but the name then disappears from public record.

Today we are indebted to both the technical and artistic skill of Horst Schliephack. Like most photographers, he remained largely unseen behind the camera whilst there are several photographs of Garstang and others posing for the camera (Fig. 4.5).

Bay Schliephack'ın kamerası Mısır ve Küçük Asya'nın anıtları ve genel manzarasını gösteren bir dizi çok güzel fotoğraf sağlamış, bunların bir kısmı basılarak öğretim görevlilerinin eğitimde kullandığı malzemeler haline gelmiştir. Ayrıca enstitü için, yakın zamanlarda Sakçagözü'nde bulunan Hitit anıtlarından bazılarının kâğıt stampaj kalıplardan alçı kopyalarını da hazırlamıştır.[1]

Schliephack 1912'de Berlin'deki Antropoloji Müzesine gitmek üzere Liverpool'dan ayrıldı ve bu vesileyle altı yıl boyunca Arkeoloji Enstitüsüne verdiği mükemmel hizmetler için özel bir sertifikayla onurlandırıldı. 1912 sonrasında onun tarafından çekildiği bilinen hiçbir fotoğrafa rastlanmaz. Ekim 1914'te Alman ordusuna katıldığı ve 1915 yılında da General Hermann von François'nın Rusça çevirmeni olduğu bildirilmektedir. O dönemde teğmen olan Horst Schliephack adlı biri, Karadeniz yakınlarında konumlanmış bir Alman-Osmanlı takımı olan Gürcü Birliğinin komutanıydı. Aynı Teğmen Schliephack 1915 yılında Kraliçe Tamara Nişanı madalyalarının tasarımını da üstlenmişti. Schliephack az rastlanan bir soyadıdır, bu sebeple bu Teğmen Horst Schliephack'ın Garstang'ın fotoğrafçısıyla aynı kişi olduğunu düşünmemek elde değildir. Gürcü geçmişi, akıcı Rusçası ve Anadolu'da çalışmış oluşu göz önüne alındığında, bunların onun önceki iş geçmişiyle uyumlu olduğu görülecektir. I. Dünya Savaşı sonrasında, Berlin'deki Etnoloji Müzesinde araştırma görevlisi olarak çalışan bir Horst Schliephack'tan bahsedilir, ancak daha sonra kamu kayıtlarında bir daha bu isme rastlanmaz.

Bugün Horst Schliephack'ın teknik ve sanatsal becerilerine teşekkür borçluyuz. Elimizde, kamera karşısında poz veren Garstang ve diğerlerinin birçok fotoğrafı olmasına rağmen, çoğu fotoğrafçı gibi o da kamera arkasında durarak büyük ölçüde görünmeden kalmıştır (Res. 4.5).

FIG. 4.5 Garstang (right) with two members having a picnic meal (1907). 180x130 mm glass plate. The place appears to be their camp, complete with canvas chairs and a stretcher bed behind them.

"PICNIC BREAK," GARSTANG MUSEUM OF ARCHAEOLOGY, UNIVERSITY OF LIVERPOOL, (I/MISC/H/003)

RES. 4.5 Garstang (sağda) kazı ekibinden iki kişiyle piknikte yemek yerken (1907). 180x130 mm cam levha. Şezlonglara ve arka plandaki portatif yatağa bakılırsa burası kamp alanı olmalı.

"PICNIC BREAK," GARSTANG ARKEOLOJİ MÜZESİ, LİVERPOOL ÜNİVERSİTESİ, (I/MISC/H/003)

The 1907 Images

A key element in understanding the 1907 photographs is that they were intended for use in multiple ways. Firstly, the photographs were used as documentation of events and places visited. Garstang's written notes were

1907 Yılı Görüntüleri

1907 yılı fotoğraflarını anlamanın önemli bir unsuru onların çeşitli şekillerde kullanılmak üzere tasarlanmış olmasından geçer. Öncelikle, bu fotoğraflar olayların ve ziyaret edilen yerlerin belgeleri olarak kullanılmıştır. Garstang'ın

often minimal, and these images were effectively the visual diaries and notebooks to which he would later refer, providing the foundation for his seminal work on the Hittites (1910).

Secondly, Garstang used the camera as ethnographic field notes, using photographs to document and illustrate the different racial and ethnic groups that he encountered during his travels. These photographs provided Garstang with lecture material to support his discussions on the evidence for the historical Hittite, Semitic, and other ethnic groups and their descendants still being present in the regions of Asia Minor. This is an argument encapsulated in quotes such as:

> Our photograph taken at Kulakly discloses the same prominent facial details and sturdy figures as we have previously seen in the woodlands above Kartal in the north of Syria [...] It is strikingly reminiscent of the Amorite element among the Hittite allies on the Egyptian battle scenes. (Garstang, 1910: 33–4)

Seen today, these images also form a fascinating historical account of the society, dress, and living conditions in the region in the early 1900s (Fig. 4.6, Fig. 4.7).

Thirdly, the photographs were intended to be a resource to illustrate future journal articles and books. Garstang used the photographs in a report "Notes on a Journey through Asia Minor" (1908a), in *The Land of the Hittites* (1910) and also in a later volume *The Hittite Empire* (1929).

Lastly, and perhaps most importantly, the photographs were intended to add to the Institute's fledgling lanternslide collection in Liverpool.

yazılı notları genellikle kısa kısadır ve bu görüntüler onun Hititler üzerine yaptığı ufuk açıcı çalışmasına (1910) temel oluşturan, sonradan geri dönüp baktığı görsel günlükler ve defterler olarak kullanılmıştır.

İkincisi, Garstang kamerayı etnografik saha notları yerine kullanarak, seyahatleri sırasında karşılaştığı farklı ırklar ve etnik grupları belgelemek ve örneklemek için kullanırdı. Bu fotoğraflar, Garstang'a derslerinde kullanacağı malzeme sağlamanın yanı sıra, tarihi Hitit ve Sami halkları, diğer etnik gruplar ve onların soyundan gelenlerin hâlâ Küçük Asya'nın farklı bölgelerinde bulunduğu yönündeki tartışmalarda onu destekleyecek kanıtlar sunuyordu. Garstang bu argümanı şöyle ifade etmişti:

> Kulaklı'da çekilen fotoğraf, Suriye'nin kuzeyindeki Kartal tepelerindeki ormanlık alanda daha önceden gördüğümüz aynı belirgin yüz hatlarını ve gürbüz figürleri gözler önüne seriyor… Bu da çarpıcı bir şekilde Mısır savaş sahnelerinde rastladığımız Hitit müttefikler arasındaki Amori unsurları hatırlatıyor. (Garstang, 1910: 33–4)

Günümüzden bakıldığında, bu görüntüler 1900'lerin başında bu bölgedeki toplumun, kılık kıyafetin ve yaşam koşullarının büyüleyici bir tarihsel anlatımını da sergiler (Res. 4.6, Res. 4.7).

Üçüncüsü, bu fotoğrafların gelecekte yayınlanacak dergi makaleleri ve kitaplarda kullanılacak görsel tasvirler olarak bir kaynak oluşturması amaçlanmaktaydı. Garstang bu fotoğrafları, *The Land of the Hittites* (1910) ve daha sonra yayınlanan *The Hittite Empire* (1929) kitaplarında yer alan bir rapor olan "Notes on a Journey through Asia Minor" (1908a) metninde kullandı.

Son olarak ve belki en önemlisi, bu fotoğrafların Liverpool Enstitüsünün yeni serpilmekte olan gaz lambalı projektör slaytları koleksiyonuna eklenmesi amaçlanmaktaydı.

FIG. 4.6 Local people at Kulaklı Köy.
KULAKLI KEUI NO.1. "KULAKLI KEUI. TYPES OF INHABITANTS," GARSTANG MUSEUM OF ARCHAEOLOGY, UNIVERSITY OF LIVERPOOL, (I/HIT/KUL/001)

RES. 4.6 Kulaklı Köy sakinleri.
KULAKLI KEUI NO.1. "KULAKLI KEUI. TYPES OF INHABITANTS," GARSTANG ARKEOLOJİ MÜZESİ, LİVERPOOL ÜNİVERSİTESİ, (I/HIT/KUL/001)

FIG. 4.7 Jewish people at Caesarea (Kayseri).
"JEWISH SETTLERS IN CAESAREA," GARSTANG MUSEUM OF ARCHAEOLOGY, UNIVERSITY OF LIVERPOOL, (I/BOS/071)

RES. 4.7 Kayseri'nin Musevi sakinleri.
"JEWISH SETTLERS IN CAESAREA," GARSTANG ARKEOLOJİ MÜZESİ, LİVERPOOL ÜNİVERSİTESİ, (I/BOS/071)

Lantern Slides

A lantern slide is a positive image on a glass plate of 3½"x4" that was projected onto a screen much like a modern film or data projector. Slides could be taken from photographic originals, illustrations, maps and notes with a camera and were sometimes hand-colored. These slides were used by Garstang and his colleagues in public lectures and were loaned to various local societies. The slides in the collection contain images of various sites, maps showing both locations and expedition routes across Asia Minor, lists of names and places referred in a lecture, and typologies of artefacts presented as both photographs and line illustrations.

In the 1907–8 Hon. Secretary's Report for the Institute of Archaeology it is recorded that

> The Institute's stock of lantern-slides has now become more efficient, under the superintendence of Mr. Schliephack, whose artistic work has given the greatest satisfaction. The Classical Department has now 2,200 catalogued, the Egyptian 900, while there are some 300 on subjects like the Archaeology of Babylonia and Assyria and of Western Asia [...] The Institute is now prepared to make loans of slides to schools and other responsible institutions for short periods.[2]

Also in the 1908–9 report it is said that "The issuing of slides on loan and the sale of duplicates, shows signs of becoming widely appreciated, and this branch of the Institute's work might be developed with material advantage."[3] The income from hire of slides in the Institute's 1908–9 account was £15.1.2[4] from a total budget for the year of £117.12.9. The lantern slide collection was widely used until the 1950's when it was replaced by the newer 35mm Kodachrome slides. Today only about

Gaz Lambalı Projektör Slaytları

Bir gaz lambalı projektör slaytı 3½"x4" ebadında bir cam plaka üzerinde bulunan ve günümüzdeki film projektörleri gibi bir perde üzerine yansıtılan pozitif bir görüntüdür. Slaytlar bir kamera aracılığıyla orijinal fotoğraflardan, çizimlerden, haritalardan ve notlardan üretilebilir, kimi zaman da elle renklendirilir. Bu slaytlar Garstang ve meslektaşları tarafından halka açık konferanslarda kullanılır ve çeşitli yerel cemiyetlere ödünç verilirdi. Koleksiyondaki slaytlar çeşitli yerleşimlerin görüntülerini, Küçük Asya'daki belli yerleri ve sefer rotalarını gösteren haritaları, konferansta atıfta bulunulan isim ve yerlerin listelerini ve hem fotoğraflarla hem de çizimlerle sunulan eser tipolojilerini içerirdi.

Arkeoloji Enstitüsünün 1907–8 raporunda belirtildiği üzere,

> Enstitünün gaz lambalı projektör slaytı stoğu sanatsal çalışmalarından büyük memnuniyet duyduğumuz Sayın Schliephack nezareti altında artık daha verimli hale gelmiştir. Klasikler Bölümünün artık 2.200 adet, Mısır Bölümünün ise 900 adet kataloglanmış slaytı bulunmaktadır, Babil, Asur ve Batı Asya Arkeolojisi gibi konularda da yaklaşık 300 adet slayt bulunmaktadır [...] Enstitü, artık okullara ve diğer sorumlu kurumlara kısa süreli slayt ödünç vermeye hazırdır.[2]

Raporda ayrıca belirtildiği üzere, "Slaytların ödünç verilmesi ve kopyalarının satılması, bu hususa gösterilen giderek yaygınlaşan takdirin bir belirtisidir ve enstitünün bu alandaki çalışmaları bunun sağladığı maddi gelirlerle geliştirilebilir."[3] Enstitünün 1908–9 bütçesinde slaytların kiralanmasından sağlanan gelir toplam yıllık bütçe olan 117 İngiliz Sterlini, 12 Şilin, 9 Peni içinde 15 İngiliz Sterlini, 1 Şilin, 2 Penilik[4] bir bölümü oluşturuyordu. Gaz lambalı projektör slaytı koleksiyonu 1950'lerde yerini yeni 35mm Ko-

500 lantern slides remain of Garstang's time, some of which show images for which the original negatives have been lost.

Sakçagözü 1908–11

During the 1907 survey, Garstang visited a Hittite site near the village of Sakçagözü in what is now Gaziantep Province in modern Turkey. Encouraged to excavate the site, Garstang took a small team consisting of Arthur Wilkins and Horst Schliephack for a preliminary dig in 1908. He returned with a larger team for a full excavation season in 1911, excavating a late Hittite palace complex, as well as Neolithic period structures and occupation levels through to the Ottoman period. The 1908–11 photographs by comparison to the 1907 survey are primarily at and around the excavation site, and are more typical of archaeological excavation photographs in recording the finds and associated work (FIG. 4.8).

Process and Technique

Many of the negatives in the collection are in very good condition, with excellent detail. This is evidenced in the following 1908 photograph by Schliephack of a sculpture of a lion, a winged lion, and a relief carving of two men (FIG. 4.9). The large plate glass negative has superb rendering of the sculptural detail with the dominant lion projecting centrally into the composition with a workman included to one side to provide scale. The camera, too large and cumbersome to be hand-held, would be set up on a wooden tripod with a black cloth over the user's head and the camera. The photographer would then compose and focus the image onto a glass screen before inserting a plate holder. A "dark slide"

dachrome slaytlar alana kadar yaygın olarak kullanıldı. Günümüzde Garstang'ın zamanından geriye sadece beş yüz civarında gaz lambalı projektör slaytı kalmıştır ve bunların bazıları, orijinal negatifleri kaybolmuş olan fotoğraflardır.

Sakçagözü 1908–11

Garstang, 1907 yılı yüzey araştırması sırasında, günümüzde modern Türkiye'nin Gaziantep İli'ne bağlı Sakçagözü köyü yakınlarındaki bir Hitit yerleşimini ziyaret etmişti. Bu yerleşimde kazı yapması için teşvik edilen Garstang, 1908 yılında Arthur Wilkins ve Horst Schliephack'ın da katıldığı küçük bir ekiple bir ön kazı yapmak üzere alana gitmişti. 1911 yılında bütün bir kazı sezonu çalışmak üzere daha geniş bir ekiple geri dönerek bir geç dönem Hitit saray kompleksinin yanı sıra neolitik dönemden kalma yapılar ve Osmanlı dönemine kadar varan yerleşim katmanlarında kazılar yürüttü. 1908-11 yıllarında çekilen fotoğraflar 1907 yüzey araştırmasına nazaran daha çok kazı alanına ve çevresine yönelmiştir, buluntuları ve ilgili çalışmaları kayıt altına alışları bakımından daha tipik arkeolojik kazı fotoğraflarıdır (RES. 4.8).

Süreç ve Teknik

Koleksiyondaki negatiflerin birçoğu çok iyi durumdadır ve mükemmel derecede ayrıntılıdır. Bu, Schliephack tarafından çekilmiş, bir aslan ve bir kanatlı aslan heykeli ile iki erkek figürün bulunduğu kabartmayı gösteren aşağıdaki 1908 tarihli fotoğrafta görülebilir (RES. 4.9). Büyük cam plaka negatifte heykel detayları mükemmel bir şekilde işlenmiştir, ayrıca resimde merkezdeki baskın aslan kompozisyonuna ölçek sağlamak amacıyla kadrajın bir tarafına bir de işçi dahil edilmiştir. Elde tutulamayacak kadar büyük ve hantal olan kamera, büyük ihtimalle ahşap bir fo-

FIG. 4.8 Excavation trench with Garstang supervising work (1908). 180x130 mm glass plate.

SAKJE GEUZI NO. 165, 1908, GARSTANG MUSEUM OF ARCHAEOLOGY, UNIVERSITY OF LIVERPOOL, (I/SG/212)

RES. 4.8 Garstang'ın gözetiminde açma çalışması (1908). 180x130 mm cam levha.

SAKJE GEUZI NO. 165, 1908, GARSTANG ARKEOLOJİ MÜZESİ, LİVERPOOL ÜNİVERSİTESİ, (I/SG/212)

would then be removed from the plate holder, allowing the exposure of the plate. A dry plate glass negative from this time may have had a speed of around 12 ISO (modern speed equivalent) requiring, even in full sunshine such as this image, an exposure in the order of 1/8 of a second at f16.

toğraf makinesi sehpası üzerine yerleştirilmişti, fotoğrafçının başı ve kamera da siyah bir bezle örtülüydü. Fotoğrafçı daha sonra görüntüyü bir kompozisyona oturtacak ve cam bir ekran üzerinde netliği sağlayacak, ardından da negatif taşıyıcıyı yerine takacaktır. Bunu takiben negatif taşıyıcıdaki "karanlık slayt" yerinden çıkarılarak plakanın pozlanması sağlanacaktır. Bu dönemlerde kullanılan kuru

FIG. 4.9 Sakçagözü: Portico. R. Corner (1908). 180x130mm glass plate. Published by John Garstang in *The Land of the Hittites* (1910) Plate LXXX.

SAKJE GEUZI NO.32, 1908. GARSTANG MUSEUM OF ARCHAEOLOGY, UNIVERSITY OF LIVERPOOL, (I/SG/044)

RES. 4.9 Sakçagözü: Sütunlu giriş (1908). 180x130mm cam levha. John Garstang'ın *The Land of the Hittites* (1910) kitabından. Levha LXXX.

SAKJE GEUZI NO.32, 1908. GARSTANG ARKEOLOJİ MÜZESİ, LİVERPOOL ÜNİVERSİTESİ, (I/SG/044)

The Cameras

Only three cameras remain from Garstang's archaeological career. They are held by the Palestine Exploration Fund (PEF) collection in London, with the most notable of these being a Thornton–Pickard Royal Ruby Tri-

cam plaka negatiflerin yaklaşık 12 ISO (günümüz film hızı eşdeğeri) gibi bir film hızına sahip olduğu düşünülürse, bu fotoğraftaki gibi tamamıyla güneş altındaki bir görüntü için bile enstantane olarak saniyenin 1/8'i ve diyafram olarak da f16 gibi bir pozlamaya ihtiyaç duyulmuş olmalıdır.

ple Extension.⁵ A 1904 press advertisement refers to this camera as the "King of Cameras. A most Perfect and Superb Instrument for:– Architectural, Engineering, Technical, Landscape, Telephoto, Portrait, or Stereoscopic Photography." Made of mahogany and brass, Kodak in London listed the price at the time as £17.14.6 including three plate holders, the equivalent of over £1,500 today. The plate holders were adjustable to allow for different sizing of plates for the glass negatives.

It is most likely that the Royal Ruby was the main camera for the 1907 and later expeditions. This was supported by an unknown smaller camera, possibly what is referred to as "Camera 2" in the PEF collections.⁶ The film negatives and those glass plates that would appear to have been taken on this second camera do not have the clarity of sharpness and tone that are evident in the large plate camera images, suggesting that it was equipped with an inferior lens. They also usually display uneven masking around the edges of the frame, with one side bowing in slightly. Both cameras would have been capable of taking both glass plates and film by means of a special film holder, though it can be argued that all the film negatives were all taken on the second camera due to their inferior quality. Using a second smaller camera that could be hand-held when necessary would echo Breasted's example, who took a second camera using large format roll film to supplement Schliephack's glass plate photography on his 1906 journey along the Nile.

In 1907, Garstang used both cameras to record the Hittite relief carvings at the Yazılıkaya rock sanctuary near Boğazköy–Hattuša. Due to the number of carvings that required documentation, it would seem that both Garstang and Schliephack were active in taking photographs, capturing between them thirty four glass plates and three film negatives. Twelve of these negatives were

Fotoğraf Makineleri

Garstang'ın arkeolojik kariyerinden geriye sadece üç fotoğraf makinesi kalmıştır. Aralarında en hatırı sayılır olan Thornton–Pickard Royal Ruby Triple Extension⁵ fotoğraf makinesi de dahil olmak üzere, bunlar Londra'daki Filistin Araştırma Fonu (PEF) koleksiyonunda bulunmaktadır. 1904 tarihli bir gazete ilanı bu fotoğraf makinesinden, "Fotoğraf makinelerinin kralı. Mimarlık, Mühendislik, Teknik, Peyzaj, Telefoto, Portre ya da Stereoskopik Fotoğrafçılık için en Mükemmel ve Fevkalade Araç" diye bahseder. Maun ve pirinçten imal edilmiş bu fotoğraf makinesi, Londra'daki Kodak mağazasında üç plaka taşıyıcısı da dahil olmak üzere, o günün fiyatıyla 17 İngiliz Sterlini, 14 Şilin ve 6 Peni'ye satılıyordu, ki bu, günümüzde 1500 İngiliz Sterlini'nin üzerinde bir fiyata denk düşüyor. Plaka taşıyıcıları, farklı ebatlardaki cam negatiflere uyum sağlamak üzere ayarlanabiliyordu.

Royal Ruby'nin 1907 ve sonraki seferlerde ana kamera olarak kullanılmış olması kuvvetle muhtemeldir. Bu fotoğraf makinesi, hangisi olduğu kesin olarak bilinmeyen küçük boy bir kamera tarafından destekleniyordu, bu da büyük olasılıkla PEF koleksiyonlarında "Kamera 2"⁶ olarak kaydedilmiş fotoğraf makinesiydi. Bu ikinci fotoğraf makinesiyle çekildiği anlaşılan film negatifleri ve cam plakalar, büyük plakalı kamera görüntülerinde belirgin olan keskin netliğe ve berrak tonlara sahip değildir, bu da küçük kameranın daha düşük kalitede bir lensi olduğunu düşündürüyor. Bu görüntülerde genellikle çerçeve kenarlarında da tam olarak düzgün olmayan bir maskeleme bulunur ve bir taraf hafifçe içeri doğru eğiktir. Özel bir film taşıyıcı vasıtasıyla her iki fotoğraf makinesine de hem cam plaka hem film takmak mümkündür, fakat kalitelerinin düşük oluşuna bakılırsa bütün film negatiflerin ikinci kamerayla çekildiği öne sürülebilir. Elde tutulabilecek ikinci küçük fotoğraf makinesi kullanımı, 1906 yılında Nil boyunca yaptıkları yolculukta Schliephack'ın cam plaka fotoğraflarını des-

FIG. 4.10. Yazılıkaya, the northern end of the main sanctuary. 5"x7" dry glass plate. Published by John Garstang in *The Land of the Hittites* (1910) Plate LXIV.

GARSTANG MUSEUM OF ARCHAEOLOGY, UNIVERSITY OF LIVERPOOL, (I/HIT/IK/002)

RES. 4.10. Yazılıkaya, büyük tapınağın kuzey kesimi. 5"x7" kuru cam levha. John Garstang'ın *The Land of the Hittites* (1910) kitabından. Levha LXIV.

GARSTANG ARKEOLOJİ MÜZESİ, LİVERPOOL ÜNİVERSİTESİ, (I/HIT/IK/002)

FIG. 4.11 The northern end of the main sanctuary. 4"x5" film.

GARSTANG MUSEUM OF ARCHAEOLOGY, UNIVERSITY OF LIVERPOOL, (I/HIT/IK/006)

RES. 4.11 Büyük tapınağın kuzey kesimi. 4"x5" film.

GARSTANG ARKEOLOJİ MÜZESİ, LİVERPOOL ÜNİVERSİTESİ, (I/HIT/IK/006)

taken on the Thornton-Pickard Royal Ruby using 5"x7" plates, while from the size and edge markings it would appear that at least eleven were taken on the smaller camera. It is difficult to judge the remainder, but they are more likely to have been taken on the Royal Ruby, judging by their regular edge markings and sharpness.

Photograph I/HIT/IK/002 is a large format glass plate image, apparently showing Garstang taking a photograph of the carvings with the second camera, whilst another team member sits in the shade (Fig. 4.10). Photograph I/HIT/IK/006 shows almost exactly the same scene but captured on 4"x5" film, consistent with camera two markings and lack of sharpness (Fig. 4.11).

It is tempting to attribute the large glass plate photographs to Schliephack, and the second camera photographs to Garstang, especially as it appears that Garstang is recorded in the act of taking a photo in the former image. A study of Garstang's plan and diagrams of the carvings would indicate that in I/HIT/IK/002 he is photographing the Hittite female figures in procession, quite possibly I/HIT/IK/023 (Fig. 4.12), which is a study of four female figures, numbered 10–13 on Garstang's published plan (Garstang, 1910: 220–221). This position would correlate with the position of the photographer and set-up camera in the photograph at the north end of the sanctuary. Negative I/HIT/IK/023, photographed on glass plate at 119x90 mm, displays similar edge masking common to the film negatives, and is not as sharp as other photographs from the series. Therefore, it would seem reasonable to assume from the size and markings that this negative was captured by Garstang on Camera 2, while Schliephack used the Royal Ruby for the large glass plates.

Only rarely were both film and glass plates used to record the same subject, as it is also rare for there to be mul-

teklemek üzere büyük format rulo film takılı ikinci bir kamera kullanan Breasted örneğini çağrıştırıyor.

1907 yılında Garstang, Boğazköy–Hattuša yakınlarında bulunan Yazılıkaya kaya tapınağındaki taşa oyulmuş Hitit kabartmalarını kaydetmek için her iki kamerayı da kullanmıştır. Belgelenmesi gereken taşa oyulu kabartmaların sayısının çokluğu nedeniyle hem Garstang hem Schliephack fotoğraf çekmişti, birlikte toplam otuz dört cam plaka ve üç film negatif çektiler. Bu negatiflerin on ikisi 5"x7" ebadında plakalar kullanılarak Thornton-Pickard Royal Ruby ile çekilmiş, boyutlarına ve kenarlarındaki izlere bakılırsa en az on biri de küçük fotoğraf makinesiyle çekilmişti. Geri kalanlar üzerine kesin bir yargıya varmak güçtür, fakat kenarlarının düzgünlüğüne ve netliklerine bakılacak olursa Royal Ruby ile çekilmiş olma olasılıkları daha yüksektir.

I/HIT/IK/002 kayıt numaralı fotoğraf büyük formatlı bir cam plaka görüntüsüdür ve başka bir ekip üyesi gölgede otururken Garstang'ı, anlaşıldığı kadarıyla, ikinci fotoğraf makinesiyle taşa oyulu kabartmaların fotoğrafını çekerken gösterir (Res. 4.10). I/HIT/IK/006 kayıt numaralı fotoğraf da hemen hemen aynı sahneyi gösterir, ancak kenar izlerine ve net olmayan görüntüye bakılırsa 4"x5" film kullanılarak, iki numaralı fotoğraf makinesiyle çekilmiştir (Res. 4.11).

Büyük cam plaka kullanılan fotoğrafların Schliephack tarafından çekildiğini ve yukarıda bahsedilen görüntüde Garstang'ın fotoğraf çekerken belgelendiği de düşünülürse, ikinci kamerayla çekilenlerin de Garstang'a ait olduğunu varsaymak akla yakın görünüyor. Garstang'ın taşa oyulu kabartmalara ait planları ve diyagramlarına bakılırsa, I/HIT/IK/002 kayıt numaralı fotoğrafta büyük olasılıkla I/HIT/IK/023 (Res. 4.12) kayıt numarasına sahip, yan yana dizili Hitit kadın figürlerinin fotoğrafını çekmektedir, bu da Garstang'ın yayınladığı planda 10–13 numaraları ile belirtilmiş dört kadın figürünü göstermektedir (Garstang, 1910: 220–221). Bu konum fotoğraftaki kutsal alanın kuzey

FIG. 4.12 Close up image of stone carving of the procession of female deities, figures 10-13. 119x90 mm glass plate.

YAZILIKAYA NO.23, GARSTANG MUSEUM OF ARCHAEOLOGY, UNIVERSITY OF LIVERPOOL, (I/HIT/IK/023)

RES. 4.12 Tanrıçaların alayını tasvir eden taş kabartmanın yakından görünümü, 10-13 numaralı figürler. 119x90 mm cam levha.

YAZILIKAYA NO.23, GARSTANG ARKEOLOJİ MÜZESİ, LİVERPOOL ÜNİVERSİTESİ, (I/HIT/IK/023)

tiple images of the same subject in either medium. Limited supplies, cost and set up times would naturally limit duplication. One rare example of the same subject being photographed on both 5"x7" glass plate and 4"x5" film is

ucunda bulunan fotoğrafçı ve kamera yerleşimiyle örtüşüyor. 119x90 mm ebadında cam plaka üzerine fotoğraflanmış I/HIT/IK/023 kayıt numaralı negatifte de serinin diğer fotoğraflarındaki film negatiflerinde görülen kenar izle-

with image of a Hittite God Embracing the High Priest (Garstang, 1910: Plate LXXI). These two images were taken an hour or so apart judging by the shadow length and sun elevation. The glass plate image was used for publication even though in this particular case the film—despite lacking some of the sharpness of the larger glass plate—provides a softer tonal graduation that displays greater highlight and shadow detail. (Fig. 4.13, Fig. 4.14).

The PEF also have a Fallowfield Fallowflex[7] camera that belonged to Garstang. As this model was first advertised with test reports in the English press in 1909, it could not have been used by the Garstang expeditions until that year, though he could have taken it on the 1909–10 season to Meroë in the Sudan, to Sakje Geuzi in 1911, and on subsequent expeditions.

Exposure and Development

The photographic images in the collection are a mostly Silver Gelatin Dry Plate Glass Negatives with a smaller number of Cellulose Nitrate Film Negatives. In both cases a silver compound was suspended in gelatin and then coated on a substrate of either glass or acetate.

The negatives used during this period would have been orthochromatic, which is sensitive to blue, violet and ultra violet light and of very slow speed by modern standards.[8] While the development technique used is not recorded, a typical formula for processing the silver gelatin dry plates and film negatives would consist of a developing agent[9] to promote the effect of light on the silver halide crystals, an alkaline accelerator[10] a restrainer[11] and a preservative such as sodium sulphite. By knowing the application of these compounds, a skilled photographer could tweak the formula to suit specific needs and correct exposure problems to a considerable degree. It was typical for the 19th century

ri ve yeterince net olmama özellikleri göze çarpıyor. Bu nedenle, negatifin ebadı ve üzerindeki izler sayesinde bu fotoğrafın Garstang tarafından ikinci kamerayla çekildiğini ve Schliephack'ın büyük cam plakalar için Royal Ruby kamerasını kullandığını varsaymak makul görünüyor.

Aynı konuyu belgelemek için hem film hem cam plakaların kullanılmasına nadiren rast geliyoruz, aynı şekilde bir tek konunun her iki kameradan biriyle birden fazla fotoğrafının çekilmiş olması da nadir olarak karşımıza çıkıyor. Malzemelerin sınırlılığı, maliyet ve fotoğraf makinelerini kurma süreleri doğal olarak tekrarları sınırlandırmış olmalı. Aynı konunun hem 5"x7" cam plakayla hem de 4"x5" filmle belgelenmiş olduğu nadir örneklerden biri bir Hitit Tanrısının bir Başrahibi kucaklayışını gösteren fotoğraflardır (Garstang, 1910: Plaka LXXI). Gölgelerin uzunluğuna ve güneşin konumuna bakarak bu iki görüntünün yaklaşık bir saat arayla çekilmiş olduğunu söylemek mümkündür. Yayınlarda cam plakadaki görüntü kullanılmış olmakla beraber, büyük cam plakanın netliğine sahip olmasa da bu örnekte filmdeki yumuşak ton geçişleri aydınlık ve gölge alanlarda daha fazla detay görülebilmesini olanaklı kılıyor (Res. 4.13, Res. 4.14).

PEF'te Garstang'a ait bir de Fallowfield Fallowflex[7] fotoğraf makinesi bulunmaktadır. İngiliz basınında test raporlarıyla birlikte ilk defa 1909 yılında tanıtılan bu fotoğraf makinesinin Garstang tarafından o tarihten önce kullanılmış olması mümkün olmasa da, bu modeli 1909–10 kazı sezonunda Sudan'da Meroe'ye ve ardından 1911 yılında Sakçagözü'ne götürmüş olması, bunun yanı sıra daha sonraki seferlerinde de yanına almış olması olasıdır.

Pozlama ve Film Banyosu

Koleksiyondaki fotoğraf görüntüleri çoğunlukla gümüş jelatin kuru plakalı cam negatiflerdir ve aralarında daha

FIG. 4.13 5"x7" glass plate.
GARSTANG MUSEUM OF ARCHAEOLOGY, UNIVERSITY OF LIVERPOOL, (I/HIT/IK/033)

RES. 4.13 5"x7" cam levha.
GARSTANG ARKEOLOJİ MÜZESİ, LİVERPOOL ÜNİVERSİTESİ, (I/HIT/IK/033)

FIG. 4.14 4"x5" film negative.
GARSTANG MUSEUM OF ARCHAEOLOGY, UNIVERSITY OF LIVERPOOL, (I/HIT/IK/034)

RES. 4.14 4"x5" film negatifi.
GARSTANG ARKEOLOJİ MÜZESİ, LİVERPOOL ÜNİVERSİTESİ, (I/HIT/IK/034)

photographer to have small bottles of accelerator and restrainer liquids at the ready to control the development.

Developing a single negative at a time in a tray under a red safe light,[12] the plate could be judged by inspec-

az sayıda selüloz nitrat film negatifi bulunmaktadır. Her iki durumda da, bir gümüş bileşiği jelatin içine emdirilerek daha sonra cam veya asetattan oluşan bir zemin üzerine kaplanır.

tion to achieve the correct density. For overexposed negatives, a reducing agent could be added to slow down or cut back development while the intensifier or accelerator could be applied to weak negatives. It is therefore not surprising that the vast majority of the Garstang collection represents a good exposure/development combination, a critical factor when there is only the one image for most subjects. Once development was complete, the remaining undeveloped silver salts must be removed by *fixing* the negatives in a solution of sodium thiosulphate or ammonium thiosulphate, before the final step of a thorough washing to remove all the chemicals.

One of the greatest dilemmas must have been the thorough washing of the plates while in the field, as ideally they should have received about 20 minutes washing in fresh water, before hanging in a dust free place to dry. It is challenging, today, to imagine the myriad difficulties of processing in the field that were presented by the conditions on the road. This was particularly true of the 1907 expedition.

A further complication must have been the temperature. Processing was best carried out at 20 degrees centigrade, and travelling in late spring to summer in Anatolia, even at night, the ambient temperature may have been well above this. One of the effects of a high processing temperature is "frilling" in which the emulsion lifts from the edge of the plate. This emulsion lifting is evident to varying degrees in quite a number of the collection plates, and could have been caused or at least aided initially by high development and wash temperatures. However, frilling on the collection plates might be at least in part attributable to their subsequent storage: changes in humidity can cause the emulsion to shrink and flake from the glass support could be another contributing factor.

For example, consider the positive image of a man standing beside a "Lion Tank" from Boğazköy-Hattuša

Bu dönemde kullanılan negatifler ortokromatik idi, yani mavi, mor ve morötesi ışığa duyarlı ve günümüz standartlarına göre çok düşük film hızlarına sahipti.[8] Kullanılan geliştirme tekniği kaydedilmemiş olmakla beraber, tipik bir gümüş jelatin kuru plakası veya film negatifi banyosu formülü, gümüş halojen tuzu kristalleri üzerinde ışığın etkisini ortaya çıkarmak üzere kullanılan bir geliştirme maddesi,[9] bir alkalin hızlandırıcı,[10] bir durdurucu[11] ve sodyum sülfit gibi bir koruyucudan oluşmaktadır. Bu bileşiklerin uygulanma şekli hakkında bilgisi olan yetenekli bir fotoğrafçı, özel ihtiyaçlar doğrultusunda ve pozlama hatalarını belli bir ölçüde gidermeye yönelik formülleri belli sınırlar dahilinde değiştirebilir. Bir on dokuzuncu yüzyıl fotoğrafçısının yanında fotoğrafların geliştirilmesini kontrol etmek üzere küçük şişelerde hızlandırıcı ve durdurucu sıvılar bulunması alışıldık bir şeydi.

Güvenli bir kırmızı ışık[12] altında bir küvette her sefer tek bir negatif geliştirme işlemine tabi tutulurken plaka doğru ton yoğunluğunun elde edilmesi için kontrol edilir. Aşırı pozlanmış negatifler için plakanın geliştirilmesini yavaşlatmak veya azaltmak için yavaşlatıcı madde kullanılır, zayıf negatiflere de yoğunlaştırıcı veya hızlandırıcı maddeler uygulanabilir. Bu nedenle, çoğu konunun sadece bir tek görüntüsünün olduğu Garstang koleksiyonundaki fotoğrafların büyük çoğunluğunun, kritik bir etmen olan iyi bir pozlama/geliştirme kombinasyonu sergilemesi şaşırtıcı değildir. Geliştirme banyosu tamamlandıktan sonra, geride kalan geliştirilme işlemine tabi tutulmamış gümüş tuzları sodyum tiosülfat veya amonyum tiosülfat çözeltisi içinde *saptanarak* plakadan ayrılmalı, daha sonra da plaka tüm kimyasallardan arındırılmak üzere iyice yıkanmalıdır.

Sahadaki en büyük çıkmazlardan birinin plakaların iyice yıkanması konusunda olması muhtemeldir, çünkü plakaların ideal koşullarda yaklaşık yirmi dakika boyunca tatlı suda yıkanması ve ardından da kurumak üzere tozsuz

in 1907, with a photograph of the negative plate showing the extent of the emulsion lifting from the glass plate (Fig. 4.15, Fig. 4.16). The image also displays signs of "silver mirroring" caused by oxidation of the elemental silver, which creates a mirror-like appearance. This is another aspect of image deterioration that is common in almost all historical collections of silver-based photographs. There is also a degree of physical damage to some of the negatives that is to be expected from an historic collection. This includes cracked and broken plates, abrasion, dents to some of the film negatives, marking of the surface, and fading.

Conservation of damaged plates—those with emulsion damage and glass breakage—is a major issue for the future preservation of the collection. Damaged plates are now stored separately from the main collection. The digitization of the negatives minimizes the need for further handling of the originals, which helps preserve them, and also means that digital restoration can be carried out (see Peterson and Waring in this volume) (Fig. 4.17).

The 1907 Plates

With its special plate carrier, which enabled it to accommodate varying size plates—including smaller sizes outside standard measurements—the Royal Ruby was a versatile camera. There is a considerable range of the glass plate sizes from the 1907 expedition, where some are in Imperial inches, while others appear to be in metric centimetres, presumably the result of European manufacture. However, all of the film negatives are 4"x5".

Of the 403 glass plates remaining today, 183 are approximately 5"x7".[13] Other standard sizes from the period include 3½"x4¾", of which there are 70 plates; 4"x5", of which there are a further 70 plates; and 190x125 mm, of

bir yerde asılmaları gerekmektedir. Günümüzden bakarak, özellikle 1907 seferi sırasında, yolda olmanın getirdiği koşulların ve sahada geliştirme banyosu yapmanın ortaya koyduğu zorlukları hayal etmek bile zordur.

Bir başka zorluk yaratan konu da sıcaklık olsa gerek. Banyo işlemleri için en uygun sıcaklık 20 derecedir; Anadolu'da ilkbahar sonlarıyla yaz aylarında seyahat ettikleri düşünülürse, ortam sıcaklığının geceleri bile bunun üzerinde olduğu tahmini yanlış olmaz. Banyo işlemlerini yüksek sıcaklıklarda yapmanın sonucunda ortaya çıkan etkilerden biri "saçaklanma" adı verilen emülsiyon tabakasının plakanın kenarından kalkmasıdır. Bu emülsiyon kalkması koleksiyondaki bir hayli çok sayıdaki plakada değişik derecelerde görülüyor, ki bunun nedeni ya da en azından ardındaki temel etmenlerden biri geliştirme ve banyo sıcaklıklarının yüksek oluşudur. Bunun dışında, nem değişikliklerine maruz kalan depolama kutuları da emülsiyonun boydan çekerek cam zemin üzerinde pul pul olarak ayrılmasına sebep olan bir başka faktör olabilir.

Örneğin, Boğazköy-Hattuša'da 1907 yılında çekilmiş "Aslanlı Hazne" ve yanında ayakta duran adamın fotoğrafı ile aynı fotoğrafın cam plaka negatifinde emülsiyonun ne ölçüde kalktığını gösteren fotoğrafı ele alalım (Res. 4.15, Res. 4.16). Görüntüde aynı zamanda gümüş elementinin oksidasyonu nedeniyle ayna gibi bir görünüm ortaya çıkaran "gümüş aynalanma" sorununun izleri de görülüyor. Bu da gümüş esaslı fotoğraflar içeren neredeyse tüm tarihi koleksiyonlarda yaygın olarak karşımıza çıkan bir başka görüntü bozukluğudur. Negatiflerin bir kısmında tarihi bir koleksiyonda beklenecek düzeyde fiziki hasarlar da olmuştur. Buna çatlak ve kırık plakalar, aşınma, film negatiflerinin bazılarında ezikler, yüzeyde izler ve solma dahildir.

Emülsiyondaki hasarlar ve cam kırılmasıyla zarar görmüş hasarlı plakaların korunması, koleksiyonun geleceğe yönelik muhafaza edilmesi açısından önemli konulardır. Hasarlı pla-

FIG. 4.15 Image of a "Lion Tank" from Boğazköy-Hattuša. Positive image.

GARSTANG MUSEUM OF ARCHAEOLOGY, UNIVERSITY OF LIVERPOOL, (I/HIT/BOK/023)

RES. 4.15 Boğazköy-Hattuša'dan "Aslanlı Hazne." Pozitif baskı.

GARSTANG ARKEOLOJİ MÜZESİ, LİVERPOOL ÜNİVERSİTESİ, (I/HIT/BOK/023)

FIG. 4.16 Photograph of the peeling emulsion on glass plate negative I/HIT/BOK/023.

GARSTANG MUSEUM OF ARCHAEOLOGY, UNIVERSITY OF LIVERPOOL

RES. 4.16 Cam levha negatif I/HIT/BOK/023.

GARSTANG ARKEOLOJİ MÜZESİ, LİVERPOOL ÜNİVERSİTESİ

where there are 11. The rest are odd sizes: there are more than 30 different sizes of glass plates in the 1907 collection. Even allowing for small differences due to batch variations, the large range of sizes suggests that there was a significant diversity of supply, and today we can only

kalar şu anda ana koleksiyondan ayrı muhafaza edilmektedir. Negatiflerin dijitalleştirilmesi, orijinallere müdahale etme ihtiyacını en aza indirerek onların korunmasına yardımcı olur, aynı zamanda dijital restorasyonu imkânlı kılar (bkz. Peterson ve Waring'in bu kitaptaki makalesi) (RES. 4.17).

FIG. 4.17 Digital restoration of I/HIT/BOK/023.
GARSTANG MUSEUM OF ARCHAEOLOGY, UNIVERSITY OF LIVERPOOL

RES. 4.17 I/HIT/BOK/023 numaralı görselin dijital restorasyonu.
GARSTANG ARKEOLOJİ MÜZESİ, LIVERPOOL ÜNİVERSİTESİ

1907 Yılı Plakaları

1907 seferinden geriye kalan cam plaka boyutları ciddi değişiklikler gösteriyor. Bazıları İngiliz İmparatorluk ölçü birimi olan inç ile örtüşen ebatlarda iken diğerleri metrik sisteme daha yakın boyutlardadır, bu da muhtemelen Avrupa'da üretilmiş olmalarından kaynaklanır. Ancak, tüm film negatifler 4"x5" ebadındadır.

Günümüze kadar kalmış 403 cam plakanın 183'ü yaklaşık 5"x7"[13] ebadındadır. Dönemin diğer standart boyutları arasında olan 3½"x4¾" ebadında 70 plaka ve 4"x5" ebadında olan bir 70 plaka daha bulunmaktadır ve 11 plaka da 190x125 mm ebadındadır, geriye kalan plakalar ise karışık ve düzensiz ebatlardadır. 1907 koleksiyonunda otuzun üzerinde farklı cam plaka ebadı bulunuyor. Bir arada üretilirken oluşan küçük farklar göz ardı edildiğinde bile göze çarpan ebatlardaki bu çok sayıda farklılık, ürünlerin tedarik edildikleri yerlerin de çeşitliliğine işaret ediyor ve günümüzden bakarak Garstang'ın yolculukları sırasında elindeki malzeme stoğuna, karşısına çıkan her kaynaktan mümkün olduğunca ekleme yapmaya mecbur kaldığı yönünde fikir yürütebiliriz.

Royal Ruby, özel bir plaka taşıyıcısı vasıtasıyla standart ölçülerin dışında kalan daha küçük boyutlardaki plakalar da dahil olmak üzere değişken ebatlarda plakaları kullanmayı olanaklı kılan esnek bir kameraydı. Ebatlardaki bu çeşitliliğin en azından bir kısmı sahada yeniden kesilerek kullanılan, ya stoklardaki sınırlılık sebebiyle çoğaltılmak için ikiye kesilen plakalar ya da yolculuk esnasında taşınırken kırılan plakaların kurtarılmak amacıyla boyutlarının küçültülmesi sonucunda oluşmuş olduğu düşünülebilir.

Eğer bazı plakalar, kimi kişilerin öne sürdüğü gibi kısıtlı malzemelerini çoğaltmak çabasıyla kesilmiş olsaydı, o zaman kesilecek olan plakaların daha büyük ebatlı yaklaşık 5"x7" (177x128 mm ila 130x180 mm) plakalardan seçil-

FIG. 4.18 Caravan walking down slope (1907). 5"x7" glass plate.
GARSTANG MUSEUM OF ARCHAEOLOGY, UNIVERSITY OF LIVERPOOL, (I/BOS/014)

RES. 4.18 Yokuştan aşağı yürüyen at arabası (1907). 5"x7" cam levha.
GARSTANG ARKEOLOJİ MÜZESİ, LİVERPOOL ÜNİVERSİTESİ, (I/BOS/014)

speculate that Garstang was forced to add to the stock from whatever sources he could during the journey.

At least some of the size variation could be attributed to glass plates being re-cut in the field, either to maximize the limited supply by cutting plates in two, or to salvage plates broken in transit by trimming them down.

mesi daha olasıdır. Böylece, bir yanı orijinal plakanın kısa tarafına eşit uzunlukta plakalar yapılmış olacaktır. Ancak bütün plakalar içerisinde uzun kenarı 128 ila 130 mm aralığında olan sadece sekiz plaka vardır, bu da birden fazla görüntü alabilmek için plakaların ikiye kesilmesi yönünde önemli bir girişim olmadığını ortaya koyar.

If, as some have suggested, some plates were cut down in an attempt to maximize their limited supply, then it would be more likely that the larger ca. 5"x7" (177x128 mm to 180x130 mm) plates would have been cut down. That would result in plates equal to the shorter side of the original. However, in total there are only 8 plates with one side in the 128 to 130 mm size range, which suggests that there was not a significant attempt to cut plates down for multiple exposures. It was inevitable that some glass plates were broken during the expedition. That any plates survived at all is a wonder considering the fragility of the materials and the fact that the team travelled on horseback, mostly accompanied by a horse-drawn wagon, over rough dirt roads and tracks.

This glass plate I/BOS/014 simply titled "Caravan walking down slope" appears to be the expedition wagon negotiating a rocky road (Fig. 4.18). Not as well composed as most photographs, this apparently was a hurried image to record the passage of the wagon, and to show just how rough the road could get. Not well framed, with the wagon and people cut off, it does record the boulder-strewn road with a wagon wheel going over a particularly large rock. Perhaps the surprise is that a 5"x7" glass plate was used: this was not only an expensive photograph made when supplies were limited, but it was also one that required the set-up of the large camera and tripod. One can only infer that the smaller 4"x5" camera, which was quicker and easier to use, was not readily available.

The weight of all the glass plates and photographic materials for the expedition would have been considerable, as just one box of a dozen 5"x7" glass plates could weigh around 1.5kg. Each box of plates would then, in turn, require packing in wooden crates for the journey, which, of course, added additional weight, but which, as we can see from Fig. 4.18, was a crucial consideration given

Yolculuklar esnasında bazı cam plakaların kırılması kaçınılmazdı. Ekibin çoğunlukla bir at arabası eşliğinde, at sırtında toprak yollarda ve patikalarda yol aldığı düşünüldüğünde, aslında bu plakalardan bir tanesinin bile sağlam kalmış olmasına şaşmak gerekir.

Basitçe "Yokuştan Aşağı Yürüyen At Arabası" başlığı verilmiş, I/BOS/014 kayıt numaralı cam plaka taşlı bir yolda ilerlemeye çalışan ekibin yük arabasını gösteriyor (Res. 4.18). Çoğu fotoğraf kadar iyi kadrajlanmamış bu görüntü yük arabasının geçişini belgelemek için aceleyle çekilmiştir ve yolun ne kadar zorlayıcı olabildiğini gözler önüne sermektedir. Çerçeveye çok iyi oturtulamamış görüntüde yük arabası ve insanlar kesilmiş, her yanı taşlarla kaplı yolda ilerleyen yük arabası, bir tekerleği hatırı sayılır büyüklükte bir taşın üzerinden geçerken kaydedilmiştir. Burada şaşırtıcı olan, bu görüntü için bir 5"x7" cam plakanın kullanılmış olmasıdır, çünkü bu, malzemelerin sınırlı olduğu bir zamanda sadece pahalı bir fotoğraf olmakla kalmayıp aynı zamanda çok daha hızlı ve kolay olan 4"x5" ebatlı kamera ve filme kıyasla daha büyük bir kamera ve sehpanın kurulmasını gerektirmektedir. Belki de küçük fotoğraf makinesi o anda el altında değildir.

Seferde yanlarında taşıdıkları cam plakaların toplam ağırlığı bir hayli fazla olsa gerek, çünkü içinde bir düzine 5"x7" cam plaka olan bir kutunun ağırlığı yaklaşık 1,5 kilogramı bulur. Bu plaka kutuları yolculuk için sandıklara yerleştiriliyordu, bunun üzerine bir de geliştirme banyosunun ekipmanı ve kimyasalları taşınıyordu. Daha küçük ebatlarda cam plakalar ve filmler bile göz önüne alınacak olsa seyahat esnasında yanlarında taşıdıkları bu fotoğrafik malzeme ciddi bir hacim ve ağırlığa sahip olmalıdır. Bu fotoğrafta gördüğümüz gibi yollarda ilerlerken bunların nasıl paketlenip yüklendikleri önemli bir hususttu.

FIG. 4.19A Two women at Kartal in traditional dress and a man to one side holding an axe (1907). 4"x5" glass plate.

GARSTANG MUSEUM OF ARCHAEOLOGY,
UNIVERSITY OF LIVERPOOL, (I/BOS/091)

RES. 4.19A Kartal'da geleneksel kıyafetleri içinde iki kadın ve elinde balta tutan bir adam (1907). 4"x5" cam levha.

GARSTANG ARKEOLOJİ MÜZESİ,
LİVERPOOL ÜNİVERSİTESİ, (I/BOS/091)

FIG. 4.19B Digital restoration of glass plate negative I/BOS/091.

GARSTANG MUSEUM OF ARCHAEOLOGY,
UNİVERSİTY OF LİVERPOOL

RES. 4.19B I/BOS/091 numaralı cam levha negatifin dijital restorasyonu.

GARSTANG ARKEOLOJİ MÜZESİ, LİVERPOOL ÜNİVERSİTESİ

the roads that were being negotiated. Photographic developing equipment and chemicals added still more. Even allowing for smaller sizes of glass plate and film, the travelling photographic stock would have been a considerable bulk and weight.

As can be expected, there are a number of glass plates that survive even though broken or cracked. The photograph I/BOS/091 is an example of a plate broken and cracked across the lower section (FIG. 4.19A and as digitally restored version in FIG. 4.19B).

The 1908–11 Negatives

From the combined excavations at Sakçagözü in 1908 and 1911, less than 300 negatives remain today. They are far more uniform in size than the 1907 negatives: 38 4"x5" glass plates; 112 180x130 mm plates; 88 190x125 mm plates; and only a few odd sizes. As in the 1907 survey, it was likely that a second camera was used for the smaller sizes; however, the quality is uniform across the images, suggesting that if used, it was a better quality camera and lens.

Only a few film negatives exist from the combined seasons. It is tempting to think that the lower quality of the 1907 film, combined with early fears regarding the volatile nature of nitrate film, resulted in the near abandonment of film in favour of the dry glass plate.

The number of photographs that were actually taken on the two excavations during this period was not recorded, so the percentage of the surviving originals is uncertain.

Examples of Composition

From Garstang's own account (1910: xiii), we can attribute nearly all of the photographs from the 1907–11 period to Horst Schliephack. Though little is known of

Beklenceği üzere, kırık veya çatlak olmakla beraber günümüze kalmış birçok cam plaka bulunmaktadır. Kırılmış ve alt kısmında bir çatlak bulunan I/BOS/091 kayıt numaralı fotoğraf bu tür plakalara bir örnektir (RES. 4.19A ve dijital olarak onarılmış versiyonu RES. 4.19B).

1908–11 Negatifleri

1908 ve 1911 yıllarında Sakçagözü'nde yürütülen kazıların ikisinde toplam çekilen fotoğraflardan günümüze 300'den az negatif kalmıştır. Bunlar 1907 negatiflerinden çok daha birörnek boyutlardadır. 38 adet 4"x5" ebadında cam plaka; 112 adet 180x130 mm'lik, 88 adet de 190x125 mm'lik plaka. Sınırlı sayıda düzen dışı boyut vardır. 1907 yılı yüzey araştırmasında olduğu gibi küçük ebatlar için ikinci bir kamera kullanılmış olması muhtemeldir, ancak görüntülerin kalitesi birörnektir, bu da ikincinin daha iyi bir lense sahip, kaliteli bir makine olduğunu düşündürür.

İki sezondan geriye toplamda sadece bir iki film negatifi kalmıştır. 1907 yılında kullanılan filmin düşük kaliteli oluşu, nitrat filmin kalıcılığı konusundaki endişelerle birleşince, akla film kullanmaktan neredeyse tamamen vazgeçilip kuru cam plakanın tercih edildiğini getiriyor.

Elimizde, bu zaman diliminde yapılan iki kazıda toplam kaç fotoğraf çekildiğine ilişkin bir kayıt yoktur, bundan dolayı da orijinal negatiflerin yüzde kaçının günümüze kadar ulaşmış olduğunu tahmin etmek olanaksızdır.

Kompozisyon Örnekleri

Garstang'ın aktardıklarına bakarak (1910: xiii) 1907–11 dönemine ait fotoğrafların neredeyse tümünün

Schliephack's photographic background, the results speak for themselves. Not only an accomplished technical photographer, Schliephack's images display a well-organized and sophisticated composition resulting in a consistency of structure and style. The photographs have a strong sense of subject by filling the frame, leaving the viewer in no doubt as to what the photograph represents. In his architectural and archaeological photographs, a central composition is the most common structural device, often combined with "leading lines" that draw the eye to the subject. The landscape photographs portray a great feeling for depth in the image, often with a foreground component that leads the eye through the middle ground, where the main subject tends to be, then to the background. The images maintain a strong traditional approach to composition and light.

Figures are often included in the archaeological photographs as a means of scale, and viewed today as adding a colourful human presence to the archaeology. A workman may stand against a monument or in a trench to show the depth. Taking a break from digging while the photograph is being made of the lion sculptures in I/SG/066, these men sitting in the background provide scale as well as a link from the past of the Hittites to the present of the diggings (Fig. 4.20). There almost appears to be a physiognomic connection between the bearded workman and the ancient sculptural relief of the bearded figure to the right. Holding his shovel rather than a chalice, even his open shirt reflecting the folds from the relief, while looking into his face, the same almond shaped eyes and facial structure provide for a subliminal affinity between the ancient and the new. Certainly for Garstang, the ethnic connections were worthy of attention, though I suspect that any similarity in this case between the worker and the sculpture are incidental.

Horst Schliephack tarafından çekildiğini söyleyebiliriz. Schliephack'ın fotoğrafçılık geçmişine dair çok fazla bir şey bilinmemesine rağmen, elde ettiği sonuçlar başarısının somut kanıtıdır. Sadece teknik anlamda başarılı bir fotoğrafçı olmakla kalmayan Schliephack'ın görüntülerindeki başarılı bir şekilde düzenlenmiş, sofistike kompozisyonlar, fotoğrafların tutarlı bir yapı ve tarz sergilemelerini sağlıyor. Fotoğraflarda çerçeveyi dolduran güçlü bir konu bilinci vardır, bu da izleyicinin fotoğrafın neyi gösterdiği konusunda şüpheye düşmesine imkân vermez. Mimari ve arkeoloji fotoğraflarında en sık başvurduğu yapısal yaklaşım, genellikle gözü fotoğrafın öznesine doğru yönlendiren "kaçış çizgileri" ile birlikte kullandığı, merkezi kompozisyondur. Manzara fotoğraflarında fevkalade bir derinlik duygusu göze çarpar, çoğunlukla ön planda bulunan bir unsur gözü genellikle orta planda olan özneye doğru yöneltir, oradan da arka plana doğru ilerler. Görüntüler kompozisyon ve ışık konularında güçlü bir geleneksel yaklaşım sergiler.

Arkeolojik fotoğraflarda insan figürü genellikle ölçek verme amacıyla kullanılır ve günümüzden bakıldığında arkeolojiyi insan varlığı ile renklendirir. Bir işçi bir anıt önünde veya bir açma içinde durarak bunların yüksekliğini veya derinliğini ortaya koyar. I/SG/066 kayıt numaralı resimde aslan heykelleri fotoğraflanırken yaptıkları kazıya ara vererek arka planda oturan bu işçiler, fotoğrafa ölçek kazandırmanın yanı sıra Hititlere ait geçmiş zaman ile kazıların sürdürüldüğü şimdiki zaman arasında da bir bağlantı kurar (Res. 4.20). Sakallı işçi ile eski kabartmanın sağ tarafındaki sakallı figür arasında neredeyse fizyognomik bir bağlantı varmış gibi görünür. Kadeh yerine bir kürek tutmuş adamın önü açık gömleği bile kabartmadaki kıvrımlara benzer; yüzüne bakıldığında da kabartmalardaki ile aynı badem gözler ve yüz hatları görünür, bu da eskiyle yeni arasında sübliminal bir akrabalık bağı kurar. Gars-

FIG. 4.20 Sculpture from the left wing of the portico (1908). 180x130 mm glass plate.

SAKJE GEUZI NO. 48, 1908, GARSTANG MUSEUM OF ARCHAEOLOGY, UNIVERSITY OF LIVERPOOL, (I/SG/066)

RES. 4.20 Sütunlu girişin sol kanadında bulunan heykel (1908). 180x130 mm cam levha.

SAKJE GEUZI NO. 48, 1908, GARSTANG ARKEOLOJİ MÜZESİ, LİVERPOOL ÜNİVERSİTESİ, (I/SG/066)

Occasionally though, the figures do seem arbitrary and on the edge of the frame, as if accidentally included in the photograph. Additionally, not all the photographs conform to the dominant central composition style, and when they do not, the viewer is left with the impression that this was done consciously, while retaining a strong balance and division of spaces.

tang için etnik bağlantıların dikkat çekici olduğu şüphe götürmez bir gerçek olsa da buradaki işçi ve heykel arasındaki benzerliğin tesadüfi olduğunu sanıyorum.

Bazen de figürler gelişigüzel ve sanki fotoğrafa yanlışlıkla dahil olmuş gibi kadrajın kenarlarında görünür. Ayrıca, bütün fotoğraflar baskın merkezi kompozisyon tarzına uyacak şekilde çekilmemiştir, bu tarza uymadıklarında da,

FIG. 4.21 Boğazköy-Hattuša, "Lower Palace of Hattuša near Boghaz Keui." 4"x5" glass plate.

GARSTANG MUSEUM OF ARCHAEOLOGY, UNIVERSITY OF LIVERPOOL, (I/HIT/BOK/020)

RES. 4.21 Boğazköy-Hattuša, "Boghaz Keu Hattuša'da aşağı kesimdeki saray." 4"x5" cam levha

GARSTANG ARKEOLOJİ MÜZESİ, LİVERPOOL ÜNİVERSİTESİ, (I/HIT/BOK/020)

Primarily the photograph I/HIT/BOK/020 records the remains of the Lower Palace of Boğazköy–Hattuša (FIG. 4.21). When viewing the photograph, the eye is immediately drawn along the wall formed by the diagonal line from bottom right till meeting the figure, placed very

izleyicide bunun bilinçli yapıldığı izlenimi bırakırlar, ayrıca fotoğraf alanında güçlü bir denge ve bölünme sergilerler.

I/HIT/BOK/020 kayıt numaralı fotoğraf aslen Boğazköy–Hattuša Aşağı Sarayı'nın kalıntılarını belgelemektedir (RES. 4.21). Fotoğrafa bakıldığında göz derhal

FIG. 4.22 "The westward drift: Nomads passing into Asia Minor Through the Cilician Gates." Published by John Garstang in *The Land of the Hittites*. (1910). Plate LXXXV.

GARSTANG MUSEUM OF ARCHAEOLOGY, UNIVERSITY OF LIVERPOOL, (I/HIT/CIG/008)

RES. 4.22 "Batıya esen rüzgâr: Kilikya Kapısı'ndan geçerek Küçük Asya'ya göçen yörükler." John Garstang'ın *The Land of the Hittites* (1910) kitabından. Levha LXXXV.

GARSTANG ARKEOLOJİ MÜZESİ, LİVERPOOL ÜNİVERSİTESİ, (I/HIT/CIG/008)

deliberately in a strong focal position. Dividing the image composition into a grid based on the "thirds" rule, this figure is placed slightly to the left of the third. The dark figure, which provides a contrast against the lighter stonework, is facing right, drawing the eye initially and then

sağ alt köşeden başlayarak güçlü bir odak konumundaki kasıtlı bir şekilde resmin üçte birinin biraz soluna yerleştirilmiş figüre varıncaya kadar duvar boyunca ilerleyen diyagonal çizgiyi takip eder. İşlenmiş taşların açık rengi ile tezat yaratan koyu renkli figür başlangıçta gözü ken-

FIG. 4.23 "Karakul- family group of Chief nr Rowanduz." 179x129 mm.

GARSTANG MUSEUM OF ARCHAEOLOGY, UNIVERSITY OF LIVERPOOL, (I/HIT/K/001)

RES. 4.23 Karakul ailesinin reisi, nr Rowanduz. 179x129 mm.

GARSTANG ARKEOLOJİ MÜZESİ, LİVERPOOL ÜNİVERSİTESİ, (I/HIT/K/001)

redirecting the viewer to the centre of the photograph. A series of walls leads off this diagonal to form a receding series of horizontal lines towards the rear of the palace area. The mountain in the background defines and limits the spatial depth, returning the gaze to the figure. The

dine doğru çeker ve daha sonra izleyiciyi yeniden fotoğrafın merkezine yönlendirir. Bu diyagonalden çıkan bir dizi duvar, saray alanının arkasına doğru uzaklaşan bir dizi yatay çizgi oluşturur. Mekânsal derinliği tanımlayan ve sınırlayan arka plandaki dağ, bakışları tekrar figüre

glass plate negative shows signs of edge markings and loss of clarity and sharpness consistent with the second camera quality; however, as an image, it retains the atmosphere of the ruins by using the visual elements of human scale, defined spaces and depth.

This 5"x7" glass plate of a nomad camp (I/HIT/CIG/008, Fig. 4.22) is carefully framed to provide a view of the valley receding to the Cilician Gate pass in the distance. The lines of the mountains, both near and far, as well as the tent ridgeline bring the viewer back to a dominant focal point in the centre of the frame. An old man is seated on the ground, centred by both the frame and the surrounding group of nomads. Three figures look back at the camera, the others seemingly going about their daily business. Adding to the central composition, seemingly arbitrary elements combine to provide structure and balance to this image. A pile of bound stakes lying casually on the ground point towards the figures, while even the cow and row of rocks to the image right act as leading lines to bring our focus to the central subject. There is a deliberate placement of the camera to not only record the mountain pass in the background and the nomad camp, but also to provide a visually dynamic image that draws the viewer into the photograph.

A Kurdish family posed for a formal portrait (Fig. 4.23; Garstang 1910: Plate IV): the composition centred on the seated Chief, who was surrounded by his family, all dressed in their finery. This is one of eight photographs taken in this series, an unusually high number of photographs of any single event. One can only surmise that Garstang had already formed definite views on ethnicity that he would expand on from this family.

Here by comparison to the tightly cropped family portrait, this wider angled photograph from the set of eight images has a casual atmosphere, providing in-

döndürür. Cam plaka negatifte ikinci kameranın kalitesi ile örtüşen kenar izleri ve berraklık ve netlik eksikliğinin belirtilerine rastlanır, öte yandan bu fotoğraf, kalıntıların derinliğinin ve mekânının atmosferini başarılı bir şekilde yansıtır.

Bir göçebe kampını gösteren 5"x7" ebadındaki cam plaka (I/HIT/CIG/008, Res. 4.22) uzaklardaki Kilikya Kapısı geçidine doğru uzanan vadinin bir görünümünü de sunacak şekilde itinayla kadrajlanmıştır. Hem yakınlardaki hem uzaklardaki dağların hatları ve çadırın tepe çizgisi izleyicinin bakışlarını çerçevenin merkezinde yer alan baskın odak noktasına geri getirir. Yerde oturan bir yaşlı adam, hem çerçeve sayesinde hem de onu çevreleyen bir grup göçebe tarafından merkeze yerleştirilmiştir. Bunların üçü kameraya bakmaktadır, diğerleri kendi işleriyle ilgileniyor gibi görünür. Merkezi kompozisyona ek olarak, görünüşte gelişigüzel gibi duran unsurlar bir araya gelerek görüntüye yapı ve denge kazandırır. Üstünkörü yere bırakılmış birbirine bağlı kazıklar, figürlerin olduğu yönü gösterir, hatta resmin sağında yer alan inek ve bir sıra taş bile bakışımızı merkezi özneye yönelten kaçış çizgileri görevi üstlenirler. Kamera, bilinçli olarak, sadece arka plandaki dağ geçidini ve göçebe kampını belgelemek için değil, izleyiciyi fotoğrafın içine çeken, görsel olarak dinamik bir görüntü kurabilme amacıyla yerleştirilmiştir.

Geleneksel bir portre fotoğrafı için poz veren Kürt ailenin resminde (Res. 4.23; Garstang, 1910: Plaka IV) kompozisyon ortada oturan aile reisini merkeze alacak şekilde düzenlenmiş, çevresine dizili ailesi de en şık kıyafetlerini giymiştir. Bu fotoğraf, sekiz adet fotoğraftan oluşan bir serinin içinden seçilmiştir; bu seri bir tek olayı bu kadar çok sayıda fotoğrafla göstermesi açısından olağandışıdır. Burada, Garstang'ın etnik kökenler konusunda kesin olan görüşlerini bu ailenin fotoğrafları aracılığıyla genişletmek istediği yönünde bir tahmin yürütülebilir.

FIG. 4.24 "Karakul nr Rowandus, house of chief." 180x129 mm.

GARSTANG MUSEUM OF ARCHAEOLOGY, UNIVERSITY OF LIVERPOOL, (I/BOS/018)

RES. 4.24 "Karakul nr Rowandus, hane reisi." 180x129 mm.

GARSTANG ARKEOLOJİ MÜZESİ, LIVERPOOL ÜNİVERSİTESİ, (I/BOS/018)

sight into the family home environment. Set against the house's stone wall construction with arches and thatched roof, the older brother is the main subject, standing in the centre of the image and showing off his bullet bandanna and dagger on his side (FIG. 4.24). He appears to be aware that he is the main subject of the photograph. Though standing and looking directly at the camera, he still has a relaxed attitude, while those around do not

Sekiz görüntüden oluşan bu seriden, aile fotoğrafıyla kıyaslandığında daha geniş bir alanı görüntüleyen bir başka fotoğraf daha gündelik bir atmosfere sahiptir, bize insanların hayat tarzları hakkında fikir verir. Kemerli ve toprak damlı evin taş duvarı önünde çekilmiş fotoğrafta merkezde duran, fişekliğiyle hançeriyle gösteriş yapan ağabey ana konudur (RES. 4.24). Fotoğrafın ana konusu olduğunun farkındadır. Ayakta durmuş doğrudan kameraya bakarken

FIG. 4.25 Image of a young man (1907). 5"x7" glass plate.
GARSTANG MUSEUM OF ARCHAEOLOGY, UNIVERSITY OF LIVERPOOL, (I/BOS/009)

RES. 4.25 Genç bir adam (1907). 5"x7" cam levha.
GARSTANG ARKEOLOJİ MÜZESİ, LİVERPOOL ÜNİVERSİTESİ, (I/BOS/009)

seem to be aware of the extent of the camera framing. The Chief, standing in the archway in front of a small brazier, holds a coffee cup and is apparently engaged in conversation with the younger brother. Several other men seated inside appear also to be having coffee, and are casually glancing towards the activity outside. Meanwhile, on the far right, a woman peers from a window to observe the proceedings, apparently unaware that she is also

rahat bir tavır içindedir, çevredeki kişiler ise çerçevenin onları alacak kadar geniş olduğunun farkında değil gibi görünürler. Kemerlerin önünde, bir maltızın başında duran aile reisi elinde bir kahve fincanı, küçük kardeşle sohbet etmektedir, içeride oturmuş diğer birçok erkek de kahve içmekte ve kendi hallerinde dışarıda olan biteni izlemektedir. Bu arada en sağda bir kadın da pencereden dışarı bakmakta ve çevrede olanları izlemektedir, görünüşe göre bun-

FIG. 4.26 Two men in 1911 Sakçagözü excavation.
190x125 mm glass plate.

SAKJE GEUZI NO. 202, 1911, GARSTANG MUSEUM OF ARCHAEOLOGY, UNIVERSITY OF LIVERPOOL, (I/SG/249)

RES. 4.26 1911 Sakçagözü kazısından iki kişi.
190x125 mm cam levha.

SAKJE GEUZI NO. 202, 1911, GARSTANG ARKEOLOJİ MÜZESİ, LİVERPOOL ÜNİVERSİTESİ, (I/SG/249)

included in the frame. Woven saddlebags and one of the expedition teams' canvas travel bags lean against the low wall on left, while a dog stands on a small wall and another dog lies in front of the main central figures. Small stools and an old canvas chair complete the picture. In capturing the overall scene, this photograph gives a more complete view of the home of the Chief.

Schliephack consistently photographed people "naturally" despite needing the subject to be posed and remain

ların hiçbiri çerçeveye dahil olduklarının farkında değildir. Sol taraftaki alçak duvarın önünde dokuma heybeler ve sefer ekibinin kumaş seyahat çantaları durmaktadır, bir köpek duvarın üzerinde durmakta, bir başka köpek de aralarında yatmaktadır. Küçük tabureler ve eski bir bez şezlong resmi tamamlar. Genel ortamı gösterişiyle bu fotoğraf aile reisinin evinin daha eksiksiz bir görüntüsünü sunmaktadır.

Yukarıda ele alındığı üzere, pozlama süresi boyunca hareket etmeden poz vererek durmaları gerekmesine rağ-

still for the duration of the exposure, as discussed above. Schliephack must have had an easy manner and an ability to communicate that allowed him to capture his subjects. His style stands out from a genre of that era that is dominated by stiffly posed and rigid portraits.

In "Image of a young man" (5"x7" glass plate; FIG. 4.25), the subject is standing and framed by a doorway, its dark interior contrasting against his form. The casual pose of the young man, with one arm resting on his hip, is immediately evident. His expression is slightly quizzical, perhaps not entirely sure what this great camera, complete with the operator disappearing under a black cloth, is capable of. There is evident skill in the composing, directing and posing of the photographs that Schliephack used to make the subjects feel comfortable under the gaze of the camera.

In this 1911 excavation photograph I/SG/249 (FIG. 4.26), a candid photograph of two men with the standing figure laughing at the photographer and the squatting man smiling, they appear to be sharing a joke while having a smoke during a break from work at Sakçagözü. Taken in bright sunlight, this photograph has the advantage of a shorter exposure time to capture the moment; however, it could hardly have been completely spontaneous, as there was considerable set up time for the Royal Ruby camera that took this large format negative. Nevertheless, the photograph's subjects appear to the modern viewer as relaxed and confident.

Conclusion

Garstang left a great legacy of photographs from his various expeditions that are now part of the archives of the Department of Archaeology, Classics and Egyptology at the University of Liverpool, then the Institute of Archae-

men Schliephack öznelerini tutarlı bir şekilde "doğal" hallerinde fotoğraflamıştır. Büyük ihtimalle Schliephack'ın, fotoğraflarını çektiği öznelerin doğal hallerini yakalamasına olanak tanıyan güven veren bir tavrı ve rahatça iletişim kurma yeteneği vardı. Kaskatı poz verilmiş, tutuk portrelerin hâkim olduğu o dönemde onun tarzı diğer fotoğrafların arasından sıyrılır.

"Genç bir adam" başlıklı fotoğrafta (5"x7" cam plaka; RES. 4.25) özne bir kapı eşiğinde ayakta dururken kadrajlanmıştır, arkasındaki karanlık iç mekân onunla tezat oluşturmaktadır. Elini beline koymuş gencin rahat pozu ilk anda göze çarpmaktadır. İfadesi biraz şaşkın olan bu genç belki siyah bir kumaşın altında ortadan kaybolan kullanıcısıyla birlikte bu kocaman kameranın neler yapabileceğinden emin değildir. Fotoğrafların kompozisyonunda, yönlendirilmelerinde ve poz verdirmede Schliephack'ın gözle görünür bir becerisi vardır ve bunu öznelerini kameranın bakışları altında rahat hissettirmek için kullanır.

Bu 1911 kazı fotoğrafı I/SG/249 (RES. 4.26) iki adamın şipşak çekilmiş bir fotoğrafıdır, ayaktaki adamı fotoğrafçıya gülerken, çömelmiş adamı da gülümserken gösterir. Bu fotoğrafta Sakçagözü'ndeki işte bir mola sırasında sigara içerken yapılan bir şakayı paylaşır gibi görünüyorlar. Parlak güneş ışığı altında çekilen bu fotoğraf, anı yakalamakta daha kısa pozlama süresine ihtiyaç duymak gibi bir avantaja sahiptir, fakat tamamen spontane olma ihtimali de düşüktür, çünkü bu büyük formatlı negatifi çekmek için kullanılacak Royal Ruby kamerasını sehpa üzerine kurmak belli bir zaman harcamış olmayı gerektirir. Yine de, fotoğraflanan insanlar günümüz izleyicisine rahat ve kendinden emin görünüyor.

Sonuç

Garstang, çeşitli seferlerinden geriye, o zamanlar Arkeoloji Enstitüsü olan günümüzdeki Liverpool Üniversite-

FIG. 4.27 Excavating fragment of stone carving of a lion hunt (1908). 180x130 mm glass plate.

SAKJE GEUZI NO. 8c, 1908, GARSTANG MUSEUM OF ARCHAEOLOGY, UNIVERSITY OF LIVERPOOL, (I/SG/015)

RES. 4.27 Kazıda bir aslan avı sahnesi taş kabartma parçasının çıkarılması (1908). 180x130 mm cam levha.

SAKJE GEUZI NO. 8c, 1908, GARSTANG ARKEOLOJİ MÜZESİ, LİVERPOOL ÜNİVERSİTESİ , (I/SG/015)

ology (FIG. 4.27). The collection is a testimony to the vision of Garstang, to his extensive use of photography for archaeology, and the inclusion of a specialist photographer in his core team.

With the excellent digitization project made possible by the UK's Heritage Lottery Fund, Garstang's photographic archive from 1907 to 1911 is now being made accessible to the public and researchers for the first time

si Arkeoloji, Klasikler ve Mısırbilimi Bölümünün arşivlerinin parçası olan büyük bir fotoğraf mirası bırakmıştır (RES. 4.27). Bu koleksiyon hem Garstang'ın sahip olduğu vizyona bir kanıt niteliğindedir hem de onun arkeolojide yaygın bir şekilde fotoğraf kullanışını ve çekirdek ekibine uzman bir fotoğrafçı dahil edişini ortaya koyar.

İngiltere Heritage Lottery Fund desteğiyle mümkün olan mükemmel dijitalleştirme projesiyle Garstang'ın 1907–

via the "Lost Gallery," an exhibition, archive and research project originated by the University of Liverpool. It brings to light the entire archive, including images that have never been published and those that are too fragile to handle.

Although not all of the original field photographs survive, the remainder provide the modern viewer with a unique and invaluable record of Garstang's Anatolia expeditions. Images bring to life the Hittite archaeological sites and localities, the Anatolian landscape, anthropological studies, towns and villages, and the occasional team photo. By comparison, of course, a modern expedition with the ubiquitous digital camera could easily accumulate hundreds of photographs in a day or two. Looking through this historical archive, the viewer realizes that every image is significant, and one can only guess at what has been lost in the missing negatives.

What is evident throughout the collection is the considerable technical and artistic skill of the photographer, Horst Schliephack. Working under what must have been difficult conditions with heavy and cumbersome equipment, his technical merit is to be admired. His photographs combine the picturesque landscape with archaeology, portraits, and ethnography. Without the artistic professional photography of Horst Schliephack, the Garstang archive from 1907 to 1911 would not possess such a wealth of high quality images.

The collection is more than just a record of events and places visited; rather, it provides a rich narrative of Garstang's expeditions, often in place of written records. As Professor for Methods and Aims in Archaeology at the University of Liverpool, Garstang put into practice the use of photography in the archaeological process and ably demonstrated its usefulness to his peers in this still-new profession. The use of the resulting photographs con-

11 yıllarından kalan fotoğraf arşivi Liverpool Üniversitesinin önayak olduğu sergi, arşiv ve araştırma projesi "Lost Gallery" aracılığıyla ilk kez kamuoyuna ve araştırmacıların hizmetine açılmıştır. Bu proje, daha önce hiç yayınlanmamış görüntüler ve kullanılamayacak kadar hassas olanlar da dahil, bütün arşivi gözler önüne sermiştir.

Orijinal saha fotoğraflarının hepsi günümüze kadar gelebilmiş olmasa da, kalan görüntüler günümüz izleyicisine Garstang'ın Anadolu seferinin eşsiz ve paha biçilmez bir belgesini sunar. Bu görüntüler, Hitit arkeolojik yerleşim yerleri ve çevrelerine, Anadolu manzarasına, antropolojik incelemelere, kasaba ve köylere ve ara sıra da ekip fotoğraflarına yeniden hayat verir. Buna karşılık, günümüzde yapılacak bir seferde artık her yerde karşımıza çıkan dijital kameralarla bir ya da iki gün içerisinde kolayca yüzlerce fotoğraf biriktirilebiliyor, fakat bu tarihi arşive baktığında izleyici her bir görüntünün önemli olduğunu fark edecektir. Kaybolan negatiflerle neleri kaybettiğimiz konusunda ancak tahmin yürütmek mümkündür.

Koleksiyonun tümünde göze çarpan, fotoğrafçı Horst Schliephack'ın hatırı sayılır teknik ve sanatsal becerisidir. Ağır ve yavaş ekipmanlarla zor şartlar altında çalıştığı düşünüldüğünde onun teknik meziyetleri takdire şayandır. Fotoğrafları pitoresk manzarayı, arkeoloji, portreler ve etnografyayla birleştirir. Horst Schliephack'ın sanatsal profesyonel fotoğrafçılığı olmadan, 1907–11 Garstang arşivi böylesine zengin yüksek kaliteli görüntülere sahip olamazdı.

Koleksiyon sadece gerçekleşen olaylar ve ziyaret edilen yerlerin bir kaydı olmakla kalmıyor, genellikle yazılı kayıtların yerini alarak Garstang'ın seferlerinin zengin bir anlatısını sunuyor. Liverpool Üniversitesinde Arkeoloji Yöntemleri ve Hedefleri Profesörü olarak Garstang, arkeolojik çalışmalarda fotoğrafçılığın kullanımını uygulamaları üzerinden ortaya koymuş ve çok başarılı bir şekilde, bu yeni yeni gelişmekte olan meslekte fotoğrafın sağlayacağı faydaları mes-

firmed photographic recording as a primary research tool for the nascent discipline of archaeology, both as a method for documentation and also to illustrate subsequent journals, articles, lectures, lantern slides, and books.

lektaşlarına göstermiştir. Elde edilen fotoğrafların kullanılması hem bir belgeleme yöntemi olarak hem de daha sonraki dergiler, makaleler, konferanslar, gaz lambalı slaytlar ve kitaplarda kullanılacak görselleri sağlayan fotoğrafik belgelemenin yeni doğmakta olan arkeoloji disiplininin birincil araştırma araçlarından biri oluşunu teyit etmiştir.

BÜLENT GENÇ

CHAPTER 5

John Garstang and Sakçagözü in the Ottoman Archives

BÖLÜM 5

Osmanlı Arşivleri'nde John Garstang ve Sakçagözü

This article presents for the first time the correspondence and permits held in the Ottoman Archives that relate to John Garstang's excavations in Sakçagözü from 1908 to 1911[1] (TABLE 1). In an era when the great empires of Europe were in fierce competition with each other, Garstang appears to have shown a remarkable degree of diplomacy, diligence and, above all, determination with the Ottoman state bureaucracy in order to secure his permit to excavate. While adhering closely to the terms and limitations of his permits, there do appear to be some questions remaining about the dates of his application, the reasons why he suspended his work at the site in 1909 and 1910 and the extension to his permit that this necessitated.

Sakçagözü/Keferdiz/Coba Höyük (Mound),[2] which is located within the administrative boundaries of the district of Nurdağı (in today's Gaziantep province), was ini-

Bu yazı, John Garstang'ın Sakçagözü'nde 1908-11 yıllarında yaptığı kazılarla ilgili Osmanlı Arşivlerinde bulunan yazışmaları ve izinleri[1] ilk defa ele alıyor (TABLO 1). Avrupa'nın büyük imparatorluklarının birbirleriyle bu konuda büyük rekabet içinde oldukları bir dönemde Garstang bu kazı iznini alabilmek için Osmanlı devlet bürokrasisine karşı son derece dikkatli ve kararlı, üst düzey bir diplomasi yürütmüş olmalı. Her ne kadar aldığı iznin kurallarına ve sınırlarına sıkı sıkıya uymuş olsa da, kazı başvuru tarihleri, 1909 ve 1910'da neden kazı yapmadığı ve bu verilen aranın zorunlu kıldığı kazı izninin uzatılması hususuyla ilgili bazı soru işaretleri bulunuyor.

Günümüzde Gaziantep ilinin Nurdağı ilçesine bağlı Sakçagözü/Keferdiz/Coba Höyük,[2] orada bulunan aslan avı sahnesinin işlendiği Hitit kabartmaları sayesinde bir arkeolojik yerleşim olarak ilk defa 1890 yılında tanımlanır (Human-Puchstein 1890: Tafel XLVI). Sakça-

tially identified as an archaeological site in 1890 due to its Hittite reliefs of a lion hunt on the surface of the mound (Human-Puchstein 1890: Tafel XLVI). Though superficial examinations of Sakçagözü Höyük had already been conducted, the first excavations at the mound were not initiated until 1908, when John Garstang was accorded permission to do so by the Ottoman authorities (Garstang 1908b: 97-117; Garstang 1913: 63-72; Garstang, et al. 1937: 119-140). Due to the region's hot, humid summers, the excavations were carried out in the autumn months of 1908 and 1911 (Albright 1956: 8; FitzGerald, et al. 1956: 27). Garstang was accompanied by Phythian Adams and Hamilton Beattie in both years (Taylor, et al. 1950: 53).

Garstang had applied for, and evidently been granted, a permit to excavate at Boğazköy-Hattuša in 1907 (see Greaves and Rutland in this volume). This was revoked and while trying to acquire another excavation permit Garstang visited Sakçagözü on July 4th, 1907 to explore the site and to take photographs of the Hittite reliefs that were visible there (Garstang 1908a: 3, Pl. XV). The documents relating to Garstang's permit negotiations with the Ottoman state over Sakçagözü are listed in Table 1. The key facts of the correspondence held in the Ottoman Archives may be summarised as follows:

31 December 1906 (Fig. 5.2):[3] The first document that relates to the excavation that Garstang wanted to conduct at Sakçagözü is dated 18 Kanunievvel 1322. The document states that Garstang had made an application for a permit to excavate and explore ancient monuments at the site of Sakçagözü, within the boundaries of the township of Islahiye, in the province of Adana. Pursuant to Article 14[4] of the Ancient Monuments Act, investigations were carried out by the Secretariat of the Ministry of Education in Adana province indicating that there was nothing that

gözü Höyüğü'nde bazı yüzey araştırmaları sonrasında ilk kazılar ancak Osmanlı İmparatorluğu'ndan alınan izinle 1908 yılında John Garstang tarafından başlatılır (Garstang 1908b: 97-117; Garstang 1913: 63-72; Garstang vd. 1937: 119-140). Sıcak ve nemli havalardan dolayı 1908 ve 1911 sonbaharında (Albright 1956: 8; FitzGerald vd. 1956: 27) gerçekleştirildiği belirtilen bu kazılarda Phythian Adams ve Hamilton Beattie, Garstang'a eşlik etmiştir (Taylor vd. 1950: 53).

Garstang Boğazköy-Hattuša'da kazı yapmak üzere 1907'de bir başvuru yapmış ve bu izni almıştı (bkz. Greaves ve Rutland'ın bu kitaptaki yazısı.) Ancak bu izin daha sonra iptal edilmişti, bir taraftan yine izin almakla uğraşan Garstang'ın, 4 Temmuz 1907 tarihinde Sakçagözü'ne giderek incelemelerde bulunduğu ve Hitit kabartmalarından bazı fotoğraflar çektiği anlaşılmaktadır (Garstang 1908a: 3, Pl. XV). Garstang'ın Osmanlı Devleti'yle yürüttüğü Sakçagözü kazıları için izin müzakerelerini yansıtan belgeler Tablo 1'de listelenmiştir. Osmanlı Arşivlerinde saklanan bu yazışmaların temel noktaları şu şekilde özetlenebilir:

31 Aralık 1906 (Res. 5.2):[3] Garstang'ın Sakçagözü'nde yapmak istediği kazı ile ilgili ilk belge, 18 Kanunievvel 1322 tarihli bir belgedir. Bu belgede Garstang'ın Adana vilayetine bağlı Islahiye kazasının Sakçagözü mahallinde asar-ı atika araştırmak için kazı izni talep ettiği belirtilmektedir. Asar-ı Atika Nizamnamesinin 14. Maddesi[4] gereğince yapılan soruşturma sonucunda Adana vilayetinin Maarif Müdüriyetinden bilgi alınmış ve Sakçagözü adlı yerde korunması gerekecek ve zarar görebilecek bir durum olmadığı bildirilmiştir. Böylece Sakçagözü'nde kazı yapılmasının hiçbir mahsuru olmadığı belirtilerek, Garstang'ın vekili Edwin Pears tarafından yapılacak kazı hakkında daha önce yapılan yazışma üzerine kazı yerini gösteren hari-

TABLE 1 Correspondences regarding John Garstang and Sakçagözü in the Ottoman Archives

JOHN GARSTANG	
Document Dates	Source
31 December 1906	MF. MKT. 985/72, 18 Kanunievvel 1322
9 May 1907	MF. MKT. 985/72, 26 Rebiülevvel 1325
20 November 1907	DH. MKT. 1212-71, 14 Şevval 1325
20 November 1907	BEO. 003188/239090, 14 Şevval 1325
28 November 1907	BEO. 3195/239590, 22 Şevval 1325
28 November 1907	BEO. 003195/239590, 22 Şevval 1325
3 December 1907	BEO. 003183/23865, 27 Şevval 1325
6 October 1908	DH. MKT. 2624/45, 10 Ramazan 1326
11 June 1910	İ.MF. 16/7, 2 Cemaziyelahir 1328
28 June 1910	İ.MF. 16/7, 19 Cemaziyelahir 1328
6 July 1910	BEO. 3776/283152, 27 Cemaziyelahir 1328
7 July 1910	BEO. 3776/283152, 28 Cemaziyelahir 1328
30 July 1910	MF. MKT. 1160/6, 17 Temmuz 1326
27 August 1910	MF. MKT. 1160/6, 14 Ağustos 1326
6 September 1910	MF. MKT. 1160/6, 1 Ramazan 1328
30 August 1911	DH. İD 60-9, 5 Ramazan 1329
30 August 1911	DH. İD 60-9, 17 Ağustos 1327
29 September 1911	DH. İD 60-9, 5 Şevval 1329
11 October 1911	DH. İD 60-9, 17 Şevval 1329

ABBREVATIONS
BEO: Bâb-ı Âlî Evrak Odası
BOA: Başbakanlık Osmanlı Arşivi
DH. MKT: Dahiliye Mektûbî
DH. İD: Dahiliye İdare
MF. MKT: Maarif Mektûbî
İ.MF: İrade Maarif

TABLO 1 Osmanlı Arşivi'ndeki John Garstang ve Sakçagözü'yle ilgili yazışmalar

JOHN GARSTANG	
Belgelerin Tarihi	Kaynakça
31 Aralık 1906	MF. MKT. 985/72, 18 Kanunievvel 1322
9 Mayıs 1907	MF. MKT. 985/72, 26 Rebiülevvel 1325
20 Kasım 1907	DH. MKT. 1212-71, 14 Şevval 1325
20 Kasım 1907	BEO. 003188/239090, 14 Şevval 1325
28 Kasım 1907	BEO. 3195/239590, 22 Şevval 1325
28 Kasım 1907	BEO. 003195/239590, 22 Şevval 1325
3 Aralık 1907	BEO. 003183/23865, 27 Şevval 1325
6 Ekim 1908	DH. MKT. 2624/45, 10 Ramazan 1326
11 Haziran 1910	İ.MF. 16/7, 2 Cemaziyelahir 1328
28 Haziran 1910	İ.MF. 16/7, 19 Cemaziyelahir 1328
6 Temmuz 1910	BEO. 3776/283152, 27 Cemaziyelahir 1328
7 Temmuz 1910	BEO. 3776/283152, 28 Cemaziyelahir 1328
30 Temmuz 1910	MF. MKT. 1160/6, 17 Temmuz 1326
27 Ağustos 1910	MF. MKT. 1160/6, 14 Ağustos 1326
6 Eylül 1910	MF. MKT. 1160/6, 1 Ramazan 1328
30 Ağustos 1911	DH. İD 60-9, 5 Ramazan 1329
30 Ağustos 1911	DH. İD 60-9, 17 Ağustos 1327
29 Eylül 1911	DH. İD 60-9, 5 Şevval 1329
11 Ekim 1911	DH. İD 60-9, 17 Şevval 1329

KISALTMALAR
BEO: Bâb-ı Âlî Evrak Odası
BOA: Başbakanlık Osmanlı Arşivi
DH. MKT: Dahiliye Mektûbî
DH. İD: Dahiliye İdare
MF. MKT: Maarif Mektûbî
İ.MF: İrade Maarif

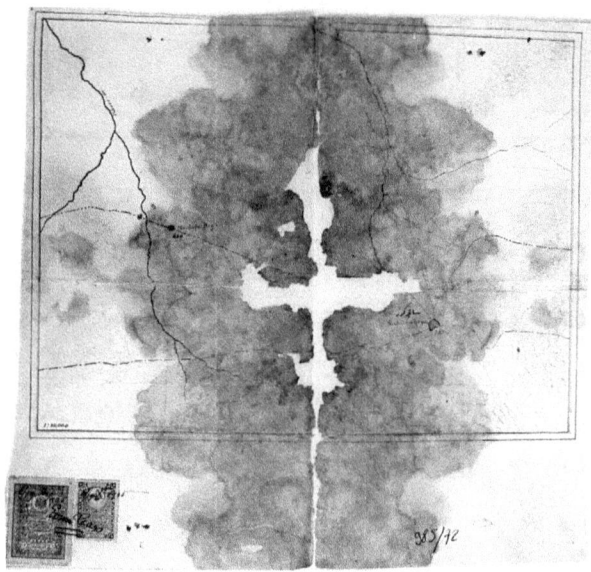

FIG. 5.1 Sakçagözü and the surrounding area as drawn by John Garstang and Edwin Pears.

RES. 5.1 John Garstang ve Edwin Pears tarafından çizilen Sakçagözü ve çevresine ait harita.

needed to be safeguarded or that could be put in harm's way at the site, known as Sakçagözü. Expressing no objection to an excavation at Sakçagözü, the document also states that the map showing the location of the excavation—which had been provided by Garstang's deputy, Edwin Pears, in previous correspondences—was being returned as an attachment (FIG. 5.1). The map showing the proposed excavation site had evidently been drawn by Garstang and Pears[5] and was submitted with the original excavation permit application.

9 May 1907 (FIG. 5.3):[6] Minister of War Rıza Pasha sent a report dated 26 Rebiülevvel 1325, stating that Garstang's proposed excavation at Sakçagözü would not cause any issues because there were no military positions in the vicinity. It is stated that the attached map of Sakçagözü was being returned with the report.[7] It is also from this report that we first understand that Garstang had been granted an excavation permit valid for two years, subject to compliance with the Ancient Monuments Act. The report

tanın iade edilmek üzere ekte gönderildiği belirtilmiştir (RES. 5.1). Kazı alanını gösteren haritanın Garstang ve Pears[5] tarafından çizilerek başvuru sırasında kazı iznine eklendiği anlaşılmaktadır.

9 Mayıs 1907 (RES. 5.3):[6] 26 Rebiülevvel 1325 tarihli Serasker Rıza tarafından gönderilen bir raporda Adana'ya bağlı Sakçagözü adlı yerde Garstang'ın yapacağı kazı için askeriyece herhangi bir mahsur olmadığı ve orada askeri mekânlar bulunmadığı bildirilmektedir. Ayrıca Sakçagözü'ne ait ekte gönderilen haritanın iade edildiği belirtilmektedir.[7] Asar-ı Atika Nizamnamesinin kazıyla ilgili olan hükümlerine uymak koşuluyla Garstang'a iki sene süresince ruhsat verildiği bu rapordan anlaşılmaktadır. Garstang'ın kazı yapacağı Sakçagözü'nde kule, istihkamat ve yüksek yapılar bulunmadığı gibi hiçbir şeye zarar gelmeyeceği, yani kazıya uygun olduğu vurgulanmaktadır. Ancak sahipli ve ekili arazide kazı yapılırsa sahiplerinden izin alınması gerektiği ayrıca belirtilmektedir.

BÜLENT GENÇ

CHAPTER 5 | BÖLÜM 5

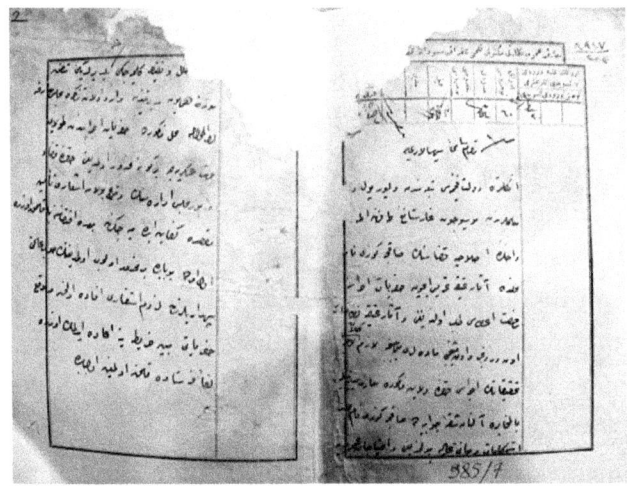

FIG. 5.2 John Garstang's application for an excavation permit for Sakçagözü.

RES. 5.2 John Garstang'ın Sakçagözü kazısı için düzenlediği izin başvurusu.

(MF. MKT. 985/72, 18 KANUNİEVVEL 1322)

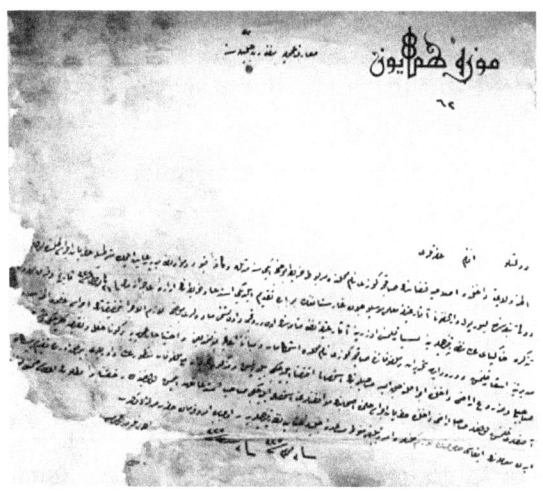

FIG. 5.3 The two-year permit that was granted to John Garstang for the Sakçagözü excavations.

RES. 5.3 John Garstang'a Sakçagözü kazısı için verilen iki senelik ruhsat.

(MF. MKT. 985/72, 26 REBİÜLEVVEL 1325)

emphasizes that as there are no towers, military installations or tall structures on the site, Garstang's excavations would pose no security or military threat to the state and that the site was therefore deemed to be suitable for excavation. However, the report also states that any excavations to be carried out on privately owned or cultivated lands should be done subsequent to obtaining permission from the landowners.

20 November 1907:[8] A letter dated 14 Şevval 1325 as a response to correspondence dated 7 Şevval 1325 addressed the British ambassador's request to the Chief Scribe of the Imperial Office to grant Garstang permission to search for antiquities at Sakçagözü. It was emphasized that the

20 Kasım 1907:[8] 7 Şevval 1325 tarihli bir yazışmaya, 14 Şevval 1325 tarihinde verilen yanıtta, Sakçagözü'nde eski eserler aramak için Garstang'a izin verilmesinin İngiltere elçisi tarafından talep edilmesi üzerine bu konunun padişahın iznine bağlı olduğu vurgulanarak Mabeyn-i Hümayun Başkâtipliğinden Hariciye Nezareti'ne bu durumun bildirildiği ve Hariciye Nezareti'nin de Garstang'ın kazı izni alması için gereğini yapması istenmektedir.[9]

28 Kasım 1907:[10] Maarif Nezareti'ne yazılan 22 Şevval 1325 tarihli bir raporda da Garstang'ın Sakçagözü'nde yapacağı kazıyla ilgili izin konusu ele alınmış ve durumun padişaha iletilmesi için Mabeyn-i Hümayun

issue in question was subject to the permission of the Sultan himself and that the request had been forwarded by the Chief Scribe to the Foreign Ministry who were requested to obtain the excavation permit for Garstang.⁹

28 November 1907:¹⁰ Another report, addressed to the Ministry of Education and dated 22 Şevval 1325, confirmed that the issue had been forwarded by the Chief Scribe of the Imperial Office to the Foreign Ministry, the Ministry of Internal Affairs and the Ministry of Education to be submitted for consideration by the Sultan.

3 December 1907:¹¹ In a report, dated 27 Şevval 1325 and addressed to the Foreign Ministry, the matter of Garstang's numerous requests via the embassy for a permit to explore at Sakçagözü was raised. It is not clear which institution issued this report, however it is highly probable that it was either the Ministry of Education or the Imperial Museum. In accordance with the Sultan's edict, the issue was required to be addressed with due diligence and it was particularly stressed that putting an end to the continuous applications was within the capabilities of the Foreign Ministry. In addition, the report notes that a similar application had recently been made by the Germans and that the situation should be dealt with in the appropriate way so as not to set an example to the Germans.

Garstang finally started to excavate at Sakçagözü in 1908. In a letter to Pears dated 15 July 1908, he states that he will be unable to leave Liverpool for Sakçagözü before the beginning of August due to time constraints and will have to return to Liverpool for the start of the university term by October 15th at the latest.¹² A letter dated 10 Ramazan 1326/6 October 1908, states that Garstang

Başkâtipliğinden Hariciye Nezareti, Dâhiliye Nezareti ve Maarif Nezareti'ne bildirildiği vurgulanmaktadır.

3 Aralık 1907:¹¹ Hariciye Nezaretine gönderilen 27 Şevval 1325 tarihli bir raporda Garstang'ın Sakçagözü'nde asar-ı atika araştırması için iki sene süreyle ruhsat isteğine ve istenen ruhsatın verilmesi için elçilik tarafından sürekli başvuru yapıldığına değinilmektedir. Bu raporu gönderen kurum tam olarak belli olmamakla birlikte, Maarif Nezareti veya Müze-i Hümayun tarafından gönderilmiş olması muhtemeldir. Ferman gereğince bu konunun iyi bir şekilde geçiştirilmesi istenerek bu konudaki müracaata bir son verilmesinin Hariciye Nezaretine bağlı olduğu özellikle belirtilmektedir. Ayrıca yakın zamanlarda Almanların da böyle bir başvuruda bulunduğu ve Almanlara emsal teşkil etmemesi için bu başvurunun müsait bir şekilde geçiştirilmesi istenmektedir.

Garstang Sakçagözü kazılarına sonunda 1908 yılında başlamıştır. 15 Temmuz 1908 yılında Garstang, Pears'a yazdığı bir mektupta zaman darlığı nedeniyle Ağustos başlangıcına kadar Liverpool'dan ayrılıp Sakçagözü'ne gelemeyeceğini belirtmektedir ve Liverpool'a en geç 15 Ekim'de, üniversitenin açılışında dönmüş olması gerektiğini vurgulamaktadır.¹² 10 Ramazan 1326/6 Ekim 1908 tarihli bir yazışmada da Garstang'ın kazılarda bulduğu eski eserleri götürmesine Maarif Nezaretinden alınacak cevaba kadar izin verilmemesi istenmektedir.¹³ 1906 Asar-ı Atika Nizamnamesi çerçevesinde kazıyla ilgili başvuru ve ayrıntıların Maarif Nezaretine bağlanması bu noktada etkindir (Eriş 2012: 40-43). Garstang'ın Liverpool'dan, o sıralar İstanbul'da bulunan Pears'a gönderdiği bir dizi mektupta, kazı buluntularının nasıl kutulanıp Müze-i Hümayun'a gönderileceği açıklanır, ayrıca kazıda çekilen bir grup fotoğraf da gönderilecektir.¹⁴

should not be allowed to take the artefacts unearthed in the excavations until receiving a clear response from the Ministry of Education.[13] Evidently, the designation of the Ministry of Education as the responsible agency for matters related to applications and details of excavations within the framework of the 1906 Ancient Monuments Act had been put into effect by this point (Eriş 2012: 40-43). A series of letters sent by Garstang in Liverpool to Pears in Istanbul explain the procedure by which the finds were boxed up and sent to the Imperial Museum, who also received a set of photographs from the excavations.[14]

In 1909, Garstang was unable to continue his work at Sakçagözü due to civil unrest in the in Maraş (Kahramanmaraş) and Ayıntab (Gaziantep).[15] Garstang's permit had been for two years, of which 1909 would have been the second season, and his first season had been a short one due to his commitments in Liverpool. It was therefore necessary for him to extend his permit and the archives contain a number of reports referring to this continuation of the excavation into 1910:

11 June 1910:[16] A report sent to the Sultan by the Grand Vizier, dated 2 Cemaziyelahir 1328, contained a petition for the renewal of Garstang's permit for one year. The report to which the petition of the Ministry of Education was attached stated that the imperial decision of the Sultan was to be put in effect whatever that decision may be.

28 June 1910:[17] Another report, dated 19 Cemaziyelahir 1328, and sent from the Ministry of Education to the office of the Grand Vizier, stated that Garstang, who was presently conducting an excavation to explore ancient monuments at Sakçagözü with an official permit, had applied for a one year extension of that permit since it was

Garstang 1909 senesinde, Maraş ve Antep'teki ayaklanmalardan ötürü Sakçagözü kazılarına devam edememiştir.[15] Garstang'ın izni iki yıllıktı, normalde 1909, kazının ikinci sezonu olacaktı, ayrıca birinci sezonu da Liverpool'daki işlerinden dolayı kısa kesmek durumunda kalmıştı. Dolayısıyla izni uzattırması zaruriydi. Arşivlerde kazının 1910'da devam ettiğine dair birkaç raporun oluşunun nedeni bu olmalıdır.

11 Haziran 1910:[16] 2 Cemaziyelahir 1328 tarihli sadrazam tarafından padişaha gönderilen bir rapor, Garstang'ın ruhsatnamesinin bir yıl uzatılmasıyla ilgili bir dilekçeyi kapsamaktadır. Maarif Nezaretinin söz konusu dilekçesinin ekte sunulduğu ve padişahın iradesi ne olursa olsun uygulanacağı belirtilmektedir.

28 Haziran 1910:[17] Maarif Nezaretinden sadarete gönderilen 19 Cemaziyelahir 1328 tarihli bir raporda ise Sakçagözü'nde asar-ı atika çıkarmak için elindeki resmi ruhsatla kazı yapmakta olan Garstang'ın, bahsi geçen ruhsatname süresi aşağı yukarı yakınlarda biteceği için bir sene süreyle uzatılması talep edilmekte ve bu talep uygun bulunduğundan ellerindeki ruhsat tarihinin bitiminden itibaren bir sene olmak üzere Garstang'a ruhsat verilmesine izin verilmesi istenmektedir. Kazı süresi biten Garstang'a isteği üzerine kazı bitiş tarihinden itibaren sürenin bir yıl daha uzatılmasıyla ilgili birden fazla yazışma bulunmaktadır.[18]

6 Eylül 1910: Müze-i Hümayun Müdürü Osman Hamdi tarafından Maarif Nezaretine gönderilen 1 Ramazan 1328 tarihli bir rapor kazı süresinin uzatılmasıyla ilgilidir. Garstang'ın Sakçagözü'nde yürüttüğü araştırmaların izin süresinin 1326 senesi Temmuz başında (Temmuz 1910) biteceğine değinilerek sürenin bir sene daha uzatıldığını be-

due to expire soon. The report requested permission to extend the permit for one year from the end of the present permit, since the application was in order. In addition to these reports, there are also numerous other correspondences in the archives regarding Garstang's request of a one year extension of his excavation permit after the expiration of the present permit.[18]

6 September 1910: A report by the Director of the Imperial Museum, Osman Hamdi, to the Ministry of Education dated 1 Ramadan 1328, concerns the extension of the excavation period. First of all it mentions that the time allowed for the exploration was due to expire at the beginning of Temmuz 1326 (July 1910) – which had already passed by the time this report was written. The report then states that correspondence verifying a one year extension, dated 23 Ağustos 1326/5 September 1910 had been sent to Garstang. Additionally, since the exploration could not begin within the specified period, the report suggests that Garstang should consider the beginning of August 1911 as the commencement date for the extension and this was evidently deemed appropriate.[19]

27 August 1910:[20] A letter was sent on 14 August 1326 in response to a communication dated 17 July 1326/30 July 1910 to verify the renewal of the excavation permit for one year following the expiration of Garstang's existing permit. It acknowledged that the 10 Lira fee had been paid to the cashier and it was requested that the excavator be presented with his permit and that the authorities in Adana province should be notified.

27 December 1910:[21] Another correspondence, dated 24 Zilhicce 1328, also mentions the one year extension of Garstang's permit. Acknowledging that in accordance with

yan eden 23 Ağustos 1326/5 Eylül 1910 tarihli yazışmanın ruhsatnameyle beraber Garstang'a gönderildiği belirtilmektedir. Ayrıca belirlenen süre içinde araştırmaya başlanamadığından dolayı Garstang tarafından araştırmaya başlamak için Ağustos 1911 tarihinin başlangıcının esas alınması istenmiş ve bu istek uygun görülmüştür.[19]

27 Ağustos 1910:[20] 17 Temmuz 1326/30 Temmuz 1910 tarihli bir yazışmaya 14 Ağustos 1326/27 Ağustos 1910 tarihinde verilen cevapta Garstang'ın sahip olduğu ruhsatın bitiminden itibaren bir sene müddetle yenilenmesine izin verilerek, vezneye teslim edilmesi gereken 10 liralık harcın da yatırıldığı anlaşıldığından, hazırlanan ruhsatın hafire verilmesi ve durumun Adana vilayetine de bildirilmesi istenmektedir.

27 Aralık 1910:[21] 24 Zilhicce 1328 tarihli bir yazışmada ise Garstang'ın sahip olduğu ruhsatın bitiminden itibaren bir sene daha ruhsatname verilmesine ilişkin yazışmaya değinilmektedir. Padişahın 23 Haziran 1326/6 Temmuz 1910 tarihli fermanı gereğince 10 Osmanlı lirası harcı, 15 Temmuz 1326/28 Temmuz 1910 da nezaret veznesine teslim ettiği anlaşıldığından, gerekli ruhsatnamenin hazırlanarak hafire verilmesi belirtilmektedir.

11 Ekim 1911: 17 Şevval 1329 tarihli ve Hariciye nazırı namına Umur-ı Siyasiye Müdür-i Umumisi, Emin tarafından kaleme alınan bir yazışmada Sakçagözü'nde kazı yapacak olan Garstang'ın Antep civarında bulunan çadırında[22] bir nefer jandarma yerleştirilmesine izin verilmesi istenmektedir. Garstang'ın çadırı Sakçagözü'nde bulunmaktadır, ancak akçe gönderilmesinden ve kazıya dair bazı hususlardan dolayı haftada bir iki defa Antep ile haberleşmeye mecbur olduğundan dolayı bu iletişimin temini ve adı geçen kişiler ile arkadaşlarının korunması için

the Sultan's edict, dated 23 Haziran 1326 (6 July 1910), the fee of 10 Ottoman Liras had been paid to the ministry's cashier on 15 Temmuz 1326 (28 July 1910), it was stated that the necessary permit was to be presented to the excavator.

11 October 1911: A letter dated 17 Şevval 1329, written by the General Director of Political Affairs, Emin, on behalf of the Foreign Minister, sought permission to post a private from the gendarmerie at the camp site in the vicinity of Ayıntab, in front of Garstang's tent.[22] The tent was located at Sakçagözü, but due to cash transfers and other issues related to the excavation he was forced to travel once or twice a week to Ayıntab, and to provide for his protection and that of his friends the British Embassy explained that it would be necessary to commission a gendarme private from Adana or Aleppo.[23]

30 August 1911:[24] In a correspondence dated 5 Ramadan 1329, from Undersecretary Ohannes on behalf of the Foreign Minister, to the Ministry of Internal Affairs, Ohannes writes that in accordance with the excavation permit that he had received, Garstang would be arriving at İskenderun in a few days to conduct an excavation at Sakçagözü in the province of Adana. Ohannes also notes that the British Embassy had requested that he be provided with any necessary assistance as he was going to travel to Sakçagözü by land.

To summarise, it can be understood from this survey of the relevant archival documentation that Garstang applied for a permit to excavate in Sakçagözü on 31/12/1906.[25] Correspondences dated 9 May 1907, 13 November 1907 and 20 November 1907 (Table 1) all state that Garstang was granted a two-year excavation permit on condition that he comply with the Ancient Monuments Act. Letters and photographs held in the Garstang

Adana veya Halep vilayetlerince kendilerine bir nefer zaptiye verilmesinin gereği İngiliz Elçiliğinden bildirilmiştir.[23]

30 Ağustos 1911:[24] 5 Ramazan 1329 tarihli ve Hariciye Nazırı namına Müsteşar Ohannes tarafından Dahiliye Nezaretiyle yapılan bir yazışmada ise Garstang'ın almış olduğu kazı izni gereğince bu defa Adana vilayetine bağlı Sakçagözü'nde kazı yapmak üzere birkaç güne kadar İskenderun'a ulaşacağı bildirilmektedir. Karayoluyla Sakçagözü'ne gideceğinden yolculuğu esnasında kolaylık gösterilmesinin İngiliz Elçiliğinden istendiği belirtilmektedir.

Özetle, ilgili arşiv belgelerinin incelenmesinden anlaşıldığı kadarıyla Garstang Sakçagözü'nde kazı izni için 31/12/1906 yılında başvuruda bulunmuştur.[25] 9 Mayıs 1907, 13 Kasım 1907 ve 20 Kasım 1907 tarihli yazışmalarda (Tablo 1) Asar-ı Atika Nizamnamesine uymak koşuluyla iki yıl süresince kazı ruhsatı verildiği belirtilmektedir. Liverpool Üniversitesi, Garstang Arkeoloji Müzesi Arşivlerinde saklanan mektup ve fotoğraflar Garstang'ın aldığı iznin çerçevesine ve ilgili Osmanlı yasalarına uyma konusunda son derece titiz olduğunu gösteriyor.

3 Aralık 1907 tarihli bir raporda Garstang'a ruhsatın verilmesi için İngiliz Elçiliği tarafından sürekli başvuru yapıldığı Osmanlı yetkilileri tarafından belirtilmekte, başka başvurulara örnek teşkil etmemesi için bu konunun bir şekilde geçiştirilmesi talep edilmektedir. Ancak 6 Ekim 1908 tarihli bir yazışmayla Garstang'ın kazılara başladığı ve bulduğu eski eserleri götürmesi için Maarif Nezaretinden izin beklediği anlaşılmaktadır.[26] 1908 ve 1910 yılını kapsayan iki yıllık kazı ruhsatı alan Garstang, 1909 yılında, belirtilmeyen nedenlerden ötürü kazı yapamamış, dolayısıyla bu sürenin bitiminden itibaren kazı süresinin uzatılması için ek süre talebinde bulunmuştur. 11 Haziran

Museum of Archaeology Archives at The University of Liverpool, show that he was very diligent in following the terms of his permit and the relevant Ottoman laws.

The report of 3 December 1907 indicates that the British Embassy had been incessantly submitting appeals to the Ottoman authorities on behalf of Garstang regarding his excavation permit. It was suggested that this constant petitioning should somehow be resisted, lest is set a precedent to others seeking a permit. However, correspondence dated 6 October 1908 makes it clear that Garstang had started the excavations and was awaiting a permission from the Ministry of Education to transport the artefacts that he had found.[26] Having been issued a two-year excavation permit that covered 1908 to 1910, Garstang was unable to work there in 1909 for reasons unspecified. He therefore made an application to extend his permit. By 11 June 1910 he had evidently succeeded in satisfying the requirements to secure an extension but it arrived too late for there to be a 1910 excavation season. The original permit was due to expire in early July 1910 and the one-year permit extension was not sent to Garstang, together with other correspondence, until 5 September 1910.[27] He travelled to Sakçagözü on 30 August 1911 to continue his excavations for a second and final season at the site.

This study provides an insight into the administrative and political processes at work within the Ottoman bureaucracy that went into granting of a permit to excavate to a foreigner. Of particular significance are Garstang's tenacity, his diligence in adhering to the terms of the permit and the role of the British Embassy in pushing his cause with the Ottoman court. As to the date of his application and the reasons for the hiatus in his works in 1909 and 1910, there is still much archival research to be done to explain the administrative and political background to Garstang's archaeological work at Sakçagözü.

1910 tarihinden itibaren ise kazı süresinin uzatılmasıyla ilgili işlemleri yerine getirdiği anlaşılmaktadır, ancak izin geciktiği için 1910 kazı sezonu yapılamamıştır. Bu izinde 1910 Temmuz ayı başlarında kazı süresinin biteceğine değinilmektedir, halbuki bir yıl uzatma izni ve diğer bazı yazışmalar Garstang'a 5 Eylül 1910'a kadar gönderilmemiştir.[27] 30 Ağustos 1911 tarihinde Sakçagözü'ne ikinci ve son defa kazı yapmak üzere gittiği anlaşılmaktadır.

Bu yazı, Osmanlı bürokrasisinde bir yabancıya kazı izni verilmesinde söz konusu olan idari ve siyasi süreçleri ele almaktadır. Garstang'ın bu süreçlerdeki azmi, aldığı iznin çerçevesine uyma konusundaki titizliği ve İngiliz Elçiliğinin, Garstang'ın talebindeki ısrarında Osmanlı sarayı nezdinde oynadığı rol bakımından önemli ipuçları sunmaktadır. 1909 ve 1910 sezonlarıyla ilgili başvurularının tarihleri ve o sezonlarda çalışamama nedenlerinin anlaşılmasına yönelik başka arşiv araştırmalarının yapılmasına ihtiyaç vardır, bu araştırmalar Garstang'ın Sakçagözü kazılarının idari ve siyasi arkaplanına daha çok ışık tutacaktır.

FIG. 6.1 Sakçagözü gateway in the Ankara Anatolian Civilizations Museum.

RES. 6.1 Ankara Anadolu Medeniyetleri Müzesindeki Sakçagözü kapısı.

© B. NİLGÜN ÖZ

B. NİLGÜN ÖZ

CHAPTER 6

From Sakçagözü to Ankara:
The Story of Garstang's Gateway

In the Ankara Anatolian Civilizations Museum, at the very centre of the main hall in the Late Hittite Gallery, is an installation that has not changed since the museum first opened some seventy years ago. The display, including a sphinx column–base, flanked on either side by sculptured reliefs depicting lions, sphinxes and priests (FIG. 6.1), comprises the lower part of a gateway to a Hittite palace. These remains were excavated over 100 years ago at Sakçagözü in Gaziantep province of Turkey by the renowned British archaeologist John Garstang of the University of Liverpool, and owe their discovery, perhaps less to planning, and more to *kısmet* (fate).

Discovery

Garstang, perhaps best known in Turkey for his seminal work on the Hittites and later for being the founding di-

BÖLÜM 6

Sakçagözü'nden Ankara'ya
Garstang'ın Kapısının Hikâyesi

Ankara Anadolu Medeniyetleri Müzesinde, Geç Hitit Galerisinin ana salonunun tam ortasında, yaklaşık yetmiş yıl önce müze ilk açıldığından bu yana değişmeden duran bir eser vardır. Sfenksli bir sütun kaidesine de sahip olan eserin her iki kanadında aslanlar, sfenksler ve rahiplerin betimlemeleriyle dolu kabartmalar bulunur (RES. 6.1), bu bir Hitit sarayına geçit veren giriş kapısının alt kısmıdır. Bu kalıntılar, Liverpool Üniversitesinden ünlü İngiliz arkeolog John Garstang tarafından Gaziantep, Sakçagözü'nde yüz yılı aşkın bir süre önce yapılan bir kazıda gün yüzüne çıkarılmıştır ve keşiflerini de bir bakıma planlamadan çok kısmete borçludurlar.

Keşif

Türkiye'de belki de en çok Hititler üzerine yaptığı çığır açıcı çalışmalarıyla ve daha sonra da Ankara'daki İngiliz Ensti-

FIG. 6.2 The palace gateway after its discovery.
GARSTANG MUSEUM OF ARCHAEOLOGY, UNIVERSITY OF LIVERPOOL, (I/SG/055)

RES. 6.2 Bulunuşunun hemen ardından saray kapısı.
GARSTANG ARKEOLOJİ MÜZESİ, LİVERPOOL ÜNİVERSİTESİ, (I/SG/055)

rector of the British Institute at Ankara, had intended to work at the Hittite capital at Boğazköy–Hattuša which had been discovered by Texier in 1834 (Burney 2004: 46). In 1907, having received his permit to excavate, he set out from England to Istanbul. However, fate, or rather convoluted Ottoman politics, intervened and his permit was revoked in favour of a German team (see Greaves and Rutland in this volume). He must have been surprised

tüsünün (bugünkü adıyla Ankara İngiliz Arkeoloji Enstitüsü) kurucu yöneticisi oluşuyla tanınan Garstang, 1834 yılında Texier tarafından keşfedilen Boğazköy–Hattuša'daki Hitit başkenti üzerinde çalışmayı amaçlıyordu (Burney 2004: 46). 1907 yılında, kazı iznini de almış olarak İngiltere'den İstanbul'a doğru yola çıktı. Ancak kader, daha doğrusu dolambaçlı Osmanlı siyaseti araya girdi ve onun kazı izni bir Alman ekibine devredilmek üzere iptal edildi (bkz. Greaves

FIG. 6.3 The palace gateway sculptured reliefs and the sphinx column-base.
GARSTANG MUSEUM OF ARCHAEOLOGY, UNIVERSITY OF LIVERPOOL, (I/SG/067)

RES. 6.3 Saray kapısındaki kabartmalar ve sfenksli sütun kaidesi.
GARSTANG ARKEOLOJİ MÜZESİ, LİVERPOOL ÜNİVERSİTESİ , (I/SG/067)

and very disappointed by this turn of events but he decided to take the opportunity to explore the Hittite lands of central and south-eastern Turkey and northern Syria, even visiting Boğazköy-Hattuša, before returning home. This reconnaissance trip resulted in his 1910 book *The Land of the Hittites* (Rutland 2014: 54).

One year after this ground-breaking journey, Garstang applied and received his permit to excavate at Sakçagözü.

ve Rutland'ın bu kitaptaki makalesi). Bu olaylar karşısında şaşkınlığa ve derin bir hayal kırıklığına uğramış olmalı, ama buna rağmen memleketine geri dönmeden önce, fırsattan istifade Hitit topraklarını keşfetmek üzere Türkiye'nin orta ve güneydoğu bölgeleriyle Suriye'nin kuzeyini gezmeye karar verdi, hatta Boğazköy-Hattuša'yı da ziyaret etti. Bu keşif gezisi 1910 yılında yayınlanan *The Land of the Hittites* (Rutland 2014: 54) kitabının ortaya çıkmasıyla sonuçlandı.

FIG. 6.4 The palace gateway sculptured reliefs and the sphinx column-base.
GARSTANG MUSEUM OF ARCHAEOLOGY, UNIVERSITY OF LIVERPOOL, (I/SG/061)

RES. 6.4 Saray kapısındaki kabartmalar ve sfenksli sütun kaidesi.
GARSTANG ARKEOLOJİ MÜZESİ, LİVERPOOL ÜNİVERSİTESİ, (I/SG/061)

Over two seasons of work in 1908 and 1911, the impressive and well-preserved remains of a palace gateway were uncovered (FIG. 6.2–FIG. 6.5). As can been seen in the photographs reproduced here, Garstang's photographic documentation of these excavations was ahead of its time. He took "before", "during" and "after" photographs, making it possible, for example, to follow the thrilling progress of the discovery. Garstang also had paper impres-

Garstang, bu çığır açıcı yolculuktan bir yıl sonra, Sakçagözü'nde kazı yapmak için bir başvuru yaptı ve izni aldı. 1908 ve 1911 yıllarında iki sezon boyunca yürütülen çalışmalar sonunda, bir sarayın giriş kapısının etkileyici ve iyi korunmuş kalıntıları ortaya çıkarıldı (RES. 6.2–RES. 6.5). Buradaki fotoğraflardan da anlaşılacağı üzere, Garstang'ın bu kazılardaki fotoğrafik belgeleme çalışmaları zamanının ötesindeydi. Fotoğrafları "öncesi", "çalışma süreci" ve

sions, or "squeezes" made of the stones (Rutland 2014: 134). These squeezes then travelled across Turkey to Istanbul. Although Garstang's squeezes of the Yazılıkaya reliefs were used to make moulds in the Gipsformerei in Berlin, where they are still in use today, the Sakçagözü squeezes were evidently made into a unique set of casts by Garstang's technician Horst Schliephack (see articles by Miller and Freeman in this volume). Making casts of significant sculptures and reliefs for display in museums was widely practiced at the time. Many cultural and educational institutions in Britain had cast galleries, including the Victoria & Albert Museum and the universities of Oxford and Cambridge. The casts of the Sakçagözü remains were destined for Liverpool, where they arrived before 1913, and later went on permanent public display in a dedicated Hittite Gallery in Liverpool Museum in 1931. Sadly, the casts were destroyed, along with some of Garstang's other archaeological collections, during an air raid in the Blitz of May 1941.

Relocation to Ankara

It was not until after the creation of the Turkish Republic, and its interest in the Hittites as part of the nation-building process (see Greaves in this volume), that the Sakçagözü discoveries received attention again. The Hittites were not a major concern for the Imperial Museum in Istanbul in the Ottoman times as the main focus at this time was centred on the Hellenistic period (Shaw 2008: 132). However, in the new capital of Ankara plans were well under way by the 1930s for a Hittite Museum in the citadel area (now the Anatolian Civilizations Museum).[1] It was effectively a "national museum" consisting of artefacts brought from around Turkey (Vandeput 2008: 1–2). Creating it involved the restoration of two buildings, the Mahmut Paşa Bedes-

"sonrası" tarzında çekiyordu; bu da süreçleri, örneğin, keşfin heyecan verici gelişimini takip etmeyi mümkün kılmıştır. Garstang aynı zamanda "stampaj" tekniğiyle taşların kâğıt hamurundan kalıplarını çıkarıyordu (Rutland 2014: 134). Bu kalıplar daha sonra Türkiye'nin diğer ucuna, İstanbul'a gönderildiler. Garstang'ın Yazılıkaya kabartmalarının kalıpları daha sonra döküm yapılmak üzere, bugün hâlâ kullanılmakta oldukları, Berlin'deki Gipsformerei'a gönderilmiş olsa da, anlaşılan, Sakçagözü'nden alınan kalıplar Garstang'ın teknisyeni Horst Schliephack tarafından bir dizi benzersiz döküm olarak hazırlanmıştı (bkz. Miller ve Freeman'ın bu kitaptaki makaleleri). O dönemde, müzelerde sergilenmek üzere önemli heykel ve kabartmaların benzer döküm modellerini yapmak yaygın bir uygulamaydı. Victoria & Albert Müzesi ve Oxford ve Cambridge üniversiteleri de dahil olmak üzere, İngiltere'de birçok kültür ve eğitim kurumunun döküm modeller sergiledikleri galerileri vardı. Sakçagözü'ndeki kalıntılardan hazırlanan dökümler Liverpool'a gönderildi, oraya 1913 yılı öncesinde vardılar. Daha sonra, 1931 yılında Liverpool Müzesindeki Hitit Galerisinde sürekli bir sergiyle halka sunuldular. Ne yazık ki, bu döküm modeller, Garstang'ın diğer bazı arkeolojik koleksiyonlarıyla birlikte, Mayıs 1941'deki büyük Alman hava bombardımanı sırasında imha olmuştur.

Ankara'ya Taşıma

Sakçagözü keşiflerinin yeniden ilgi görmeye başlaması, Türkiye Cumhuriyeti'nin kuruluşu sonrası ulus inşa sürecinin bir parçası olarak Hititlerle ilgilenilmeye başlanmasına kadar bekleyecektir (bkz. Greaves'in bu kitaptaki makalesi). Osmanlı döneminde İstanbul'daki Müze-i Hümayun açısından Hititler o kadar önemli değildi, çünkü o zamanlar esas ilgi odağını Helenistik dönem oluşturuyordu (Shaw 2008: 132). Öte yandan 1930'larda, yeni başkent

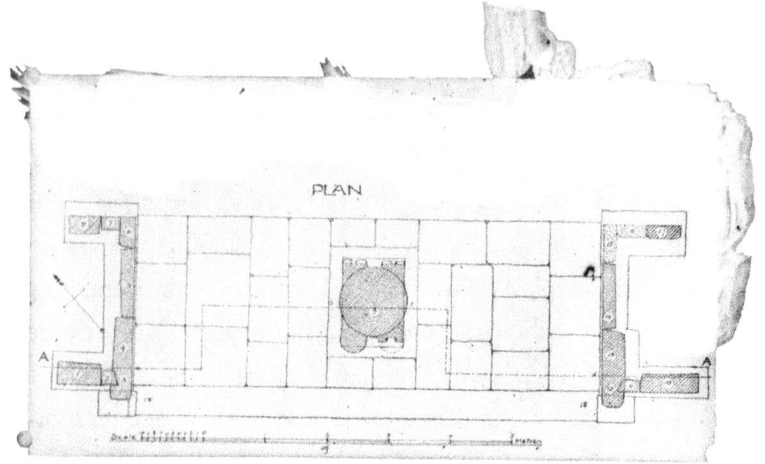

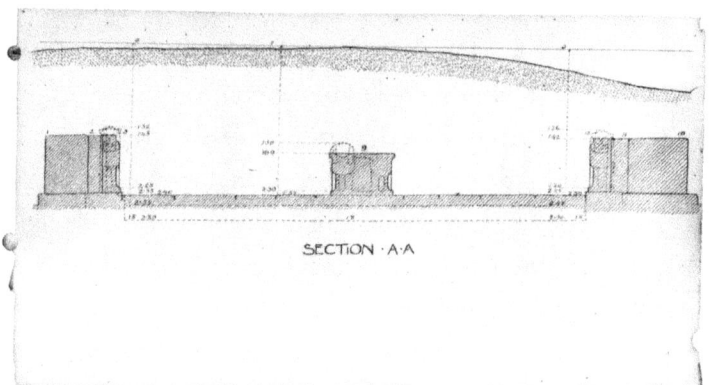

FIG. 6.5 Plan and section drawings of the palace gateway.
GARSTANG MUSEUM OF ARCHAEOLOGY, UNIVERSITY OF LIVERPOOL, (I/SG/262)

RES. 6.5 Saray kapısı planı ve kesit çizimleri.
GARSTANG ARKEOLOJİ MÜZESİ, LİVERPOOL ÜNİVERSİTESİ, (I/SG/262)

teni and the Kurşunlu Han, with a large courtyard in front (Shaw 2007: 267). The items to be displayed were brought to the museum during its planning and construction phase. Hans Güterbock, a German archaeologist, was in charge of the displays of the sculptures and reliefs and wrote the museum's first guide, published in 1946 (Mellink 2000: 787).

Architectural monuments came from sites such as Alaca Höyük and Kargamiš, and of course Sakçagözü. Interestingly, Garstang, on completing his excavations in 1911, had backfilled the site—an early act of archaeological conservation—and in 1939, when the Turkish authori-

Ankara'da, kale bölgesinde bir Hitit Müzesi (şimdiki adıyla Anadolu Medeniyetleri Müzesi)[1] kurulması için yapılan planlar hızla ilerlemekteydi. Bu, Türkiye'nin dört bir yanından getirilen eserlerle oluşturulan bilfiil bir "milli müze" olacaktı (Vandeput 2008: 1–2). Önünde büyük bir avlu olan iki bina—Mahmut Paşa Bedesteni ve Kurşunlu Han—restore edilerek müze haline getirildi (Shaw 2007: 267). Sergilenecek eserler, planlama ve inşaat aşamasında müzeye getirilmişti. Alman arkeolog Hans Güterbock, heykel ve kabartmaların sergilenmesinden sorumluydu, kendisi ayrıca 1946 yılında yayımlanan ilk müze rehberini yazmıştır (Mellink 2000: 787).

FIG. 6.6 Mr. and Mrs. Garstang, with the Minister of Culture Hamit Zübeyr Koşar, visiting the Sakçagözü gateway display in the Ankara Anatolian Civilizations Museum (1940s). The column-base can be seen in the centre and the sculptured reliefs at the back (Güterbock 1956: 54).

RES. 6.6 Bay ve Bayan Garstang, Türk Kültür Bakanı Hamit Zübeyr Koşar ile birlikte Ankara Anadolu Medeniyetleri Müzesinde sergilenen Sakçagözü kapısını ziyaret ederken (1940'lar). Ortada sütun kaidesi, arka planda kabartmalar görülüyor (Güterbock 1956: 54).

ties came to remove the remains to Ankara, they first had to re-excavate them (du Plat Taylor et al. 1950: 53–54).[2] After its arrival, Güterbock set about re-creating the gateway, which he was able to show to Garstang and his wife during a visit they made while the museum was still under construction (Fig. 6.6). It was an occasion that Güterbock would fondly remember later on with these words: "It was a great pleasure for me to set this monument up, and a still greater to be able to show it to the successful excavator" (Güterbock 1956: 56).

Conservation and Restoration

Garstang's photographs provide valuable clues as to the condition of the architectural remains when they were found, and therefore what conservation and restoration work was done after their arrival at the museum. It is possible, for example, to establish from Fig. 6.4 and Fig. 6.6, that the sphinx column-base was in the same condition when originally displayed in the museum as it had been in when Garstang first found it. However, one of the sculptured reliefs, the sphinx in the middle (between the Lion stele and the Priest King) appears to have broken sometime after Garstang photographed it, as the cracks seen in the 1940s and in the 1900s do not match. The condition of the mirrored sculptured reliefs also indicates that they were damaged either during, or subsequent to, their re-excavation.

The sculptured reliefs on either side of the column-base were restored some time before 1968, which involved minor conservation interventions such as filling of cracks (Fig. 6.7, Fig. 6.8). A more complicated restoration project involved the sphinx column-base, which had not been previously subjected to any interventions, and was conducted in 2004–5. The sculptor Şerif Akşit

Mimari anıtlar Alaca Höyük ve Kargamiš gibi yerleşimlerden ve elbette Sakçagözü'nden geldi. İlginçtir Garstang, 1911 yılında yaptığı kazıyı tamamladığında, alanı tekrar toprakla doldurmuştu; bu, arkeolojik eserlerin korunmasına yönelik erken bir uygulamadır. Böylece Türk yetkililer 1939 yılında kalıntıları Ankara'ya taşımak üzere Sakçagözü'ne geldiklerinde, ilk önce yeniden kazı yapmak durumunda kaldılar (du Plat Taylor vd. 1950: 53–54).[2] Güterbock, eser müzeye getirildikten sonra, kapıyı yeniden kurmak için çalışmaya başladı; ayrıca müze halen yapım aşamasındayken yaptıkları bir ziyaret sırasında Garstang ve eşine çalışmalarını gösterme fırsatı da bulmuştur (Res. 6.6). Bu, Güterbock'un sonraları memnuniyetle hatırlayıp şu sözlerle dile getirdiği bir olaydır: "Bu anıtı ayağa kaldırmak benim için büyük bir zevkti, tabii bunu kazıyı yapan başarılı kişiye gösterebilmek daha da büyük bir zevk olmuştu" (Güterbock 1956: 56).

Koruma ve Restorasyon

Garstang'ın fotoğrafları mimari kalıntıların bulunduklarındaki durumlarına ilişkin değerli ipuçları sağlar, böylelikle müzeye gelişlerinden sonra ne tür koruma ve restorasyon çalışmaları yapıldığını anlamamıza da yardımcı olur. Örneğin, Res. 6.4 ve Res. 6.6 sayesinde, sfenksli sütun kaidesinin, müzede ilk sergilendiğinde, Garstang'ın onu bulduğundakiyle aynı durumda olduğunu görmek mümkündür. Ancak, kabartmalardan biri, (Aslan steliyle Rahip Kral arasında yer alan) ortadaki sfenks, Garstang onu fotoğrafladıktan sonra, bir zaman kırılmış gibi görünüyor, çünkü 1940'larda ve 1900'lerde görülen çatlaklar birbiriyle örtüşmemektedir. Birbirinin aynadaki aksi gibi duran oyma kabartmaların durumları da ya tekrar yapılan kazı esnasında ya da sonrasında hasar görmüş olduklarını ortaya koymaktadır.

FIG. 6.7 A recent image of the sculptured friezes.

RES. 6.7 Günümüzde kabartma frizler.
© B. NİLGÜN ÖZ

FIG. 6.8 A recent image of the sculptured friezes.

RES. 6.8 Günümüzde kabartma frizler.
© B. NİLGÜN ÖZ

FROM SAKÇAGÖZÜ TO ANKARA: THE STORY OF GARSTANG'S GATEWAY

SAKÇAGÖZÜ'NDEN ANKARA'YA GARSTANG'IN KAPISININ HİKÂYESİ

FIG. 6.9 A recent image of the sphinx column-base.

RES. 6.9 Günümüzde sfenksli sütun kaidesi.

© B. NİLGÜN ÖZ

FIG. 6.10 A recent image of the sphinx column-base.

RES. 6.10 Günümüzde sfenksli sütun kaidesi.

© ZEHRA TULUNOĞLU

was commissioned by the museum to carry out restoration work by replicating the missing left sphinx and filling other missing areas. A cast was prepared using polyester and local stone dust which was then carved to mirror the image of the original sphinx. The missing wings of both sphinxes were also completed with the same material. The upward-facing finger decorations bordering the drum of the column were copied using clay.[3] The current state of the column-base reflects these latest interventions (FIG. 6.9, FIG. 6.10).[4]

Today, the former Conservation Laboratory of the Ankara Anatolian Civilizations Museum, now the Ankara Restoration and Conservation Laboratory Regional Directorate continues to look after this rich collection.[5] From its humble beginnings in a workshop in the museum compound, set up in 1968 to prepare the wall paint-

Sütun kaidesinin iki tarafında bulunan kabartmalar 1968'den önce bir vakit restore edilmiş ve bu çalışmalar çatlakların doldurulması gibi küçük koruma müdahaleleri içermiştir (RES. 6.7, RES. 6.8). 2004–5 yıllarında, daha önce herhangi bir müdahale yapılmamış olan sfenksli sütun kaidesi üzerinde daha karmaşık bir restorasyon da yapılmıştır. Eksik sol sfenksi kopyalamak ve diğer eksik alanları doldurmak üzere restorasyon çalışmaları yürütmek amacıyla müze tarafından heykeltıraş Şerif Akşit görevlendirilmiştir. Polyester ve bölgeye has yerel taşların tozu kullanılarak bir döküm model yapılmış ve bu özgün sfenksin görüntüsünü aksettirmek üzere oyulmuştur. Her iki sfenksin eksik olan kanatları da aynı malzemeyle tamamlanmıştır. Sütun gövdesinin kenarlarındaki yukarı bakan parmak şeklindeki süsler de kil kullanılarak kopyalanmıştır.[3] Sütun kaidesinin mevcut durumu bu son müdahaleleri yansıtmaktadır (RES. 6.9, RES. 6.10).[4]

ings discovered at Çatalhöyük for display (Özen undated: 1), it periodically monitors the displayed items to assess their conditions and to perform conservation interventions as and when required.

Like most museums in Turkey, the Anatolian Civilizations Museum has seen considerable investment in recent years. Re-opened in May 2014, it now has a new internal layout and modernized displays, with the Sakçagözü palace gateway still centre-stage among other significant archaeological remains. Garstang would have been justly proud.

Acknowledgements
I would like to thank Cengiz Özduygulu from the Ankara Restoration and Conservation Laboratory Regional Directorate and Şerif Akşit for providing information on the conservation and restoration of the Sakçagözü gateway. To Zehra Tulunoğlu, I would like to give thanks for providing recent images of the gateway display.

Bu zengin koleksiyona günümüzde, Ankara Anadolu Medeniyetleri Müzesi bünyesindeki eski adıyla Koruma Laboratuvarı, şimdiki adıyla Ankara Restorasyon ve Konservasyon Laboratuvarı Bölge Müdürlüğü sahip çıkmaya devam etmektedir.[5] 1968 yılında Çatalhöyük'te keşfedilen duvar resimlerini sergilenecek hale getirmek amacıyla kurulan bu kurum, müze yerleşkesi içinde yer alan bir atölyeden müteşekkil mütevazı başlangıcından itibaren (Özen tarihsiz: 1), sergilenen eserlerin durumlarını değerlendirmek ve gerekli olduğunda koruma müdahalelerinde bulunmak için periyodik kontroller yapılmaktadır.

Türkiye'deki birçok müze gibi, Anadolu Medeniyetleri Müzesine de son yıllarda önemli yatırımlar yapılmıştır. Mayıs 2014 tarihinde yeniden açılan müzenin şimdi yeni bir iç düzeni ve yenilenmiş sergileme düzenekleri bulunmaktadır, fakat diğer önemli arkeolojik kalıntılar arasında Sakçagözü saray giriş kapısı hâlâ o ilk merkezi konumdadır. Eminim Garstang bu durumdan haklı bir gurur duyardı.

Teşekkürler
Sakçagözü giriş kapısının korunması ve restorasyonu hakkında verdikleri bilgiler için Ankara Restorasyon ve Konservasyon Laboratuvarı Bölge Müdürlüğünden Cengiz Özduygulu'ya ve Şerif Akşit'e teşekkür ederim. Zehra Tulunoğlu'na da giriş kapısı teşhirinin en son halinin görüntülerini sağladığı için teşekkür ederim.

ALAN M. GREAVES

CHAPTER 7

John Garstang and the Foundation of the British Institute at Ankara[1]

In his lecture to mark the 25th anniversary of the foundation of the British Institute at Ankara (BIAA), Seton Lloyd said: "The foundation of our institute was almost entirely due to the initiative of one man: the late Professor John Garstang" (Lloyd 1974: 197). In this article, I would like briefly to examine the background and context within which Garstang established the BIAA and that is just a part of his lasting legacy to British archaeology in Turkey.

John Garstang was a charismatic figure in the early history and development of archaeology in Britain. In addition to his excavations, publications and contributions to methodology, Garstang was to leave his mark on British archaeology through his involvement in the foundation of three enduring institutions: the Liverpool Institute of Archaeology, the British School of Archaeology in Jerusalem and the British Institute at Ankara.

BÖLÜM 7

John Garstang ve Ankara İngiliz Arkeoloji Enstitüsünün Kuruluşu[1]

Ankara İngiliz Arkeoloji Enstitüsünün (BIAA) kuruluşunun yirmi beşinci yıl dönümü münasebetiyle yaptığı konuşmasında, Seton Lloyd şöyle diyordu: "Enstitümüzün kuruluşu neredeyse tamamen bir kişinin girişimleri sonucunda gerçekleşmiştir: Bu kişi rahmetli Profesör John Garstang'dır" (Lloyd 1974: 197). Bu makalede, Garstang'ın Türkiye'deki İngiliz arkeolojisi konusunda oluşturduğu kalıcı mirasın sadece bir parçası olan BIAA'yı kurmasının arka planını ve bağlamını kısaca ele almak istiyorum.

John Garstang İngiltere'de arkeolojinin ilk yıllarında ve gelişiminde rol oynamış karizmatik bir kişiliktir. Yürüttüğü kazılar, yaptığı yayınlar ve metodolojiye katkılarının yanında, Garstang kuruluşunda rol aldığı üç kalıcı kurum olan Liverpool Arkeoloji Enstitüsü, Kudüs İngiliz Arkeoloji Okulu ve İngiliz Enstitüsü üzerinden İngiliz arkeolojisine damgasını vurmuştur.

FIG. 7.1. Garstang sitting in a deep trench at Sakçagözü. Note how the different layers of the prehistoric settlement mound can be seen as different shades of soil in the vertical edges of the trench.

GARSTANG MUSEUM OF ARCHAEOLOGY, UNIVERSITY OF LIVERPOOL, (I/SG/192)

RES. 7.1 Garstang, Sakçagözü'nde derin bir açmada otururken. Açmanın dikey duvarlarındaki toprağın ton değişimlerinden farklı tarihöncesi yerleşim katmanları görülebiliyor.

GARSTANG ARKEOLOJİ MÜZESİ, LIVERPOOL ÜNİVERSİTESİ, (I/SG/192)

Garstang first arrived in Liverpool in 1902 and was awarded an Honorary Readership in Egyptian Archaeology when he was just twenty six years old. He used this position to raise funds for the establishment of the Liverpool Institute of Archaeology, of which he was to re-

Garstang Liverpool'a ilk 1902 yılında gelmiştir ve daha sadece yirmi altı yaşında Mısır Arkeolojisi fahri doçenti ilan edilmiştir. Bu pozisyonundan faydalanarak Liverpool Arkeoloji Enstitüsünün kurulması için gereken mali kaynakları toplamış ve enstitünün 1904 yılında ku-

main Honorary Secretary for forty years from its foundation in 1904. The first edition of the *Annals of Archaeology and Anthropology, Liverpool* was published in 1908, opening with Garstang's own article "Notes on a Journey through Asia Minor" (1908a). According to Sir Leonard Woolley (1956), this journal was one of Garstang's two great achievements, the other being the foundation of the BIAA.

Garstang had three periods of engagement with the archaeology of Turkey. The first was before World War I, when he made a tour of Phrygian sites in western Anatolia (1904), conducted his Anatolia survey from Ankara to Aleppo (1907) and oversaw two seasons of excavations at Sakçagözü (1908, 1911) (Fig. 7.1). The second was when he conducted a brief survey of Cilicia, followed by excavations at Yümüktepe in Mersin, which were interrupted by the outbreak of World War II (1936–8). Finally, Garstang returned to Mersin to complete his work on Yümüktepe and founded the British Institute at Ankara. Although he may be best known to many for his work in Egypt or the Near East, when one reads his 1950 biographical essay "In Pursuit of Knowledge," it becomes clear that it was in Turkey that he had always been the happiest (Garstang 1950).

It must not be forgotten that in order to secure his permits for Boğazköy-Hattuša (which were subsequently revoked), Sakçagözü and Mersin, Garstang must have demonstrated great tenacity and diplomacy. In his surviving letters to the relevant Ottoman and Turkish authorities his tone is respectful, while in the field, he demonstrated awareness of Turkish customs and language[2] and evidently treated the government officials he encountered with great respect (Fig. 7.2, Fig. 7.3). This is despite the fact that at the same time he could easily acquire permits for, and even artefacts from, excavations in the British-controlled terri-

ruluşu sonrasında da kırk yıl boyunca fahri sekreter olarak görev yapmıştır. *Annals of Archaeology and Anthropology, Liverpool* akademik yayınının ilk sayısı 1908 yılında yayımlanmıştır ve sayfalarında yer alan ilk makale de Garstang'ın "Notes on a Journey through Asia Minor" (1908a) adlı yazısıdır. Sir Leonard Woolley'e (1956) göre, bu dergi Garstang'ın iki büyük başarısından biridir, diğeri de BIAA'nın kuruluşudur.

Garstang'ın Türkiye arkeolojisi çalıştığı üç dönem vardır. Bunlardan birincisi Birinci Dünya Savaşı öncesinde Batı Anadolu'da Frig yerleşim alanlarını gezdiği (1904), diğeri Ankara'dan Halep'e uzanan Anadolu Yüzey Araştırması'nı yaptığı dönemdir (1907), sonuncusu da Sakçagözü'nde iki sezon yaptığı kazılardır (1908, 1911) (Res. 7.1). Anadolu Yüzey Araştırması kapsamında Kilikya'da da kısa bir yüzey araştırması yapmıştı. Garstang, buradaki bulgularının ardından Mersin, Yümüktepe'de de kazılar yapmış (1936–8), fakat bunlar İkinci Dünya Savaşı'nın patlak vermesiyle kesintiye uğramıştır. Son olarak Garstang, Yümüktepe'deki çalışmalarını tamamlamak üzere Mersin'e dönmüş ve Ankara İngiliz Enstitüsünü kurmuştur. Birçok kişi tarafından en çok Mısır'da ya da Yakındoğu'da yaptığı çalışmalarla tanınmasına rağmen, 1950 yılında yayımlanan "In Pursuit of Knowledge" adlı biyografik metnini okuduğumuzda, onun en mutlu olduğu yerin Türkiye olduğu açıkça görülür (Garstang 1950).

Garstang'ın, (iptal edilen) Boğazköy-Hattuša, Sakçagözü ve Mersin için kazı izinleri başvurularında büyük bir azim ve diplomasi maharetı sergilediği de unutulmamalıdır. Günümüze kadar ulaşan, ilgili Osmanlı ve Türk makamlarıyla yürüttüğü yazışmalarda kullandığı dil saygılıdır, Türk âdetleri ve diline[2] karşı duyarlıdır ve bilindiği kadarıyla, karşılaştığı hükümet yetkililerine davranışları büyük bir saygı içerir (Res. 7.2, Res. 7.3). İngiliz kontrolündeki bölgeler olan Mısır ve Sudan'da kazı yapmak ve hatta eserle-

FIG. 7.2 Image showing an excavated mound near Sakçagözü, with man standing atop group of stones. Stacks of broken pottery can be seen in the background. The man is too smartly dressed to be a workman and is probably an Ottoman government official.

GARSTANG MUSEUM OF ARCHAEOLOGY, UNIVERSITY OF LIVERPOOL, (I/SG/237)

RES. 7.2 Sakçagözü yakınlarında kazılan, taşların üstünde bir adamın durduğu höyük. Arka planda kırık çömlek parça yığınları görülüyor. Adamın üzerindeki şık kıyafet, kazı işçisinden ziyade bir Osmanlı yetkilisi olduğunu düşündürüyor.

GARSTANG ARKEOLOJİ MÜZESİ, LIVERPOOL ÜNİVERSİTESİ, (I/SG/237)

tories of Egypt and Sudan (see Freeman in this volume). This deep awareness of Turkish bureaucracy and culture as well as the diplomatic skills he must have acquired through working in Turkey and in Palestine were no doubt essential to him when he came to establish the BIAA.

ri ülke dışına çıkarmak için kolayca izin alabilecek olmasına rağmen Garstang'ın Türk yetkililerle böyle bir diplomasi yürütmesi dikkate değerdir (bkz. Freeman'ın bu kitaptaki makalesi). Türk bürokrasisi ve kültürüne yönelik bu derin farkındalığı, bunun yanı sıra Türkiye ve Filistin'de çalış-

FIG. 7.3 Opening ceremony at Mersin with Ali Rıza Yalgın (right) and Garstang in glasses (left).

COURTESY OF UCL PETRIE MUSEUM ARCHIVES, UNIVERSITY COLLEGE LONDON

RES. 7.3 Garstang (solda, gözlüklü), Ali Rıza Yalgın (sağda) ile Mersin'de bir açılışta.

UCL PETRİE MÜZESİ ARŞİVLERİ, UNIVERSITY COLLEGE LONDON İZNİYLE

Following World War II Garstang returned to Mersin to complete his work on the site – which was published in the volume *Prehistoric Mersin* (1953) – and it was at Mersin that Garstang's plans to establish the BIAA were first revealed to his nephew, Oliver Gurney (Gurney 1998: 1). Although he was undoubtedly an able scholar and was to publish many important academic works in his long and productive career, Garstang's true abilities lay in his skills as a field archaeologist and as a "resource investigator." That is to say, he had the ability to locate and bring together people, resources and opportunities. During the establishment of the BIAA, which was brought about by his "strenuous efforts" (Woolley 1956), Garstang was able to call upon various networks that he had established pre-

tığı sırada edinmiş olacağı diplomatik becerileri, şüphesiz BIAA'yı kurarken de son derece elzem olmuştur.

İkinci Dünya Savaşı sonrasında Garstang kazı alanında yaptığı—daha sonra *Prehistoric Mersin* (1953) adlı kitapta yayınlanan—çalışmaları tamamlamak üzere Mersin'e döner ve BIAA'yı kurma planlarını yeğeni Oliver Gurney ile ilk olarak burada paylaşır (Gurney 1998: 1). Şüphesiz yetenekli bir bilim insanı olmasına ve uzun ve verimli kariyeri boyunca pek çok önemli akademik çalışma yayımlamasına rağmen Garstang'ın gerçek yetenekleri, saha arkeologluğu becerilerinde ve "kaynak bulma" konusundaki hünerlerinde yatmaktadır. Başka bir deyişle o, insanları, kaynakları ve fırsatları bulup bir araya getirme yeteneğine sahipti. "Yorucu uğraşları" (Woolley 1956) sayesinde gerçekleşen

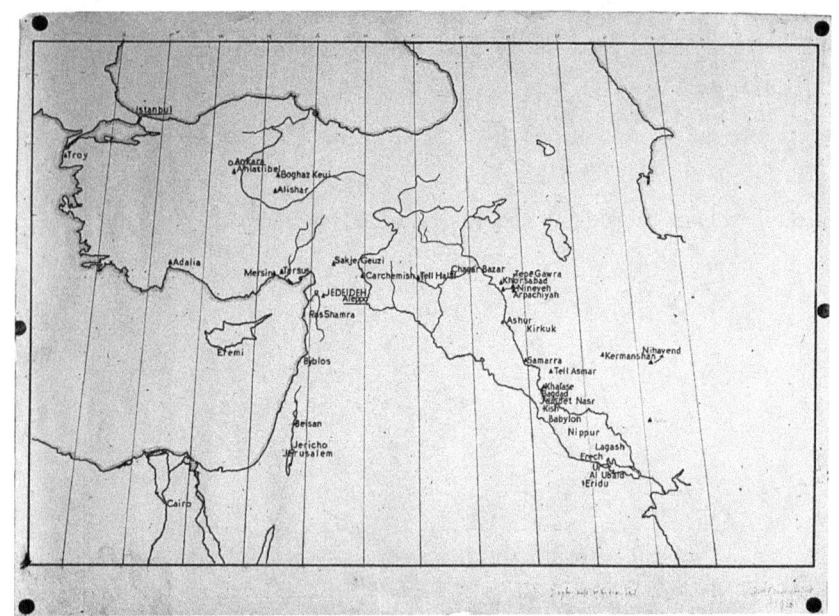

FIG. 7.4 Image of a hand drawn map showing the location of various Hittite related sites in the near east, including Sakçagözü (image dated c.1908).
GARSTANG MUSEUM OF ARCHAEOLOGY, UNIVERSITY OF LIVERPOOL, (I/SG/277)

RES. 7.4 Aralarında Sakçagözü'nün de bulunduğu çeşitli Hitit yerleşimlerini gösteren elle çizilmiş harita (çizim tarihi 1908 civarı).
GARSTANG ARKEOLOJİ MÜZESİ, LIVERPOOL ÜNİVERSİTESİ, (I/SG/277)

viously in Turkey and beyond. At this stage in his career, his diplomatic contacts and credentials were considerable.

Garstang's book *Land of the Hittites* (1910) had significantly contributed to the negotiations of the founders of the republic in the Treaty of Lausanne and was used to successfully bid for legitimate Turkish reclamation of Ottoman territory. The *Turkish History Thesis* (Türk Tarihinin Ana Hatları) was largely based upon Wright and Sayce's (1886; Sayce 1903) publications and Garstang's own maps of the Hittite Empire (1910, 1929) (FIG. 7.4). Together they provided the new regime with a pre-existing historical identity for the region that they wished to claim. As Atatürk stated, knowing one's history was as important as making it. Garstang republished his original 1910 book in a new format as *The Hittite Empire* (1929), with extensive new research and maps that marked the territories of the Hittite empire in line with the Kemalist arguments that had been put forward at the drawing up of the Lausanne Treaty in 1923. The political significance

BIAA'nın kuruluşu sırasında Garstang, Türkiye'de ve diğer yerlerde daha önceden kurmuş olduğu çeşitli bağlantılardan faydalanmıştır. Kariyerinin bu aşamasında, diplomatik bağlantıları ve güvenilirliği önemli bir mertebeye varmıştı.

Garstang'ın *Land of the Hittites* (1910) adlı kitabı cumhuriyet kurucularının Lozan Antlaşması'nda yürüttükleri müzakerelere katkıda bulunmuş ve Osmanlı topraklarının meşru olarak Türkiye'ye iade edilmesi girişimini desteklemiştir. *Türk Tarihinin Ana Hatları* başlıklı çalışma da ağırlıklı olarak Wright ve Sayce'ın (1886; Sayce 1903) yayınlarına ve Garstang'ın Hitit İmparatorluğu haritalarına dayanır (1910, 1929) (RES. 7.4). Bu iki çalışma bir araya geldiğinde, yeni rejime üzerinde hak iddia ettiği bölgede önceden var olan bir tarihsel kimlik sağlamıştı. Atatürk'ün belirttiği gibi, tarih yazmak tarih yapmak kadar önemliydi. Garstang 1910 yılında yayımlanan kitabını yeni bir formatta *The Hittite Empire* (1929) başlığıyla tekrar yayınladı ve burada, kapsamlı yeni araştırmalara ve 1923 yılındaki Lozan Antlaşması'nın şekil aldığı sırada ileri sürülen Kemalist ar-

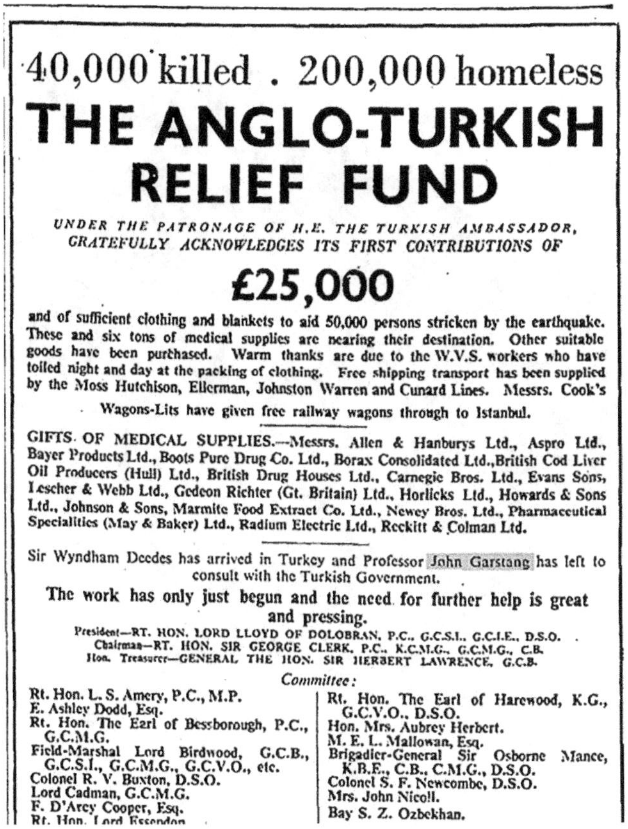

> 40,000 killed . 200,000 homeless
> # THE ANGLO-TURKISH RELIEF FUND
> UNDER THE PATRONAGE OF H.E. THE TURKISH AMBASSADOR, GRATEFULLY ACKNOWLEDGES ITS FIRST CONTRIBUTIONS OF
> ## £25,000
> and of sufficient clothing and blankets to aid 50,000 persons stricken by the earthquake. These and six tons of medical supplies are nearing their destination. Other suitable goods have been purchased. Warm thanks are due to the W.V.S. workers who have toiled night and day at the packing of clothing. Free shipping transport has been supplied by the Moss Hutchison, Ellerman, Johnston Warren and Cunard Lines. Messrs. Cook's Wagons-Lits have given free railway wagons through to Istanbul.
>
> GIFTS OF MEDICAL SUPPLIES.—Messrs. Allen & Hanburys Ltd., Aspro Ltd., Bayer Products Ltd., Boots Pure Drug Co. Ltd., Borax Consolidated Ltd., British Cod Liver Oil Producers (Hull) Ltd., British Drug Houses Ltd., Carnegie Bros. Ltd., Evans Sons, Lescher & Webb Ltd., Gedeon Richter (Gt. Britain) Ltd., Horlicks Ltd., Howards & Sons Ltd., Johnson & Sons, Marmite Food Extract Co. Ltd., Newey Bros. Ltd., Pharmaceutical Specialities (May & Baker) Ltd., Radium Electric Ltd., Reckitt & Colman Ltd.
>
> Sir Wyndham Deedes has arrived in Turkey and Professor John Garstang has left to consult with the Turkish Government.
>
> The work has only just begun and the need for further help is great and pressing.
>
> President—RT. HON. LORD LLOYD OF DOLOBRAN, P.C., G.C.S.I., G.C.I.E., D.S.O.
> Chairman—RT. HON. SIR GEORGE CLERK, P.C., K.C.M.G., G.C.M.G., C.B.
> Hon. Treasurer—GENERAL THE HON. SIR HERBERT LAWRENCE, G.C.B.
>
> *Committee:*
> Rt. Hon. L. S. Amery, P.C., M.P.
> E. Ashley Dodd, Esq.
> Rt. Hon. The Earl of Bessborough, P.C., G.C.M.G.
> Field-Marshal Lord Birdwood, G.C.B., G.C.S.I., G.C.M.G., G.C.V.O., etc.
> Colonel R. V. Buxton, D.S.O.
> Lord Cadman, G.C.M.G.
> F. D'Arcy Cooper, Esq.
> Rt. Hon. Lord Essendon
> Rt. Hon. The Earl of Harewood, K.G., G.C.V.O., D.S.O.
> Hon. Mrs. Aubrey Herbert.
> M. E. L. Mallowan, Esq.
> Brigadier-General Sir Osborne Mance, K.B.E., C.B., C.M.G., D.S.O.
> Colonel S. F. Newcombe, D.S.O.
> Mrs. John Nicoll.
> Bay S. Z. Ozbekhan.

FIG. 7.5 A newspaper cutting about the Anglo-Turkish Relief Fund that Garstang established to help the victims of the 1939 Erzincan earthquake.

THE TIMES ONLINE ARCHIVE – THE ANGLO-TURKISH RELIEF FUND, WEDNESDAY FEBRUARY 7TH 1940

RES. 7.5 Garstang'ın 1939 Erzincan depremzedelerine yardım amacıyla kurduğu İngiliz-Türk Yardım Fonu'yla ilgili bir gazete kupürü.

THE TIMES ONLINE ARCHIVE – THE ANGLO-TURKISH RELIEF FUND, 7 ŞUBAT 1940, ÇARŞAMBA

of his work and the esteem with which he was held in by the new Turkish political regime did not escape Garstang but he was dedicated to his academic research. Nevertheless, his esteem in Turkish political circles must have helped with his request for a permit to excavate at Mersin and the foundation of the BIAA.

It was whilst working on excavations in Turkey at Mersin in 1939 that Garstang first heard that there had been a devastating earthquake in the city of Erzincan in the east of Turkey. He immediately set about organising a British society to provide relief aid to the victims of the disaster. To do so, he enlisted the support of his wealthy friends and sponsors in Britain, as well as the government contacts he had developed in Turkey. Donors to the fund included the Liv-

gümanlar doğrultusunda Hitit İmparatorluğu'nun topraklarını işlediği haritalara yer verdi. Çalışmalarının siyasi önemi ve yeni Türk siyasi rejiminin ona gösterdiği saygı Garstang'ın gözünden kaçmamış olsa da o kendini akademik araştırmalarına adamıştı. Bununla birlikte, Türk siyasi çevrelerinde gördüğü saygı Mersin kazısı izni başvurusunda ve BIAA'nın kuruluşunda da faydalı olmuş olmalıdır.

Garstang 1939 yılında Mersin'deki kazılarda çalışırken Türkiye'nin doğusundaki Erzincan şehrinde korkunç bir deprem olduğu haberini aldı. Hiç vakit kaybetmeden afet mağdurlarına yardım toplamak için İngilizleri örgütlemeye girişti. Bunu gerçekleştirebilmek için İngiltere'deki zengin arkadaşlarıyla destekçilerinin ve Türkiye'de geliştirdiği devlet bağlantılarının desteğini sağladı. Bu fona bağış ya-

FIG. 7.6 Excavations at Mersin.
COURTESY OF UCL INSTITUTE OF ARCHAEOLOGY

RES. 7.6 Mersin Kazıları.
UCL ARKEOLOJİ ENSTİTÜSÜ İZNİYLE

erpool-based Cunard shipping company and the archaeologist Sir Max Mallowan, who was the husband of Agatha Christie (FIG. 7.5). Even after the outbreak of World War II in Europe, Garstang continued to work with the Turkish government to offer humanitarian aid to the people of Erzincan. For these efforts, Garstang was eventually recognised by the British government in 1949 with the award of the CBE (Commander of the Order of the British Empire).

Garstang was able to call upon a considerable academic network to assist the nascent BIAA. Garstang's excavations at Mersin had been a proving ground for a

panlar arasında Liverpool merkezli Cunard deniz nakliyesi şirketi ve Agatha Christie'nin eşi arkeolog Sir Max Mallowan da vardı (RES. 7.5). Garstang, Avrupa'da İkinci Dünya Savaşı'nın patlak vermesinden sonra bile Erzincan halkına insani yardım sunmak için Türk hükümetiyle çalışmaya devam etti. Daha sonra 1949 yılında, İngiliz hükümetinin CBE nişanına layık görüldü.

Garstang yeni kurulmakta olan BIAA'ya destek olmak üzere önemli bir akademik ağı seferber etmeyi başarmıştı. Garstang'ın Mersin'deki kazıları genç akademisyenlere kendilerini kanıtlama fırsatı vermiş, jeolog William Bri-

number of young academics who then went on to make a name for themselves in archaeology including the geologist William Brice (1921–2008), the archaeologists Seton Lloyd (1902–6), the excavator of Beycesultan in Denizli, and V. Gordon Childe (1892–1957), who was one of the leading archaeological thinkers of his time (Fig. 7.6). Seton Lloyd's description of the establishment and first years of the BIAA reads like a *Who's Who* of British and Turkish archaeology, and includes such names as Sir Leonard Woolley, Winifred Lamb, Michael and Mary Gough and Ekrem Akurgal (Lloyd 1974: 197-98). The existing network of British archaeologists would have been reinforced by their joint participation in excavations such as that led by Garstang at Mersin which included Seton Lloyd, V. Gordon Childe and William Brice.

It is perhaps understandable that a man "whose personal charm was equalled only by his enthusiasm and energy" (Woolley 1956) should choose to direct his energies into founding the BIAA, and should do so by means not only of his political contacts but also through his personal network of friends and colleagues, all of whom appear to have held him in very high regard and allowed themselves to be galvanised into collective action by his initiative and leadership. Garstang can be seen to have influenced the early life of the BIAA not only in how he brought it into being, but also in three other important aspects: its strong focus on pre-Classical archaeology (especially the Hittites); its interdisciplinary character; and in its physical location in Ankara.

Although his archaeological experience and interests were undoubtedly eclectic, Garstang's personal area of interest had always lain in the proto-history of Anatolia, especially the Hittites. He was the first academic to publish a major book on the subject of Hittite archaeology *The Land of the Hittites* (1910), which was later rewritten

ce (1921–2008), Denizli, Beycesultan'ı kazan arkeolog Seton Lloyd (1902–1996) ve arkeoloji alanında zamanının önde gelen düşünürlerinden V. Gordon Childe (1892–1957) da dahil olmak üzere birçok kişi daha sonra tanınmış isimler haline gelmişti (Res. 7.6). Seton Lloyd'un BIAA'nın kuruluşu ve ilk yıllarını anlattığı yazıları, o dönemde İngiliz ve Türk arkeolojisine emek veren Sir Leonard Woolley, Winifred Lamb, Michael ve Mary Gough ve Ekrem Akurgal gibi neredeyse her önemli ismin geçtiği bir *Who's Who* derlemesine benzer (Lloyd 1974: 197–98). Mevcut İngiliz arkeologlar ağı Garstang'ın Mersin'de yürüttüğü, Seton Lloyd, V. Gordon Childe ve William Brice'ın da dahil olduğu kazılar gibi çalışmalara katılımları sayesinde daha da güçlenmiştir.

BIAA'yı kurma işine, "kişisel cazibesi kadar coşkusu ve enerjisi de olan" (Woolley 1956) bir adamın önayak olmayı seçmesi, bunu yaparken de sadece siyasi bağlantılarını değil, aynı zamanda arkadaşları ve meslektaşlarından oluşan kişisel bağlantılarını da seferber etmesi ve hepsinin de ona büyük saygı duyarak onun inisiyatifi ve liderliği altında topluca girişilen bir eylemin ayrılmaz parçaları gibi hissetmeleri pek de şaşırtıcı değildir. Garstang, BIAA'nın erken yıllarını sadece onu kurmayı başarışı ile değil, aynı zamanda güçlü bir şekilde Klasik öncesi (özellikle de Hitit) arkeolojisine odaklanması, disiplinler arası karakteri ve Ankara'da konumlanması gibi diğer üç önemli yönden de etkilemiştir.

Garstang'ın arkeolojik deneyim ve ilgileri kuşkusuz eklektiktir, ancak asli kişisel ilgi alanı her zaman Anadolu protohistoryası, özellikle de Hititler olmuştur. Garstang, daha sonra *The Hittite Empire* (1929) adı altında yeniden yayınlayacağı *The Land of the Hittites* (1910) kitabıyla, Hitit arkeolojisi konusunda önemli bir yayın yapan ilk akademisyendir ve Anadolu arkeolojisi konusundaki başarıları 1931 yılında Liverpool Müzesindeki Hitit Galerisinde taçlandırılmıştır. Hitit İmparatorluğu üzerine yaptığı et-

FIG. 7.7 Front page of the Turkish newspaper *Ulus* from Friday 16 January 1948 announcing the establishment of the British Institute of Archaeology in Ankara. Garstang is the second from the left.

COURTESY OF BIAA

RES. 7.7 *Ulus* Gazetesinin 16 Ocak 1948, Cuma günkü baskısında çıkan Ankara'da İngiliz Arkeoloji Enstitüsünün kurulduğuna dair haber. Garstang, fotoğrafta, soldan ikinci kişi.

BIAA'NIN İZNİYLE

as *The Hittite Empire* (1929) and his achievements in Anatolian archaeology were celebrated in the Hittite Gallery at Liverpool Museum in 1931. His influential early publications on the Hittite Empire, his charming personality and his leadership of the newborn BIAA can be seen to have influenced some of the BIAA's earliest projects. The expressed intention of the Beycesultan excavations was to make a connection between Garstang's textual studies of the Hittite geography of western Anatolia and tangible archaeology from one of the largest contemporary settlement sites in the region. In his introduction to the first volume of the Beycesultan publications, which was the BIAA's first major field project, Seton Lloyd wrote: "from its initial stages it was assumed that this project should be concerned with the elucidation of the Bronze Age and earlier history of Anatolia; and its conception owed some-

kileyici erken dönem yayınları, büyüleyici kişiliği ve yeni kurulan BIAA'nın kuruluşundaki liderliğinin, BIAA'nın ilk projelerinden bazılarını etkilemiş olduğu düşünülebilir. Örneğin Beycesultan kazılarının hedefi, Garstang'ın Batı Anadolu Hitit coğrafyasıyla ilgili metinsel çalışmalarıyla, bölgedeki o döneme ait en büyük yerleşim alanlarından birinin somut arkeolojisi arasında bir bağlantı kurmak şeklinde tarif edilmişti. BIAA'nın ilk büyük saha projesi olan Beycesultan ile ilgili yayınların ilk cildindeki önsözünde Seton Lloyd şöyle yazıyordu: "Başlangıç aşamalarından itibaren bu projenin, tunç çağını ve Anadolu'nun bundan önceki geçmişini aydınlatmayı amaçlaması gerektiği kabul edilmişti; ve bu çalışmanın ortaya atılmasının ardında da [...] Profesör John Garstang'ın bu alanda daha önceden yaptığı başarılı çalışmalardan alınan ilham yatıyordu" (Lloyd, Mellaart 1962: 5). Beycesultan'ın yanı

FIG. 7.8 The BIAA opening ceremony including Sir David Kelly (British ambassador in Turkey, right) and Garstang (middle). Correspondent 1948.

RES. 7.8 BIAA'nın açılış töreninde İngiltere'nin Türkiye elçisi Sir David Kelly (sağda) ve Garstang (ortada) (1948).

thing to the inspiration of the work in this field already accomplished by [...] Professor John Garstang" (Lloyd, Mellaart 1962: 5). In addition to Beycesultan, other early BIAA projects with a prehistoric character included excavations at Polatlı, Mersin, Sultantepe and Harran. Sites such as these were often chosen because the excavators hoped to find tablets; sometimes, as in the case of Sultantepe, with notable success. It was also under the auspices of the British Institute at Ankara that there were new excavations at the site of Sakçagözü, which Garstang was able to visit on horseback (Garstang 1950: 225).

Until the 1970s the focus of much of the BIAA's work remained concentrated on either prehistoric archaeology or Byzantine studies (Coulton 1998: 225). However, it would be wrong to suggest that this was due entirely to Garstang's influence. Although the BIAA did aim to support and promote Classical archaeology in Turkey, and Sir William Calder was its President from 1956, it was prevented from conducting excavations of Classical sites

sıra, prehistorik karaktere sahip diğer erken dönem BIAA projeleri arasında Polatlı, Mersin, Sultantepe ve Harran kazıları bulunmaktadır. Genellikle bu gibi kazı alanlarının seçilmesinin nedeni arkeologların buralarda tablet bulmayı ummalarıydı; kimi zaman, Sultantepe örneğinde olduğu gibi, bu ümitleri kayda değer bir başarıyla sonuçlanıyordu. Ayrıca Ankara İngiliz Enstitüsünün himayesinde Sakçagözü'nde yeniden kazılar yapılmış, Garstang kazı alanını at sırtında ziyaret etmişti (Garstang 1950: 225).

1970'li yıllara kadar BIAA'nın çalışmalarının birçoğu ya prehistorik arkeoloji ya da Bizans araştırmalarına odaklanmıştı (Coulton 1998: 225). Ancak, bunun tamamen Garstang'ın etkisine bağlı olduğunu söylemek yanlış olur. Her ne kadar BIAA Türkiye'de Klasik dönem arkeolojisini desteklemeyi ve teşvik etmeyi amaçlasa ve 1956 yılından itibaren Sir William Calder kurumun başkanı olsa da, kısıtlı mali koşulları, sınırlı personeli ve bunların yanı sıra John Cook gibi, İngiliz Klasik dönem arkeologlarının Türkiye'den ziyade Yunanistan'da çalışmayı tercih etmele-

by its restricted finances and personnel, as well as the decision of British Classical archaeologists, such as John Cook, to work in Greece rather than in Turkey.

Garstang's character can also be seen to have influenced the character of the BIAA in another way: its interdisciplinary nature. This was something that Garstang had pioneered in Liverpool, where the staff appointed and the programmes of public lectures and courses offered reflected the full gamut of specialisms that the discipline of archaeology, then still a relative newcomer to the academic world, had to offer. Since its establishment, the BIAA has assembled reference collections of animal bones, plant remains and other materials, as well as a superb library, all of which are all instrumental in facilitating research by scholars with research interests in Turkey from many different disciplines. The BIAA also now actively supports research by British scholars in all fields of the humanities and social sciences, making it a world-class centre of inter-disciplinary research excellence of which Garstang would, no doubt, be proud of.

It was also a conscious decision on Garstang's part to establish the BIAA in Ankara, and not in Istanbul. It was in the latter city that the schools and institutes of other countries were based because they had been founded there when Istanbul, then Constantinople, had been the capital of Ottoman Turkey. However, Garstang understood that Ankara was where the heart of the new Turkish Republic, then just over 20 years old, lay. Ankara was also home to the Hittite Museum, which Garstang recognised was rapidly becoming the home of a major and influential archaeological collection; now the Museum of Anatolian Civilisations (Gill 2000: 1).

After establishing the Institute, Garstang returned to England to assume the position of President, which he was to hold until his death in 1956. Among the many tes-

ri, enstitünün bu döneme ait yerleşim alanlarında kazılar yürütmesini engellemişti.

Garstang'ın karakterinin BIAA'nın karakterini başka bir açıdan daha etkilediği görülebilir, bu da enstitünün disiplinlerarası yapısında açığa çıkar. Bu, Garstang'ın Liverpool'da öncülük ettiği, o zamanlar akademik dünyaya göreli olarak yeni katılan arkeoloji disiplininin içerdiği bütün uzmanlık alanlarını yansıtacak şekilde atanan personel, halka açık konferanslar ve kurs programlarında da görülebilecek bir yaklaşımdı. Kurulduğu günden bu yana BIAA, akademik kaynak oluşturacak hayvan kemikleri, bitki kalıntıları ve diğer malzemelerden oluşan koleksiyonlar bir araya getirmiş, bunların yanı sıra mükemmel bir kütüphaneye sahip olmuştur. Bütün bunlar, Türkiye'yle ilgilenen birçok farklı disiplinden bilim insanının araştırmalarına sınırsız faydalar sağlamıştır. BIAA günümüzde İngiliz bilim insanları tarafından beşeri ve sosyal bilimlerin tüm alanlarında yürütülen araştırmalara aktif destek vermektedir. Bu sayede, Garstang'ın hiç şüphesiz gurur duyacağı düzeyde, dünya standartlarında bir disiplinlerarası merkez olduğu söylenebilir.

BIAA'yı İstanbul'da değil Ankara'da kurmak Garstang'ın bilinçli bir kararıydı. Diğer ülkelerin okulları ve kurumları, kuruldukları sırada Osmanlı Türkiye'sinin başkenti olduğu için İstanbul'da, yani o zamanki adıyla Konstantinopolis'te kurulmuşlardı. Ancak Garstang, o zamanlar daha yirmi yaşını kısa süre önce doldurmuş yeni Türkiye Cumhuriyeti'nin kalbinin Ankara'da attığını kavramıştı. Ankara aynı zamanda, Garstang'ın, hızla kapsamlı ve etkili bir arkeoloji koleksiyonu haline gelmekte olduğunu anladığı Hitit Müzesine, yani günümüzdeki adıyla Anadolu Medeniyetleri Müzesine de ev sahipliği ediyordu (Gill 2000: 1).

Garstang, enstitüyü kurduktan sonra, 1956 yılındaki vefatına kadar sürdüreceği başkanlık görevini yapmak üzere İngiltere'ye döndü. *Anatolian Studies* (1956) dergi-

timonials included in the memorial edition of *Anatolian Studies* (1956) was a letter from the Chairman of the Turkish Historical Society, which read: "In addition to making important contributions to the study of the history of our country, Professor Garstang is also a friend of the Turkish nation" (Günaltay 1956). This is perhaps Garstang's greatest legacy in Turkey, the creation of an organisation that serves as a contact point between the cultures of Britain and Turkey, where students and academics brought together by the pursuit of knowledge of Turkey's rich heritage, can better understand it and, at the same time, one another (FIG. 7.7, FIG. 7.8).

sinin onun anısına hazırlanan baskısındaki birçok takdir dolu yazı arasında yer alan Türk Tarih Kurumu Başkanının mektubunda hakkında şöyle deniyordu: "Ülkemizin tarihine yönelik çalışmalara yaptığı önemli katkılara ek olarak, Profesör Garstang Türk milletinin dostudur" (Günaltay 1956). Belki de Garstang'ın Türkiye'deki en büyük mirası, İngiltere ve Türkiye kültürleri arasında bir temas noktası olarak hizmet verecek bir kuruluş oluşturmak, böylece öğrenciler ve akademisyenleri Türkiye'nin zengin mirasına yönelik bilgi arayışında bir araya getirerek bu mirası ve aynı zamanda karşılıklı olarak birbirlerini daha iyi anlamalarına olanak vermek oldu (RES. 7.7, RES. 7.8).

J.R. PETERSON — KATIE WARING

CHAPTER 8

Cataloguing and Digitising Garstang's Photographic Archives

Garstang Museum of Archaeology's Photographic Archive

The Garstang Museum of Archaeology at the University of Liverpool holds over sixty photographic collections relating to the work of the Liverpool Institute of Archaeology, which was established by John Garstang in 1904. Dating from the early 1900s, the photographs depict archaeological sites around the world, including sites in Egypt, the United Kingdom, Belize (then British Honduras), Sudan, Turkey and Syria. The Museum also holds a large collection of lantern slides which were used for teaching in the university and also could be borrowed by external speakers to illustrate lectures.

The photographic archive includes almost twenty collections relating to John Garstang's work, in Egypt, Sudan and the Near East during the period 1900–14. The collections contain two types of negatives, silver gelatin

BÖLÜM 8

Garstang'ın Fotoğraf Arşivinin Kataloglanması ve Dijitalleştirilmesi

Garstang Arkeoloji Müzesinin Fotoğraf Arşivi

Liverpool Üniversitesi Garstang Arkeoloji Müzesinde 1904 yılında John Garstang tarafından kurulan Liverpool Arkeoloji Enstitüsünün çalışmalarına ilişkin altmışın üzerinde fotoğraf koleksiyonu bulunmaktadır. 1900'lerin başlarına ait bu fotoğraflar, aralarında Mısır, Birleşik Krallık, Belize (o zamanlarki adıyla Britanya Hondurası), Sudan, Türkiye ve Suriye'nin de bulunduğu dünyanın dört bir yanından arkeolojik alanlara aittir. Müzenin aynı zamanda, üniversitede öğretim amaçlı kullanılan ve konuşmalarının yanında görsel malzeme olarak kullanılmak üzere dışarıdan konuşmacılara ödünç verilen geniş bir gaz lambalı projektör slaytı koleksiyonu da vardır.

Fotoğraf arşivinde John Garstang'ın 1900–14 döneminde Mısır, Sudan ve Yakındoğu'da yürüttüğü çalışmalarla ilgili yirmi kadar koleksiyon bulunmaktadır. Koleksiyonlar, çeşitli boyutlarda, gümüş jelatin kuru plakalı cam

dry plate glass and cellulose acetate film, of various sizes. Both types of negative are fragile and can be damaged by repeated handling.

Digital Archive Project

The Lost Gallery: John Garstang and the Discovery of the Hittite World was a project funded by the UK Heritage Lottery Fund (HLF) that sought to bring Garstang's work in Turkey to a wider audience. The digital archive strand of the project aimed to catalogue and to digitise the following photographic collections from the Garstang Museum and make them available online:

- Photographic Archive of the Hittite Survey of Anatolia, 1907 (Ref: I/HIT)
- Miscellaneous Near Eastern Negatives Collection, [1890–1929] (Ref: I/MISC)
- Photographic Archives of "Bosanquet's" travels in Asia Minor, [1907–1911] (Ref: I/BOS)
- Photographic Archive of the excavations at Sakçagözü, 1908–11 (Ref: I/SG)

The negatives were mostly created during Garstang's survey of Anatolia in 1907 and the subsequent excavations of Sakçagözü. Although some, mostly photographs of illustrations taken from books, were created at a later date for the lantern slide collection.

Digitizing these delicate originals would make them more accessible to academics and the public via publications and online and minimise the need for handling. Repackaging the originals into specialist storage facilities would keep them safe for future generations. Due to their fragility and their sensitivity to light, it was necessary to purchase speciality photographic equipment to digitize

Dijital Arşiv Projesi

The Lost Gallery: John Garstang and the Discovery of the Hittite World İngiltere'deki Heritage Lottery Fund (HLF) desteğiyle gerçekleştirilmiş, Garstang'ın Türkiye'deki çalışmalarını daha geniş kitlelerle paylaşmayı amaçlayan bir projedir. Projenin dijital arşiv ayağı, Garstang Müzesindeki, aşağıda listelenen fotoğraf koleksiyonlarını kataloglama ve dijital ortama aktarmayı ve çevrimiçi kullanıma açmayı amaçlıyor:

- Anadolu Hitit Yüzey Araştırması Fotoğraf Arşivi, 1907 (Ref: I/HIT)
- Çeşitli Yakındoğu Negatifleri Koleksiyonu, [1890–1929] (Ref: I/MISC)
- "Bosanquet"in Küçük Asya Gezileri Fotoğraf Arşivi, [1907–1911] (Ref: I/BOS)
- Sakçagözü Kazıları Fotoğraf Arşivi, 1908–11 (Ref: I/SG)

Negatiflerin çoğunluğu Garstang'ın 1907 yılındaki Anadolu Yüzey Araştırması ve ardından yaptığı Sakçagözü kazıları sırasında çekilmiştir. Çoğunlukla kitaplardaki çizimlerden çekilmiş fotoğraflardan oluşan bir kısım ise gaz lambalı projektör slaytı koleksiyonu için daha sonraki bir tarihte oluşturulmuştur.

Bu hassas orijinallerin dijitalleştirilmesi, onların yayınlar aracılığıyla ve çevrimiçi olarak akademisyenler ve kamuoyuna daha erişilebilir hale getirilmesini sağlayacak ve orijinallere dokunma ihtiyacını en aza indirecekti. Özgün negatiflerin özel saklama teçhizatlarıyla yeniden paketlenmesi onların gelecek kuşaklar için güvende tutulmalarını

the negatives safely. Using the funding from the HLF and advice from the National Media Museum in Bradford, we created a bespoke digitization centre which limited the amount of light and the physical handling to which the negatives would be subjected. As this was the first time such a project had been carried out in the Garstang Museum, procedures for the digitization process and cataloguing had to be created.

This digitization and cataloguing work was carried out by ten interns, all of whom were trained to use the photographic array and how to catalogue to international standards (Fig. 8.2). The work was edited and checked by the project archivist.

Digitization Procedures

The Imaging Suite array comprised a digital camera,[1] which was suspended on a copy stand over an adjustable platform and a light-box (Fig. 8.1). The camera was attached to a PC which was used to convert the captured images from RAW format into accessible digital formats.

The copy stand and the platform were both adjustable to make it easier to hold and capture negatives of various sizes. The adjustable platform was designed to hold the glass negatives only by their edges, suspending them securely over a light-box at a height of around 200 mm whilst they were photographed from above. This unique design intended to digitize glass negatives but could also support a piece of glass upon which film and damaged glass negatives could be placed for digitization. This equipment minimized the amount of light the negatives were exposed to as the light box was a safe distance away from them, without compromising on the quality of the images produced. It also held the negatives in place by their edges, preventing damage to the delicate surface of the plate that holds the

sağlayacaktı. Kırılganlıkları ve ışığa duyarlılıkları nedeniyle, negatifleri güvenli bir şekilde dijital ortama aktarabilmek için özel fotoğrafik ekipmanların satın alınması gerekti. HLF'nin sağladığı maddi destek sayesinde ve Bradford Ulusal Medya Müzesinin tavsiyeleri uyarınca, negatiflerin maruz kalacağı ışık miktarını ve fiziksel teması sınırlı düzeyde tutacak özel olarak hazırlanmış bir dijitalleştirme merkezi oluşturduk. Garstang Müzesinde ilk defa bu tür bir proje yürütüldüğü için dijitalleştirme süreci ve kataloglama için belli prosedürlerin oluşturulması gerekti.

Bu dijitalleştirme ve kataloglama çalışmaları on stajyer tarafından yürütüldü, stajyerlere fotoğraflama düzeni ve uluslararası standartlarda kataloglama konularında eğitim verildi (Res. 8.2). Çalışmalar proje arşivcisi tarafından düzenlenip denetlendi.

Dijitalleştirme Prosedürleri

Görüntüleme Odası düzeneği ayarlanabilir bir platform ve bir ışık kutusu üzerine yerleştirilmiş bir kopyalama sehpası üzerine asılı bir dijital fotoğraf makinesinden[1] oluşmaktaydı (Res. 8.1). Kamera, RAW formatında çekilen görüntüleri kolayca kullanılabilecek diğer formatlara dönüştürmek için kullanılan bir bilgisayara bağlıydı.

Kopyalama sehpası ve platform çeşitli büyüklüklerdeki negatifleri tutturmayı ve fotoğraflamayı daha kolay hale getirmek üzere ayarlanabiliyordu. Ayarlanabilir platform, cam negatifleri sadece kenarlarından tutacak şekilde tasarlanmıştı ve negatifler yukarıdan fotoğraflanırken ışık kutusunun yaklaşık 200 mm üstünde güvenli bir şekilde askıya alınmalarını sağlıyordu. Bu benzersiz tasarım, cam negatifleri dijital ortama aktarmak için tasarlanmıştı ama aynı zamanda bir parça cam üzerine yerleştirilmeleri durumunda film ve hasarlı cam negatiflerin dijitalleştirilmesi için de kullanılabiliyordu. Bu ekipman, üretilen

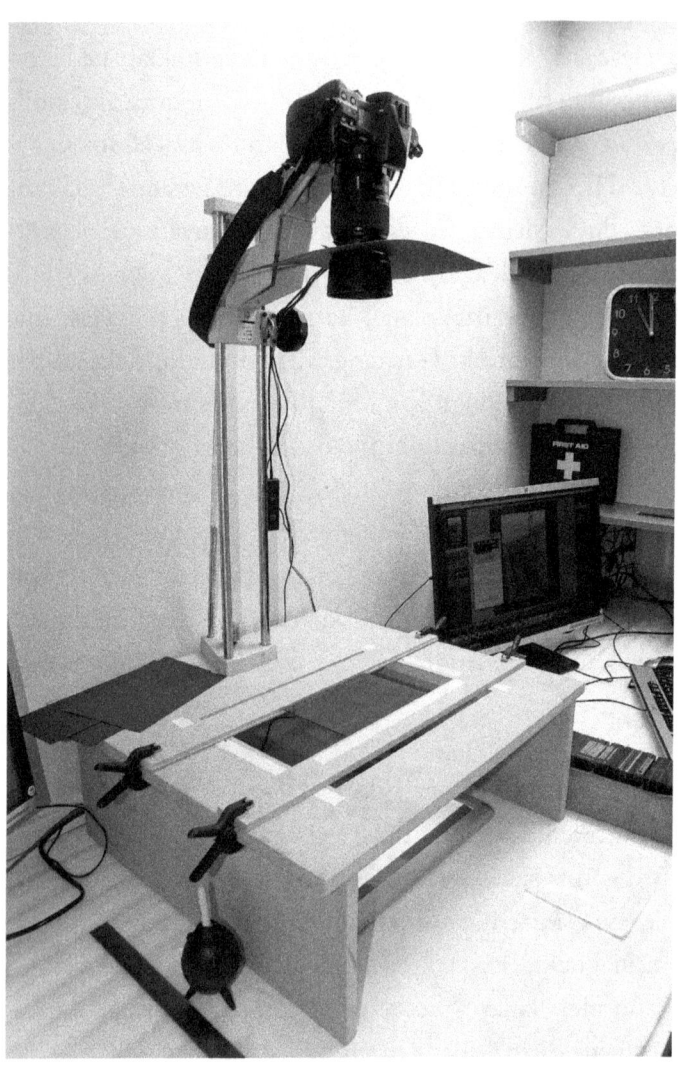

FIG. 8.1 The digitisation array in the Imaging Suite at the Department of Archaeology, Classics and Egyptology, University of Liverpool.

RES. 8.1 Görüntüleme Biriminde dijitalleştirme çalışması. Arkeoloji, Klasikler ve Mısırbilim Bölümü, Liverpool Üniversitesi.

actual image. This arrangement ensured that nothing other than the negative would be in focus, meaning that problems of dust or scratches on the light–box equipment do not contribute to the final image. A remote control device reduced the possibility of camera shake during photography and the camera was tethered directly to a PC to automatically download each digital image as it was taken.

The digitization guidelines were created following guidance set forth by The National Archives, (TNA, 2013). The

görüntülerin kalitesinden ödün vermeden, negatifleri ışık kutusundan güvenli bir mesafede tutarak, maruz kaldıkları ışık miktarını da en aza indiriyordu. Aynı zamanda, asıl görüntünün olduğu plakanın hassas yüzeyinin hasar görmemesi için negatifleri kenarlarından tutuyordu. Bu düzenlemede sadece negatif odaklanmış oluyor, böylelikle ışık kutusu ekipmanı üzerinde olabilecek toz veya çizikler çekilen nihai görüntüye etki etmiyordu. Bir uzaktan kumanda cihazı fotoğraf çekimi sırasında kameranın titreme

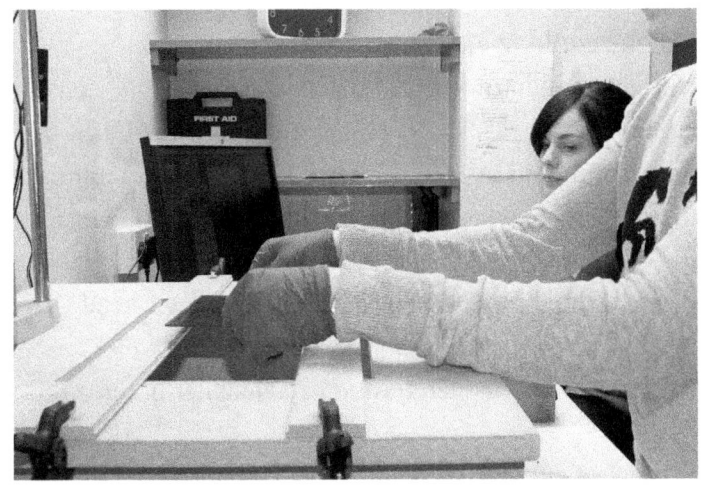

FIG. 8.2 Interns processing the negatives in the Imaging Suite at the Department of Archaeology, Classics and Egyptology, University of Liverpool.

RES. 8.2 Stajyerler, Görüntüleme Biriminde negatifler üzerinde çalışırken. Arkeoloji, Klasikler ve Mısırbilim Bölümü, Liverpool Üniversitesi.

camera's film speed was set to ISO 250 and the shutter times were varied depending on the exposure of the original negative.[2] The camera downloaded the negative images directly to the PC as they were taken. The images were converted to positive images using a simple inverted linear curves profile using photo editing software. Each captured image was checked for exposure, and recaptured with a better shutter time if required, before it was moved from the stand to limit handling. Additional processing included cropping white space around the negatives; very slight exposure corrections and conversion of the colour image to greyscale.

The RAW format images captured were exported and stored in uncompressed TIFFs. TIFF is the preferred format for digital photograph preservation as it is a "lossless"

olasılığını azaltıyordu, çekilen dijital görüntülerin otomatik olarak yüklenebilmesi için kamera doğrudan bir bilgisayara bağlıydı.

Dijitalleştirme kuralları The National Archives tarafından belirlenen kurallar rehberliğinde hazırlandı (TNA, 2013). Kamerada film hızı ISO 250 olarak ayarlandı ve pozlama süresi orijinal negatiflerin açıklık veya koyuluğuna bağlı olarak değiştirildi.[2] Kamera, negatif görüntüleri çekildikleri anda doğrudan bilgisayara yüklüyordu. Görüntüler bir fotoğraf düzenleme yazılımı aracılığıyla basit bir ters lineer eğri profili kullanılarak pozitif görüntülere dönüştürüldü. Fotoğraflanan her görüntünün pozlama değerleri kontrol edilerek sehpa üzerinden kaldırılmadan önce gerekli görüldüğünde daha iyi bir pozlama süresiyle tekrar fotoğraflandı, böylelikle fiziksel temas sınırlandırıldı. Ek işlemler arasında negatiflerin etrafındaki beyaz boşluğun kırpılması, çok hafif pozlama düzeltmeleri ve renkli görüntülerin gri tonlarına dönüştürülmesi bulunmaktadır.

Çekilen RAW formatındaki görüntüler sıkıştırılmamış TIFF formatına dönüştürülerek saklanmıştır. TIFF, kamera tarafından çekilen dijital verinin en yüksek miktarda korunmasını sağlayan "kayıpsız" bir format olduğu için dijital fotoğrafların korunmasında tercih edilen formattır (Kongre Kütüphanesi, 2014). TIFF dosyalarının çok büyük olması sebebiyle dijital görüntüleri araştırmacı veya yayıncılara kolayca gönderebilmek amacıyla daha düşük çözünürlüklü JPEG dosyaları da hazırlanmıştır. Görüntülerin, daha sonraki tarihlerde, dijital iş akışının ilk safhalarından itibaren yeniden işlenmesi olanağını kaybetmemek için görüntüler çekildikleri RAW formatında da korunmuştur. Bu sayede, herhangi bir yeni teknik veya mekanizmanın keşfedilmesi halinde ya da tekil TIFF dosyalarında kusurlarla karşılaşılması durumunda çekilen RAW formatındaki görüntülere de erişilebilecektir.

format which retains the maximum amount of digital data that the camera captures (Library of Congress, 2014). As the TIFFs are very large files, lower resolution JPEG files were also created to allow us to easily send digital images to researchers or publishers. Images were also retained in their RAW format to allow for the possibility of reprocessing images later from the earliest stage of the digital workflow. Therefore we have access to the RAW captured images should any new techniques or mechanisms become available, or flaws are discovered in individual TIFF files.

Cataloguing the Collections

As the Museum had no existing guidelines for cataloguing photographic collections, new guidelines were developed based upon on the international standards for archival description called ISAD(G), (ICA, 1999). This ensured consistency in the cataloguing and compatibility with similar catalogues by other organisations.

The information recorded included:

- a unique reference number
- the date or approximate date the negative was created
- a brief description of the image including where it was taken and anything written on the negative or accompanying notes
- previous reference numbers
- the physical condition of the negative
- relationships to other objects in the Museum's collections
- previous publication information for the image, if any.

We also wrote short administrative histories about each collection and recorded information about how each collection was organised.

Koleksiyonların Kataloglanması

Müzenin halihazırda fotoğraf koleksiyonlarının kataloglanmasına yönelik kuralları olmadığı için, ISAD(G) olarak adlandırılan uluslararası arşiv kaynaklarının tanımlanmasına yönelik standartlara dayalı yeni kurallar geliştirildi (ICA, 1999). Bu, kataloglama yaklaşımında tutarlılık ve diğer kuruluşlar tarafından hazırlanmış benzer kataloglarla uyum sağlanmasını mümkün kıldı.

Kaydedilen bilgiler arasında aşağıdakiler bulunmaktadır:

- eşsiz referans numarası
- negatifin çekildiği tarih ya da yaklaşık tarih
- görüntünün nerede çekilmiş olduğu ve negatifin üzerinde veya eşlik eden notlarda yazılı her tür bilgiyi içerecek şekilde görüntünün kısa bir tarifi
- daha önceden verilmiş referans numaraları
- negatifin fiziki durumu
- müze koleksiyonlarında yer alan diğer objelerle bağlantıları
- daha önce yayımlanıp yayımlanmadığı bilgisi.

Aynı zamanda her koleksiyonla ilgili kısa idari geçmişler yazıldı ve her koleksiyonun düzenleniş şekliyle ilgili bilgiler kaydedildi.

Katalog verileri çevrimiçi yayınlandığında araştırmacıların aradıkları bilgileri daha kolay bulmaları için koleksiyonların dizinlere göre düzenlenmesi de gerekiyordu. Koleksiyonun yer adlarına göre dizinlere yerleştirilmesine karar verildi, ancak bu, yanında çeşitli sorunlar da getirdi. Garstang tarafından kaydedilen Angora (Ankara) ve Aintab (Gaziantep) gibi birçok yer adı artık kullanılmıyordu. Diğer durumlarda da "Yuzgat" (Yozgat) ve "Nigdeh" (Niğde) gibi sadece fonetik olarak yazılmış yer adlarıyla karşılaşıldı. Geonames adlı bir çevrimiçi coğrafi yer

The collections also had to be indexed to make it easier for researchers to find information once the catalogue data is available online. It was decided to index the collection by place names but this proved problematic. Many of the place names recorded by Garstang are no longer in use, such as Angora (Ankara) and Aintab (Gaziantep). In other cases we only have a phonetically spelt place name, such as "Yuzgat" (Yozgat) and "Nigdeh" (Niğde). Using GeoNames, an online geographical database of place names,[3] as well as the help of Turkish postgraduate students, we were able to locate the majority of the sites. We created index records using the current place names and recorded previous spelling of the name. We also had negatives which were taken at unidentified locations. We were able to locate most of these by comparing them to other images in the collection, though there are a few images which we were unable to pinpoint the location, especially from sites which may no longer exist.

We also had to make sure we could legally publish all the images on the web. Under UK copyright laws heritage organisations are permitted to create surrogate copies of their collections for preservation purposes (IPO, Oct 2014). As such, we could only publish the images online for which the University of Liverpool holds the copyright of the original negatives or the negatives are out of copyright. The majority of the negatives we digitised are the copyright of the university as Garstang transferred the rights for all documents from his expeditions to the Institute of Archaeology.[4] Photographs taken before 1 August 1957, remain in copyright until seventy years after the death of the photographer (Padfield 2010: Appendix 9.1). Therefore the majority of negatives are out of copyright as they were taken by Horst Schliephack, who, it is believed, died during World War I. Some of the negatives were photographs of illustrations from books. Most of these images were from books which are no longer in

adları veritabanından yararlanarak[3] ve Türk yüksek lisans öğrencilerinden yardım alarak yerleşimlerin çoğunluğunu bulmak mümkün oldu. Dizin kayıtları günümüzdeki yer adları kullanılarak oluşturuldu ve adın önceki yazım şekli kaydedildi. Koleksiyonlarda tanımlanmamış yerlerde çekilmiş negatifler de bulunmaktaydı. Bunların birçoğu koleksiyondaki diğer görüntülerle karşılaştırılarak tespit edildi, fakat yeri tam olarak tespit edilemeyen, özellikle de muhtemelen artık var olmayan alanları gösteren birkaç görüntü de vardı.

Bir taraftan da yasal olarak bütün görüntüleri internette yayınlama hakkına sahip olduğumuzdan emin olmak zorundaydık. İngiltere'deki telif hakkı yasaları uyarınca kültür mirası kuruluşlarına koruma amaçlı olarak, kendi koleksiyonlarındaki eserlerin yerine geçecek kopyalarını oluşturmaları için izin verilir (IPO, Ekim 2014). Ancak, bu görüntülerin çevrimiçi yayınlanması için ya Liverpool Üniversitesinin orijinal negatiflerin telif hakkına sahip olması ya da negatiflerin telif kapsamı dışında olması gerekmekteydi. Garstang yaptığı seferlerle ilgili tüm belgelerin telif haklarını Arkeoloji Enstitüsüne devrettiği için[4] dijitalleştirilen negatiflerin büyük çoğunluğunun telif hakları üniversitedeydi. 1 Ağustos 1957 öncesinde çekilen fotoğraflar, fotoğrafçının ölümünün üzerinden yetmiş yıl geçinceye dek telif hakkı kapsamındadır (Padfield 2010: Ek 9.1). Bu durumda negatiflerin çoğunluğu telif hakkı kapsamı dışındadır, çünkü fotoğrafçı Horst Schliephack'ın Birinci Dünya Savaşı sırasında öldüğü düşünülüyor. Bazı negatifler kitaplardaki çizimlerden çekilmiş fotoğraflardır. Kitaplardan alınmış bu görüntülerin çoğu artık telif hakkı kapsamında değildir ve yayınlanmalarında bir sakınca yoktur. Ancak, telif hakkı durumu kesin olarak belirlenemeyen az bir miktar görüntü çevrimiçi olarak yayınlanamamıştır, öte yandan bunlar araştırmacılar tarafından müzede görülebilmektedir.

FIG. 8.3 Close up image of carved stones found at Boğazköy-Hattuša. On close inspection, these can be seen to form the jambs of a doorway.

GARSTANG MUSEUM OF ARCHAEOLOGY, UNIVERSITY OF LIVERPOOL, (I/HIT/BOK/021)

RES. 8.3 Boğazköy-Hattuša'da bulunan taş kabartmaların yakın plan görünümü. Dikkatli bakıldığında bunların kapı pervazları olduğu görülebiliyor.

GARSTANG ARKEOLOJİ MÜZESİ, LIVERPOOL ÜNİVERSİTESİ, (I/HIT/BOK/021)

FIG. 8.4 Digital restoration of I/HIT/BOK/021.

GARSTANG MUSEUM OF ARCHAEOLOGY, UNIVERSITY OF LIVERPOOL, (I/HIT/BOK/021)

RES. 8.4 I/HIT/BOK/021 numaralı görselin dijital restorasyonu.

GARSTANG ARKEOLOJİ MÜZESİ, LİVERPOOL ÜNİVERSİTESİ, (I/HIT/BOK/021)

copyright and can be published. However, we were unable to define the copyright status of a small selection of images; as a result, we cannot make them available online, though they are still accessible to researchers in the museum.

Images Online

The digital images from the project will be presented online using the Collective Access (CA) software. Collective Access is an open source web-based application and cataloguing tool for museums, archives and digital collections. Collective Access has been configured to cater to a range of materials; the plan is to use it the database for all the Garstang Museum's collections.

Results

The main reason for digitising the collection was to help preserve it for future generations by minimising the need for repeated handling of the original glass plate negatives. However, another consequence of the act of digitalisation was that the images could then be subjected to digital restoration. With assistance from a commercial photographic printing company, we were able to digitally restore the images captured from the most seriously damaged negatives. Using the latest digital imaging techniques, the commercial company that we used was able to "stitch" the images back together and remove any imperfections that arose from damage to the negatives.

The effect can be seen significantly in this image from Boğazköy-Hattuša (Fig. 8.3, Fig. 8.4). As the emulsion of the original negative was flaking severely, it was very difficult to see what was in the image. After the image was digitally restored, we realised it had been captured upside

Çevrimiçi Yayınlanan Görüntüler

Proje kapsamındaki dijital görüntüler Collective Access (CA) yazılımı kullanılarak çevrimiçi yayınlanacaktır. Collective Access müzeler, arşivler ve dijital koleksiyonlar tarafından kullanılmak üzere hazırlanmış açık kaynaklı bir web tabanlı uygulama ve kataloglama aracıdır, farklı türde malzemelerle uyumlu olacak şekilde yapılandırılmıştır. Bu veritabanının tüm Garstang Müzesi koleksiyonları için kullanılması planlanmaktadır.

Sonuçlar

Koleksiyonu dijital ortama aktarmanın ana nedeni, orijinal cam plaka negatiflere sık sık temas edilmesi gereğini en aza indirerek koleksiyonun gelecek nesiller için korunmasını sağlamaktır. Bir yandan da, dijital ortama aktarma eyleminin olanaklı kıldığı bir başka sonuç da görüntülerin dijital restorasyona tabi edilebilmeleri olmuştur. Özel bir fotoğraf baskı şirketinin yardımıyla en çok hasar görmüş negatiflerin görüntüleri dijital olarak onarılmıştır. Bu özel şirket tarafından en yeni dijital görüntüleme teknikleri kullanılarak, görüntülerin tekrar bir araya "dikilmesi" ve diğer kusurlardan arındırılması mümkün olmuştur.

Bu sayede sağlanan etki, Boğazköy-Hattuša'da çekilmiş bu görüntüde (Res. 8.3, Res. 8.4) açıkça görülebilir. Orijinal negatifin emülsiyonu ciddi düzeyde döküldüğünden, görüntünün neyi gösterdiğini anlamak çok zordur. Görüntünün dijital olarak onarılması sonrasında, fotoğrafın ters çekilmiş olduğu fark edilmiş ve görüntüde aslında bir taş kapı gösterildiği anlaşılabilmiştir. Negatifin kötü durumda olması sebebiyle emülsiyon tarafında çekilen dijital görüntü orijinal görüntünün aynadaki aksi gibidir. Daha fazla zarar görmesini önlemek için bu negatif ana koleksiyondan ayrı depolanmıştır. Bazı negatifler eskiden kullanılırken veya taşınırken kırılmış ya da çatla-

FIG. 8.5 Image of the town of Aleppo, Syria, taken from the Citadel of Aleppo. Handwritten note on the negative states: "Aleppo- general view from fortress." Broken negative, also spotted and scratched. Due to the poor condition of the negative the digital image was taken from the emulsion side of the negative and is the reverse of the original image. To prevent further damage this negative is now stored separately from the main collection.

GARSTANG MUSEUM OF ARCHAEOLOGY, UNIVERSITY OF LIVERPOOL, (I/HIT/AL/006)

RES. 8.5 Suriye'nin Halep şehrinin içkaleden görünümü. Negatif üzerine el yazısıyla "Halep-kaleden genel görünüm" şeklinde bir not düşülmüş. Negatifler kırılmış, ayrıca lekelenmiş ve üzeri kazınmış. Negatif kötü durumda olduğundan, dijital görüntü negatifin emülsiyon yüzünden alındı, dolayısıyla orijinal fotoğrafın tersi. Bu negatif, daha fazla hasar görmemesi için ana koleksiyondan ayrı bir yerde saklanıyor.

GARSTANG ARKEOLOJİ MÜZESİ, LIVERPOOL ÜNİVERSİTESİ, (I/HIT/AL/006)

down and the image was actually a stone doorway. Due to the poor condition of the negative, the digital image was taken from the emulsion side of the negative and is the reverse of the original image. To prevent further damage, this negative is now stored separately from the main collection. Some of negatives have been fractured dur-

mıştır, ancak o zamanlardaki seyahat koşulları dikkate alınacak olursa aslında bunların sayısı şaşırtıcı derecede azdır (bkz. Miller'ın bu kitaptaki makalesi). Buna örnek olarak, Halep'te çekilmiş bir fotoğrafın (I/HIT/AL/006) ortasındaki bir çatlağı dijital onarım sayesinde gizlemek mümkün olmuştur (Res. 8.5, Res. 8.6). Kırık negatifler de birlikte

FIG. 8.6 Digital restoration of I/HIT/AL/006.
GARSTANG MUSEUM OF ARCHAEOLOGY, UNIVERSITY OF LIVERPOOL,
(I/HIT/AL/006)

RES. 8.6 I/HIT/AL/006 numaralı görselin dijital restorasyonu.
GARSTANG ARKEOLOJİ MÜZESİ, LIVERPOOL ÜNİVERSİTESİ,
(I/HIT/AL/006)

ing handling or transport, although the number of these is actually surprisingly small considering the road conditions at the time (see Miller in this volume). In one example from Aleppo (I/HIT/AL/006), it was possible to use digital restoration to conceal a crack through the middle of the image (FIG. 8.5, FIG. 8.6). Broken negatives are

depolanacakları diğer negatiflerin hassas yüzeylerini çizmemeleri için diğerlerinden ayrı depolanmıştır.

Dijitalleştirme süreci boyunca her gün kimileri yaklaşık bir asırdır görülmemiş yeni görüntüler gün ışığına çıkartılmıştır. Bu görüntülerin en çarpıcı yanı Garstang'ın ilgi alanlarının ne kadar geniş olduğunu göstermeleri-

also stored separately so they do not scratch the delicate surfaces of the other negatives with which they are stored.

During each day of the digitization process new images were brought to light, some of which had not been seen for nearly a century. What is striking about the images is the breadth of Garstang's interests. Far from being a detailed but essentially dry collection of images that are only of academic interest, the revealed images included numerous landscape photographs, scenes of an archaeologist's life in the field and pictures of local people. People such as these may have been Garstang's local contacts in Turkey, but his interest in people also reflects contemporary academic ideas about anthropology. Thus, the photographs not only record the archaeological remains of the Hittite world but also the archaeological techniques of the time, as well as the culture, people and geography of the region in the last years of the Ottoman Empire.

dir. Akademik bir ilgiye yönelik ayrıntılı ama aslında kuru görüntülerden oluşan bir koleksiyon olmaktan çok uzak olan bu fotoğraflar arasında çok sayıda peyzaj fotoğrafı, bir arkeoloğun sahadaki yaşamından sahneler ve yerel halkın görüntüleri bulunmaktadır. Bu gibi insanlar Garstang'ın Türkiye'deki yerel bağlantıları olabilir, öte yandan onun insanlara yönelik bu ilgisi antropoloji konusundaki çağdaş akademik düşüncelerini de yansıtmaktadır. Bu görüntüler sadece Hitit dünyasının arkeolojik kalıntılarını kayıt altına almakla kalmaz, aynı zamanda zamanın arkeolojik tekniklerini ve Osmanlı İmparatorluğu'nun son yıllarında bu bölgedeki kültürü, insanları ve coğrafyayı da belgeler.

GARSTANG'S JOURNEY ACROSS ANATOLIA (1907)

GARSTANG'IN BÜYÜK ANADOLU SEYAHATİ (1907)

CATALOGUE

ANKARA (ANGORA)

TEMPLE OF AUGUSTUS AND ROME,

AUGUSTUS VE ROMA TAPINAĞI, ANKARA

BOĞAZKÖY/HATTUŠA

BOĞAZKÖY/HATTUŠA

KATALOG

YAZILIKAYA

ALACA HÖYÜK

KAYSERİ (CAESAREA)

GÜLEK BOĞAZI

CATALOGUE

TARSUS, İSKENDERUN

TARSUS, İSKENDERUN

TARSUS, İSKENDERUN

KİLİS

KATALOG

KİLİS

GAZİANTEP

NABİ HURİ (CYRRHUS)

ALEPPO | HALEP

"I found myself with three companions in 1907 in Ankara, then a small town, where we bought horses and organized a caravan with guide and guards, and set out on a journey of exploration which was to examine all the accessible known Hittite sites and gain an insight into their setting and environment. It was a grand journey, each day brimful of interest, and entirely free from unpleasant incidents; it took us zigzagging through Asia Minor in a general south-easterly direction, across the Taurus Mountains to the southern coast, then eastwards over the Amanus, until we finally disbanded at Aleppo in northern Syria."

GARSTANG 1950, 223

"Ankara'ya 1907'de geldiğimde kendime üç seyahat arkadaşı buldum, o zamanlar henüz küçük bir kasabaydı, oradan at aldık, bir rehber ve korumalarla birlikte bir kervan oluşturduk ve bilinen tüm Hitit yerleşimlerini incelemek, yerleşim düzenlerini ve çevrelerini araştırmak üzere bir keşif seferine çıktık. Her günü dolu dolu ilginç olaylarla geçen seyahatimiz harikaydı, başımıza hemen hemen hiçbir nahoş olay gelmedi; genel olarak Küçük Asya'da güneydoğu yönünde zigzaglar çizerek ilerledik, Toros Dağları'nı aşıp ülkenin güney kıyılarına ulaştık, oradan doğuya yönelerek Amanus'u geçip son durağımız olan kuzey Suriye'deki Halep'e geldik. Küçük grubumuz orada dağıldı."

GARSTANG 1950, 223.

GARSTANG'S JOURNEY ACROSS ANATOLIA (1907)
GARSTANG'IN BÜYÜK ANADOLU SEYAHATİ (1907)

From Ankara to Aleppo

Ankara (Angora) — 164
May 1907

Temple of Augustus and Rome, Ankara — 168
May 1907

Boğazköy/Hattuša — 172
21-22 May 1907

Yazılıkaya — 178
23-24 May 1907

Alaca Höyük — 182
25-26 May 1907

Kayseri (Caesarea) — 186
2-6 June 1907

Gülek Boğazı (Cilician Gates) — 190
15 June 1907

Tarsus and İskenderun — 194
17-24 June 1907

Kilis — 202
28 June 1907

Gaziantep — 210
2 July 1907

Nabi Huri (Cyrrhus), Syria — 214
29 June 1907 & 6 July 1907

Aleppo, Syria — 218
8 July 1907

Ankara'dan Halep'e

Ankara (Angora) — 164
Mayıs 1907

Augustus ve Roma Tapınağı, Ankara — 168
Mayıs 1907

Boğazköy/Hattuša — 172
21-22 Mayıs 1907

Yazılıkaya — 178
23-24 Mayıs 1907

Alaca Höyük — 182
25-26 Mayıs 1907

Kayseri (Caesarea) — 186
2-6 Haziran 1907

Gülek Boğazı (Kilikya Kapıları) — 190
15 Haziran 1907

Tarsus ve İskenderun — 194
17-24 Haziran 1907

Kilis — 202
28 Haziran 1907

Gaziantep — 210
2 Temmuz 1907

Nabi Huri (Cyrrhus), Suriye — 214
29 Haziran 1907 & 6 Temmuz 1907

Halep, Suriye — 218
8 Temmuz 1907

GARSTANG'S JOURNEY ACROSS ANATOLIA (1907)

GARSTANG'IN BÜYÜK ANADOLU SEYAHATİ (1907)

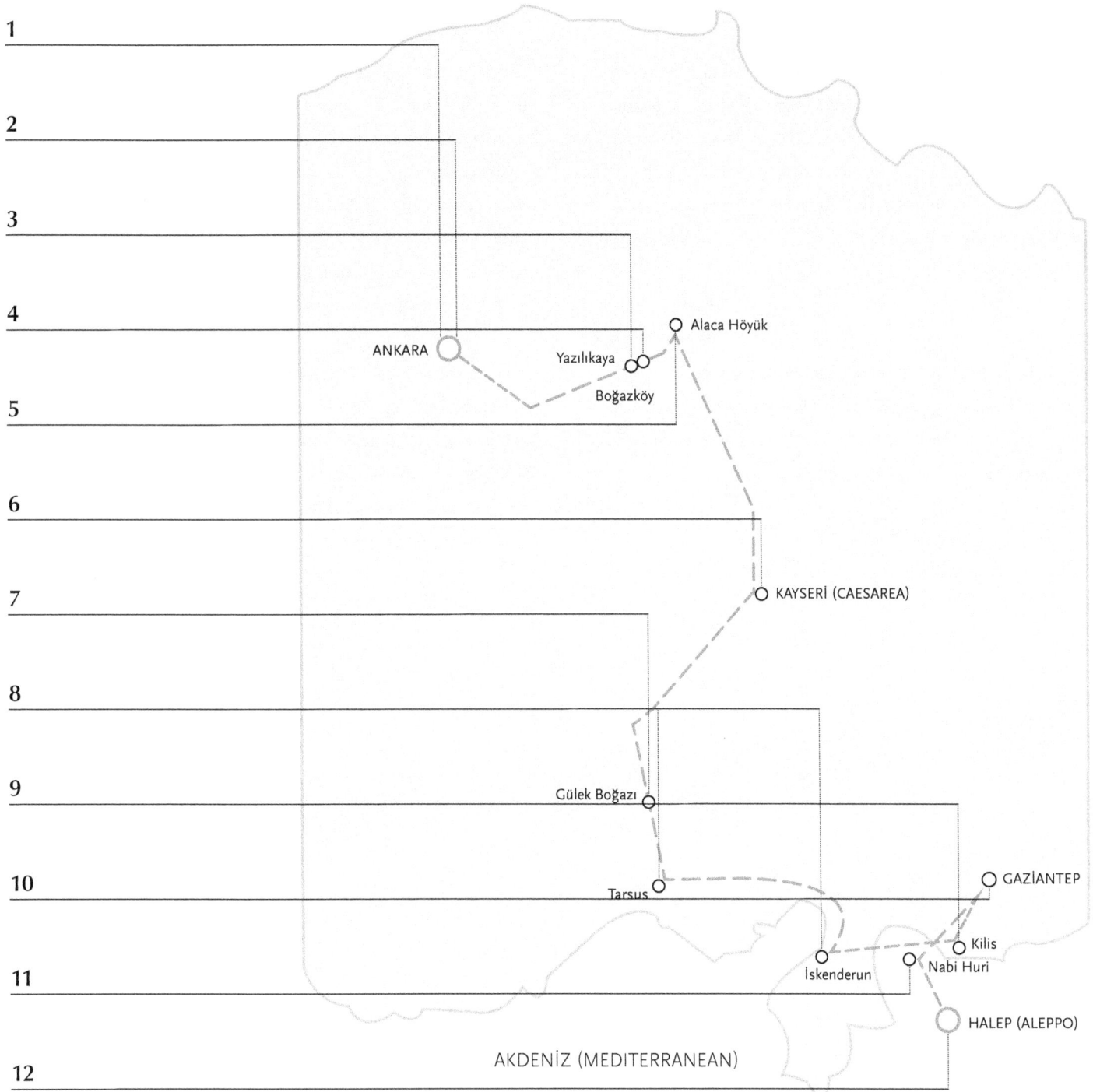

GARSTANG'S JOURNEY ACROSS ANATOLIA (1907)

GARSTANG'IN BÜYÜK ANADOLU SEYAHATİ (1907)

Ankara (Angora)
May 1907

In May 1907, Garstang and his colleagues arrived in Ankara to begin their journey across Anatolia in search of archaeological evidence of the newly discovered Hittite civilisation. Ankara, then known as Angora, had also been the site of the Hittite city of Ankuwa. At the time of Garstang's survey the city was part of the Ottoman Empire. It became the capital of the new Republic of Turkey in 1923.

Garstang's photographs provide an important document of life in Ankara before it became the modern, rapidly developing capital city it is today. In particular, his photos show the traditional architecture of the narrow back streets, the daily life of its citizens and the open countryside around the Kale district.

Ankara (Angora)
Mayıs 1907

Garstang ve meslektaşları, Anadolu'ya yapacakları büyük seyahat öncesi Mayıs 1907'de Ankara'ya geldiler. Kafalarında, yeni keşfedilen Hitit medeniyetinden günümüze kalan bütün kalıntıları arayıp bulma düşüncesi vardı. O zamanlar Angora diye anılan Ankara, aynı zamanda Ankuwa adlı Hitit şehrinin kalıntılarının da olduğu yerdi. Garstang'ın yüzey araştırması yaptığı dönemde şehir Osmanlı İmparatorluğu topraklarındaydı. 1923'te yeni Türkiye Cumhuriyeti'nin başkenti olacaktı.

Garstang'ın fotoğrafları, Ankara'nın hızla gelişip günümüzün modern başkenti olmasından önceki dönemdeki hayata dair önemli kayıtlardır. Fotoğraflarında özellikle geleneksel dar arka sokakların mimarisini, Ankaralıların gündelik hayatını ve Kale mahallesinin çevresindeki kırsal kesimi belgelemişti.

GARSTANG'S JOURNEY ACROSS ANATOLIA (1907)
GARSTANG'IN BÜYÜK ANADOLU SEYAHATİ (1907)

A typical street in old Ankara, the city from which Garstang's team launched their exploratory journey in May 1907.

GARSTANG MUSEUM OF ARCHAEOLOGY,
UNIVERSITY OF LIVERPOOL, (I/BOS/67)

Garstang ve ekibinin Mayıs 1907'de büyük keşif seyahatine çıktıkları eski Ankara'nın tipik sokaklarından biri.

GARSTANG ARKEOLOJİ MÜZESİ,
LİVERPOOL ÜNİVERSİTESİ, (I/BOS/67)

ANKARA (ANGORA) MAY 1907

ANKARA (ANGORA) MAYIS 1907

A view of the citadel of Ankara Kale with the river below. This area of the city has since become heavily developed.
GARSTANG MUSEUM OF ARCHAEOLOGY,
UNIVERSITY OF LIVERPOOL, (I/BOS/59)

Ankara İçkalesi ve aşağıda dere. Şehrin bu kesimi daha sonra büyük ölçüde yerleşim almıştır.
GARSTANG ARKEOLOJİ MÜZESİ,
LİVERPOOL ÜNİVERSİTESİ, (I/BOS/59)

GARSTANG'S JOURNEY ACROSS ANATOLIA (1907)

GARSTANG'IN BÜYÜK ANADOLU SEYAHATİ (1907)

Traditional houses in Ankara 1907. Their foundations are stone; upper walls mud brick; and balconies, doors and window frames are wood.

GARSTANG MUSEUM OF ARCHAEOLOGY,
UNIVERSITY OF LIVERPOOL, (I/BOS/68)

1907 Ankara'sından geleneksel evler. Bu evlerin temelleri taştan, üst katların duvarları kerpiçten, balkon, kapı ve pencere doğramaları ahşaptan yapılırdı.

GARSTANG ARKEOLOJİ MÜZESİ,
LİVERPOOL ÜNİVERSİTESİ, (I/BOS/68)

ANKARA (ANGORA) MAY 1907

ANKARA (ANGORA) MAYIS 1907

Temple of Augustus and Rome, Ankara
May 1907

Whilst in Ankara, Garstang visited the ruins of the Temple of Augustus and Rome. His photographs record the temple as it was then, with houses built up against its standing walls, and the important series of inscriptions preserved on its walls.

These inscriptions are in both Latin, which was the official language of the Roman Empire, and Greek, which was the spoken language of most of the population of Asia Minor at that time, and more commonly used for monumental inscriptions. They were inscribed after the death of the Emperor Augustus in 14CE and honour his achievements.

The original *Res Gestae Divi Augusti* (The Deeds of the Divine Augustus) text was inscribed on a pair of bronze pillars in front of his mausoleum in Rome and is now lost, but the Ankara version is one of the best surviving copies and has been widely studied by scholars to reconstruct the wording of the original lost text from Rome.

Augustus ve Roma Tapınağı, Ankara
Mayıs 1907

Garstang, Ankara'da geçirdiği günlerde Augustus ve Roma Tapınağı'nı ziyaret etti. Fotoğrafları tapınağın o zamanki, duvarlarına bitişik evlerle birlikte halini belgeliyor. Fotoğraflarda, tapınak duvarlarındaki önemli yazıt dizileri görülebiliyor.

Bu yazıtlar, İS 14'te İmparator Augustus'un ölümü üzerine, başarılarını onurlandırmak amacıyla, hem o dönem Roma İmparatorluğu'nun resmi dili olan Latince hem de Küçük Asya halklarının çoğunun konuştuğu ve yazıtlarda daha sık rastlanan Yunanca diliyle yazılmıştı.

Res Gestae Divi Augusti (Yüce Augustus'un İşleri) başlıklı metnin bugün mevcut olmayan orijinali, imparatorun Roma'daki mozolesinin girişinde bulunan bir çift bronz sütuna yazılmıştı. Öte yandan bu metnin Ankara'daki kopyası, günümüze kalan en iyi durumdaki kopyalardan biridir ve Roma'da kaybolan orijinal metni çözmeye çalışan akademisyenlerin kapsamlı araştırmalarına konu olagelmiştir.

The Temple of Augustus as it was in 1907. The Hacı Bayram Mosque (to the left in this image) was built next to the earlier temple building. The standing walls of the temple were used to support houses that were built up against them (to the right in the image). These houses have since been removed and the temple restored.

GARSTANG MUSEUM OF ARCHAEOLOGY,
UNIVERSITY OF LIVERPOOL, (I/HIT/AN/002)

1907'deki haliyle Augustus Tapınağı. Fotoğrafın sol tarafında görülen Hacı Bayram Camisi, erken dönem tapınak binasına bitişik inşa edilmişti. Sağ tarafında ise tapınağın duvarlarına bitişik yapılan evler görülüyor. Daha sonra bu evler yıkılarak tapınak restore edilmiştir.

GARSTANG ARKEOLOJİ MÜZESİ,
LİVERPOOL ÜNİVERSİTESİ, (I/HIT/AN/002)

TEMPLE OF AUGUSTUS AND ROME, ANKARA MAY 1907
AUGUSTUS VE ROMA TAPINAĞI, ANKARA MAYIS 1907

A detail of the Latin text of the *Res Gestae* inscription on a section of the walls of the Temple of Augustus in Ankara, as recorded by John Garstang in 1907.

GARSTANG MUSEUM OF ARCHAEOLOGY,
UNIVERSITY OF LIVERPOOL, (I/HIT/AN/006)

1907'de John Garstang'ın kamerasından, Ankara'daki Augustus Tapınağı duvarına yazılmış Latince *Res Gestae* yazıtından bir ayrıntı.

GARSTANG ARKEOLOJİ MÜZESİ,
LİVERPOOL ÜNİVERSİTESİ, (I/HIT/AN/006)

Photograph of the temple of Rome and Augustus at Ankara in 1907, showing a graveyard and two local children.
GARSTANG MUSEUM OF ARCHAEOLOGY,
UNIVERSITY OF LIVERPOOL, (I/HIT/AN/001)

1907 Ankara'sından bir mezar ve iki Ankaralı çocukla birlikte Augustus ve Roma Tapınağı.
GARSTANG ARKEOLOJİ MÜZESİ,
LİVERPOOL ÜNİVERSİTESİ, (I/HIT/AN/001)

TEMPLE OF AUGUSTUS AND ROME, ANKARA MAY 1907
AUGUSTUS VE ROMA TAPINAĞI, ANKARA MAYIS 1907

Boğazköy/Hattuša
21-22 May 1907

Boğazköy is a town in the Çorum Province of Turkey which is near the site of the Hittite civilisation's capital city of Hattuša. Working at Hattuša had been Garstang's prime objective. The site was first identified in the late 19th century and John Garstang had secured a permit from the Ottoman authorities to excavate here. However, when he arrived in Turkey to start work in 1907, he discovered that the permit had been transferred to the German archaeologist Hugo Winckler (1863-1913) . While this must have been a huge disappointment to Garstang, he nevertheless visited Winckler's excavation, where he was working with Theodor Makridi (1872-1940) from the Ottoman Imperial Museum.

Garstang and his team took more photographs of this site than anywhere else they visited. Many of the glass plate negatives in this series are in very poor condition as the British team was still learning how to mix photographic chemicals in the hot dry climate of central Anatolia. One of Garstang's photographs of the excavations at Hattuša is the only known image of any of the tablets *in situ*. Such was the quality of Garstang's photographic equipment that it is even possible to identify individual tablets from the negative. Winckler struck Garstang as enthusiastic but disorganised and he offered Garstang the position of site supervisor, but Garstang continued with his survey. Garstang wrote an article about his observations of Winckler's excavations when he returned to Liverpool. The site is still being excavated by the German Archaeology Institute in Istanbul today. At its peak the city of Hattuša covered 1.8 km² and comprised an upper and a lower city, both surrounded by walls that are still visible today. Winckler's excavations uncovered the first of many temples to be found at Hattuša and the first of thousands of written tablets that were to reveal Hittite language, culture, religion and diplomacy.

Boğazköy/Hattuša
21-22 Mayıs 1907

Hitit medeniyetinin başkenti Hattuša yakınlarındaki Boğazköy Türkiye'nin Çorum iline bağlıdır. Hattuša'da çalışmak Garstang'ın birinci hedefiydi. Hattuša yerleşimi ilk defa on dokuzuncu yüzyılın sonlarında tespit edilmişti; John Garstang burada kazı yapmak için Osmanlı yetkililerinden izin almıştı. Ancak 1907'de kazıya başlamak üzere Türkiye'ye geldiğinde, iznin Alman arkeolog Hugo Winckler'e (1863-1913) devredildiğini gördü. Garstang büyük bir hayal kırıklığına uğramış olmalı, yine de, o sıralar kazı çalışmalarını Müze-i Hümayundan Theodor Makridi (1872-1940) ile birlikte yürütmekte olan Winckler'i ziyaret etti.

Garstang ve ekibi, ziyaret ettikleri her yerden daha çok burada fotoğraf çekmişti. İngiliz ekibi o sıralarda Orta Anadolu'nun karasal ikliminde fotoğraf kimyasallarını nasıl hazırlayacaklarını öğrenme aşamasında olduğundan, bu cam plaka negatif serisinin kalitesi kötüdür. Garstang'ın Hattuša kazılarında çektiği fotoğraflardan biri, in situ tabletlerin bilinen tek görüntüsünü sergiler. Garstang'ın fotoğraf ekipmanı öyle kaliteliymiş ki, negatifte tek tek tabletleri ayırt etmek mümkün. Winckler, Garstang'a hevesli ama iyi organize olamayan biri gibi gelmişti; Garstang'a kazıda danışmanlık yapmasını teklif etti, fakat Garstang yüzey araştırmasına devam etmeyi tercih etti. Daha sonra Liverpool'a döndüğünde Winckler'in kazısına dair gözlemlerini kaleme alacaktı. Bu kazı alanı bugün hâlâ İstanbul'daki Alman Arkeoloji Enstitüsü tarafından kazılmaktadır. Hattuša şehri en görkemli zamanlarında 1,8 km²'lik bir alana yayılmıştı. İkisi de surlarla çevrili yukarı ve aşağı şehirlerden oluşuyordu, bu surlar bugün hâlâ görülebiliyor. Winckler'in kazıları, daha sonra Hattuša'da onlarcası bulunacak olan tapınaklardan ilkini ve Hitit dili, kültürü, dini ve diplomasisini anlamamızı sağlayacak binlerce yazılı tabletin ilklerini gün ışığına çıkarmıştı.

Image of remains of the Yenicekale fort on a hillside at the site of Boğazköy–Hattuša.

GARSTANG MUSEUM OF ARCHAEOLOGY, UNIVERSITY OF LIVERPOOL

(I/HIT/BOK/035)

Boğazköy–Hattuša yerleşiminde bir tepede bulunan Yenicekale kalesi kalıntıları.

GARSTANG ARKEOLOJİ MÜZESİ, LİVERPOOL ÜNİVERSİTESİ (I/HIT/BOK/035)

BOĞAZKÖY/HATTUŠA 21-22 MAY 1907

BOĞAZKÖY/HATTUŠA 21-22 MAYIS 1907

View over the site of Winckler's excavations, with the modern village of Boğazkale in the background. Just in the front of the ruins it is possible to see the archaeologists' tent and a series of square excavation trenches running left to right across the image. On the negative is a handwritten note stating "Modern village, lower palace in foreground" and "Retained for Expedition." The building in this photograph is now interpreted as the Great Temple. Handwritten notes like this are important for showing us the archaeologists' process of interpretation during excavation and publication. Due to the poor condition of the negative the digital image was taken from the emulsion side of the negative and then reversed using digital technology to recreate the original image.

GARSTANG MUSEUM OF ARCHAEOLOGY,
UNIVERSITY OF LIVERPOOL, (I/HIT/BOK/011)

Winckler'in kazı alanının, arka planda modern Boğazkale ilçesiyle genel görünümü. Harabelerin hemen önünde arkeologların kaldığı çadır ve soldan sağa uzanan kare şekilde kazılmış açmalar görülebiliyor. Negatifte elle yazılı "Ön planda modern kasaba ve aşağı saray" ve "keşif seferi için alıkonuldu," ibareleri bulunuyor. Bu fotoğrafta görülen bina bugün Büyük Mabet diye anılıyor. Bu tip elle alınan notlar, arkeologların kazı ve yayımlama aşamalarında yorumlama süreçlerini göstermek bakımından önemlidir. Negatifin kalitesi kötü olduğundan, dijital fotoğraf üretilirken, görüntü negatifin emülsiyon yüzünden çekildikten sonra dijital süreçten geçirildi ve orijinal görüntüyü elde etmek üzere tersine çevrildi.

GARSTANG ARKEOLOJİ MÜZESİ, LİVERPOOL ÜNİVERSİTESİ, (I/HIT/BOK/011)

BOĞAZKÖY/HATTUŠA 21-22 MAY 1907
BOĞAZKÖY/HATTUŠA 21-22 MAYIS 1907

Photograph of Hittite writing tablets being uncovered at the site of Hattuša during Winckler's excavations of 1907.

Winckler has been criticised by other archaeologists (including Garstang) for his excavation and recording methods and this is the only surviving image of any of the thousands of tablets that he found *in situ*. It gives archaeologists valuable information about how the tablets may have been used and stored by the Hittites.

GARSTANG MUSEUM OF ARCHAEOLOGY,

UNIVERSITY OF LIVERPOOL, (I/HIT/BOK/012)

Winckler'in 1907 tarihli Hattuša kazılarında gün ışığına çıkarılan Hititçe yazılı tabletler.

Winckler'in kazı ve kayıt yöntemleri, aralarında Garstang'ın da bulunduğu bazı arkeologlar tarafından eleştirilmiştir. Bulduğu binlerce *in situ* tabletten bazılarını gösteren bu fotoğraf, günümüze ulaşan tek örnektir. Arkeologlara, tabletlerin bir zamanlar Hititler tarafından nasıl kullanılıp saklanmış olabileceğine dair paha biçilmez bilgiler sunmaktadır.

GARSTANG ARKEOLOJİ MÜZESİ,

LİVERPOOL ÜNİVERSİTESİ, (I/HIT/BOK/012)

GARSTANG'S JOURNEY ACROSS ANATOLIA (1907)

GARSTANG'IN BÜYÜK ANADOLU SEYAHATİ (1907)

A man and horse standing in the Lion Gate of Hattuša. At the time this photo was taken the gate was still only partially excavated. As such it is possible to see the layers of soil and rubble that had accumulated in the gateway—what archaeologists call the stratigraphy. Garstang was very interested in Hittite masonry techniques and his archives include numerous photographs and line drawings of it made during his expedition.

GARSTANG MUSEUM OF ARCHAEOLOGY,

UNIVERSITY OF LIVERPOOL, (I/HIT/BOK/038)

Hattuša'da Aslanlı Kapı'da duran bir adam ve at. Bu fotoğrafın çekildiği zaman kapı henüz kısmen kazılmıştı, dolayısıyla, katmanlar şeklinde birikmiş olan toprak ve moloz düzeylerini, arkeologların kullandığı terimle, kapıda bulunan stratigrafik katmanları görmek mümkündür. Garstang, Hititlerin duvarcılık teknikleriyle çok ilgiliydi, arşivinde bu gezi sırasında çektiği pek çok fotoğraf ve yaptığı çok sayıda çizim mevcuttur.

GARSTANG ARKEOLOJİ MÜZESİ,

LİVERPOOL ÜNİVERSİTESİ, (I/HIT/BOK/038)

BOĞAZKÖY/HATTUŠA 21-22 MAY 1907

BOĞAZKÖY/HATTUŠA 21-22 MAYIS 1907

Yazılıkaya
23-24 May 1907

Yazılıkaya is a rock sanctuary near the site of Hattuša created during the Hittite Empire. The sanctuary is found between two rock outcrops to the east of the Hittite capital city.

In the larger Chamber A of the sanctuary is a series of carvings that shows 64 deities in procession. In the centre two processions of male gods and female goddesses meet. Immediately adjacent to this is the smaller and narrower Chamber B, which is thought to have been the burial place of the Hittite king Tudhaliya IV (reigned c. 1237-1209 BCE).

Visiting the site while it was in the process of being excavated by the German team in 1907, Garstang took an important series of photographs in varying daylight conditions that record this most important Hittite sanctuary.

Yazılıkaya
23-24 Mayıs 1907

Yazılıkaya, Hattuša kazı alanı yakınlarında bulunan, Hitit İmparatorluğu zamanında yapılmış bir kaya tapınaktır. Bu tapınak, Hitit başkentinin doğusundaki iki kaya kütlesinin arasında bulunmuştur.

Kaya tapınağının daha büyük olup A Odası diye adlandırılan bölmesindeki kayalarda altmış dört tanrıyı geçit halinde gösteren bir dizi oyma bulunmuştur. Ortada, bir taraftan erkek tanrıların, bir taraftan kadın tanrıçaların geçitleri buluşur. Bu odanın hemen yanında B Odası adı verilen daha küçük bir bölme vardır. Buranın, Hitit Kralı IV. Tudhaliya'nın (İÖ 1237-1209 arası hüküm sürmüştür) gömüldüğü yer olduğu düşünülüyor.

1907'de Alman ekibin kazıları sırasında yerleşimi ziyaret eden Garstang, çeşitli gün ışığı koşullarında bu en önemli Hitit tapınağını kaydeden bir dizi önemli fotoğraf çekti.

Photograph of a procession of 12 deities in Chamber B of the Yazılıkaya rock sanctuary near Hattuša. They are thought to represent the gods of the underworld.

When this photograph was taken this relief was as yet unexcavated and it is possible to see soil and weeds at the bottom of the image.
GARSTANG MUSEUM OF ARCHAEOLOGY,
UNIVERSITY OF LIVERPOOL, (I/HIT/IK/035)

Hattuša yakınlarındaki Yazılıkaya kaya tapınağında bulunan B Odası'ndaki kayalara kazılı geçit halindeki on iki tanrı. Bunların yeraltı tanrılarını temsil ettikleri düşünülmektedir.

Bu fotoğraf çekildiğinde, alt kısımdaki gevşek toprak ve otlara bakılırsa bu kabartma o sıralarda henüz kazılmamış olmalı.
GARSTANG ARKEOLOJİ MÜZESİ,
LİVERPOOL ÜNİVERSİTESİ, (I/HIT/IK/035)

YAZILIKAYA 23-24 MAY 1907

YAZILIKAYA 23-24 MAYIS 1907

Chamber A of the Yazılıkaya rock sanctuary near Hattuša, showing John Garstang taking a photograph (centre, right). Immediately behind Garstang is the meeting of the two divine processions. Note the loose piles of soil that indicate that the sanctuary was still in the process of being excavated at the time this photo was taken.

GARSTANG MUSEUM OF ARCHAEOLOGY,
UNIVERSITY OF LIVERPOOL, (I/HIT/IK/002)

Garstang Hattuša yakınlarındaki Yazılıkaya Kaya Tapınağı A Odası'nda fotoğraf çekerken (orta, sağ tarafta). Hemen arkasında iki tanrı grubunun geçitlerinin buluştuğu nokta görülüyor. Gevşek toprak öbekleri, kaya tapınağı kazısının, bu fotoğrafın çekildiği sırada devam etmekte olduğuna işaret ediyor.

GARSTANG ARKEOLOJİ MÜZESİ,
LİVERPOOL ÜNİVERSİTESİ, (I/HIT/IK/002)

Stone relief carving of "the Meeting of Processions" at the Yazılıkaya rock sanctuary near Hattuša. In the image a male figure is being carried and is greeting a female figure riding an animal. These are thought to be the king and queen of the Hittite gods –the storm god Tešub standing on the shoulders of two mountain gods and sun goddess Hepat standing on a panther.

GARSTANG MUSEUM OF ARCHAEOLOGY,

UNIVERSITY OF LIVERPOOL, (I/HIT/IK/007)

Hattuša yakınlarındaki Yazılıkaya kaya tapınağında bulunan, "Geçitlerin Buluşması" adıyla anılan kaya kabartması. Fotoğrafta, taşınan bir erkek figürü görülüyor, erkek, bir hayvanın üzerindeki kadın figürünü selamlıyor. Bu ikisinin, Hitit tanrılarının kralıyla kraliçesi olduğu düşünülmektedir; fırtına tanrısı Tešub iki dağ tanrısının omuzlarında, güneş tanrıçası Hepat ise bir panterin üzerinde ayakta duruyor.

GARSTANG ARKEOLOJİ MÜZESİ,

LİVERPOOL ÜNİVERSİTESİ, (I/HIT/IK/007)

YAZILIKAYA 23-24 MAY 1907

YAZILIKAYA 23-24 MAYIS 1907

Alaca Höyük
25-26 May 1907

Alaca Höyük (known to Garstang as "Eyuk") is the site discovered in a deserted settlement mound in the Alaca region of the Çorum Province of Turkey. The site was occupied from the Neolithic period onwards. Evidence from pre-Hittite "royal tombs" show that there was an important settlement here prior to the Hittite conquest when it became over-shadowed by the nearby Hittite capital of Hattuša. Most of the standing monuments, including the remains of the palace, temple and the famous Sphinx Gate, date from the Hittite period.

The site was first excavated by Theodor Makridi Bey (1872-1940), an Ottoman Greek archaeologist, who subsequently became the second director of the Imperial Ottoman Museum (now known as the Istanbul Archaeological Museums) after Osman Hamdi Bey. John Garstang and his survey team visited the site during Makridi Bey's preliminary excavations here in 1907. The site was started to be extensively excavated by the Turkish Historical Association in 1935, under personal instruction from Atatürk, who contributed funding from his own budget.

Alaca Höyük
25-26 Mayıs 1907

Alaca Höyük (Garstang "Eyuk" diyordu), Türkiye'nin Çorum ilindeki Alaca bölgesinde bugün yerleşim olmayan bir yerde bulunan bir höyüktür. Burası neolitik dönemden itibaren yerleşim görmüş bir yerdir; Hitit öncesi döneme ait "kral mezarları"na dair bulgular, buranın Hititlerin fethinden önce de önemli bir yerleşim yeri olduğuna işaret ediyor. Daha sonra yakınlarda kurulan Hitit başkenti Hattuša'nın güçlenmesiyle önemini yitirmiş olmalı. Aralarında sarayın, tapınağın ve meşhur Sfenksli Kapı'nın da bulunduğu ayakta kalan anıtların pek çoğu Hitit dönemine aittir.

Bu yerleşim ilk defa, Rum asıllı Osmanlı arkeolog Theodor Makridi Bey (1872-1940) tarafından kazılmıştır. Makridi Bey daha sonra Müze-i Hümayunun, Osman Hamdi Bey'den sonraki ikinci direktörü olacaktı. John Garstang ve yüzey araştırma ekibi bu kazı alanını 1907 senesinde, Makridi Bey'in hazırlık kazıları sırasında ziyaret etti. Bu alan 1935'ten itibaren Türk Tarih Kurumu tarafından, bizzat Atatürk'ün talimatıyla ve özel bütçesinden verdiği mali destekle kapsamlı şekilde kazılmıştır.

The Sphinx Gate at Alaca Höyük during excavations in 1907, with various members of Theodor Makridi Bey's excavation team nearby.

GARSTANG MUSEUM OF ARCHAEOLOGY,
UNIVERSITY OF LIVERPOOL, (I/HIT/EY/004)

1907 Alaca Höyük kazıları sırasında, Theodor Makridi Bey ve kazı ekibinden çeşitli kişiler Sfenksli Kapı'nın önünde.

GARSTANG ARKEOLOJİ MÜZESİ,
LİVERPOOL ÜNİVERSİTESİ, (I/HIT/EY/004)

ALACA HÖYÜK 25-26 MAY 1907
ALACA HÖYÜK 25-26 MAYIS 1907

The Sphinx Gate at Alaca Höyük, showing one of the large sphinx sculptures with a man stood next to it.
GARSTANG MUSEUM OF ARCHAEOLOGY,
UNIVERSITY OF LIVERPOOL,
(I/HIT/EY/009)

Alaca Höyük'teki Sfenksli Kapı. Büyük boyutlu Sfenks heykellerinden biri, yanında duran bir adamla birlikte görülüyor.
GARSTANG ARKEOLOJİ MÜZESİ,
LİVERPOOL ÜNİVERSİTESİ,
(I/HIT/EY/009)

GARSTANG'S JOURNEY ACROSS ANATOLIA (1907)
GARSTANG'IN BÜYÜK ANADOLU SEYAHATİ (1907)

Image of two carved stones: one is a relief that depicts two figures, the other a bull on a pedestal found near the the Sphinx Gate at Alaca Höyük.

GARSTANG MUSEUM OF ARCHAEOLOGY,
UNIVERSITY OF LIVERPOOL, (I/HIT/EY/013)

Alaca Höyük'teki Sfenksli Kapı yakınlarında bulunan iki kabartmalı taş. Birinde bir kaide üzerinde bir boğa, ötekinde iki figürü resmeden kabartmalar görülüyor.

GARSTANG ARKEOLOJİ MÜZESİ,
LİVERPOOL ÜNİVERSİTESİ, (I/HIT/EY/013)

ALACA HÖYÜK 25-26 MAY 1907
ALACA HÖYÜK 25-26 MAYIS 1907

Kayseri (Caesarea)
2–6 June 1907

The Kayseri province of Turkey has been a continuous settlement since 3000 BCE, and is located on several major trade routes on the Silk Route across Asia Minor. The nearby ancient city of Kültepe was a trading post between the Hittites and the Assyrians. The city was known as Mazaca, but was later changed to Eusebia, and was known as Caesarea under the Romans. This is the name it was still known by when Garstang visited in 1907.

Whilst based in the city Garstang's team examined objects in the local bazaar; visited Mount Erciyes (ancient Mount Argeaus); and copied and photographed a Hittite inscription at Tope Nefezi, near Hisarcık.

Kayseri (Caesarea)
2–6 Haziran 1907

Türkiye'nin Kayseri ili İÖ 3000'den günümüze sürekli yerleşim görmüş bir yerdir. Şehir, İpek Yolu'nun Küçük Asya'dan geçen kesimindeki pek çok ticaret yolunun kesiştiği önemli bir konumda kurulmuştur. Yakınlarda bulunan antik Kültepe yerleşimi, Hititler ile Asurluların ticaret faaliyetlerinde önemli bir duraktı. Bir zamanlar Mazaca diye bilinen şehir daha sonra Eusebia diye adlandırılmış, Romalılar zamanındaysa Caesarea adını almıştır. Garstang orayı 1907'de ziyaret ettiğinde şehir bu adla anılıyordu.

Garstang ve ekibi şehirde kaldığı günler boyunca şehir pazarında karşılaştıkları çeşitli objeleri incelediler; Erciyes Dağı'na (antik Argeaus Dağı) gittiler, Hisarcık yakınlarında Tope Nefezi'ne giderek orada gördükleri bir Hitit yazıtını fotoğraflayıp kopyasını çıkardılar.

Image of a garden within cloisters at Kayseri (Caesarea). This is the Siraceddin Medresesi.

GARSTANG MUSEUM OF ARCHAEOLOGY,
UNIVERSITY OF LIVERPOOL, (I/HIT/CA/001)

Kayseri'de (Caesarea) avlu içinde bir bahçe. Kayseri, Siraceddin Medresesi.

GARSTANG ARKEOLOJİ MÜZESİ,
LİVERPOOL ÜNİVERSİTESİ, (I/HIT/CA/001)

KAYSERI (CAESAREA) 2–6 JUNE 1907

KAYSERİ (CAESAREA) 2–6 HAZİRAN 1907

One of a series of 12 images taken by Garstang's survey team of a two line Hittite rock inscription that was discovered on the slopes of Mount Erciyes at a place known as Tope Nefezi near the village of Hisarcık, Turkey.

GARSTANG MUSEUM OF ARCHAEOLOGY,

UNIVERSITY OF LIVERPOOL, (I/HIT/TN/007)

Garstang ve yüzey araştırma ekibinin, Erciyes Dağı eteklerinde Hisarcık kasabası yakınlarındaki Tope Nefezi adlı bir yerde buldukları iki satırlık Hitit kaya yazıtına ait 12 fotoğraflık seriden bir fotoğraf.

GARSTANG ARKEOLOJİ MÜZESİ,

LİVERPOOL ÜNİVERSİTESİ, (I/HIT/TN/007)

GARSTANG'S JOURNEY ACROSS ANATOLIA (1907)

GARSTANG'IN BÜYÜK ANADOLU SEYAHATİ (1907)

Headstones in an old Turkish cemetery in Kayseri (Caesarea).

GARSTANG MUSEUM OF ARCHAEOLOGY,
UNIVERSITY OF LIVERPOOL, (I/BOS/052)

Kayseri'deki (Caesarea) eski bir Türk mezarlığındaki mezar taşları.

GARSTANG ARKEOLOJİ MÜZESİ,
LİVERPOOL ÜNİVERSİTESİ, (I/BOS/052)

KAYSERI (CAESAREA) 2–6 JUNE 1907

KAYSERİ (CAESAREA) 2–6 HAZİRAN 1907

Gülek Boğazı (Cilician Gates)
15 June 1907

The Cilician Gates, a crucially strategic pass through the Taurus Mountains, connect central Anatolia with the low plains of Cilicia near Tarsus and the shores of the Mediterranean. The passage has been used since the time of the Hittites and was used by Alexander the Great, the Romans, and the Crusaders.

The images taken by Garstang's survey team near the Cilician Gates in 1907 are an important document of how that crucial area looked and how it was used during Ottoman times. The landscape has been dramatically altered by a multi-lane highway and train tracks that have been built through this narrow gorge, which is now known as the Gülek Pass..

Gülek Boğazı (Kilikya Kapıları)
15 Haziran 1907

Kilikya Kapıları, Toros Dağları'ndan geçip orta Anadolu'yla Tarsus civarındaki denize yakın ovalara yayılan Kilikya'yı ve Akdeniz kıyılarını bağlayan büyük stratejik öneme sahip bir geçittir. Bu geçit Hititler zamanından bu yana kullanılmaktadır, Büyük İskender, Romalılar ve Haçlılar tarafından da kullanılmıştır.

Kilikya Kapıları yakınlarında Garstang ve yüzey araştırma ekibinin 1907'de çektikleri fotoğraflar böylesine kilit önemde bir yerin neye benzediğine, Osmanlılar zamanında nasıl kullanıldığına dair önemli bir kayıt niteliğindedir. Bugün Gülek Boğazı olarak bilinen, içinden çok şeritli bir otoyol ve demiryolu geçen bu dar geçit, antik çağlardaki halinden tamamen farklı bir manzara sergiliyor.

Image showing a road through the Gülek Boğazı (Cilician Gates), showing two men on horses (possibly members of the survey team). Includes a hand written note stating "Cilician Gates, looking back at entrance."

GARSTANG MUSEUM OF ARCHAEOLOGY,
UNIVERSITY OF LIVERPOOL,
(I/HIT/CIG/006)

Gülek Boğazı'ndan (Kilikya Kapıları) geçen bir yolda at süren iki adam (büyük ihtimalle yüzey araştırma ekibinden kişiler). Fotoğrafın üzerinde "Kilikya Kapıları, girişe doğru bakış" diye elle yazılmış bir ibare var.

GARSTANG ARKEOLOJİ MÜZESİ,
LİVERPOOL ÜNİVERSİTESİ,
(I/HIT/CIG/006)

GÜLEK BOĞAZI (CILICIAN GATES) 15 JUNE 1907
GÜLEK BOĞAZI (KİLİKYA KAPILARI) 15 HAZİRAN 1907

The road approaching the Gülek Boğazı (Cilician Gates), featuring a small structure cut into the hillside with a horse and cart outside.

GARSTANG MUSEUM OF ARCHAEOLOGY,
UNIVERSITY OF LIVERPOOL, (I/HIT/CIG/002)

Gülek Boğazı'na (Kilikya Kapıları) giden yol. Dağ yamacına gömülü, önünde bir at ve at arabası görünen küçük bir yapı görülüyor.

GARSTANG ARKEOLOJİ MÜZESİ,
LİVERPOOL ÜNİVERSİTESİ, (I/HIT/CIG/002)

GARSTANG'S JOURNEY ACROSS ANATOLIA (1907)
GARSTANG'IN BÜYÜK ANADOLU SEYAHATİ (1907)

Image of mountain pass, with a stream running through it. There is also a flat roofed building in the foreground with a carriage visible in front. This location is probably the Gülek Boğazı (Cilician Gates).

GARSTANG MUSEUM OF ARCHAEOLOGY,
UNIVERSITY OF LIVERPOOL, (I/MISC/F/032)

İçinden bir dere geçen dağ geçidi. Ön planda, önünde bir araba bulunan düz damlı bir bina görünüyor. Burası büyük ihtimalle Gülek Boğazı'dır (Kilikya Kapıları).

GARSTANG ARKEOLOJİ MÜZESİ,
LİVERPOOL ÜNİVERSİTESİ, (I/MISC/F/032)

GÜLEK BOĞAZI (CILICIAN GATES) 15 JUNE 1907
GÜLEK BOĞAZI (KİLİKYA KAPILARI) 15 HAZİRAN 1907

Tarsus and Iskenderun
17–24 June 1907

Tarsus is a town in the Mersin Province of Turkey. The area was first settled in the Neolithic period and was known to the Hittites as Tarša. It was situated on several important trade routes that connected Syria and the Mediterranean to Central Anatolia via the Cilician Gates. Due to its strategic importance the city has been controlled by various empires, including the Assyrians, Persians, Greeks and Romans.

The modern Turkish city of İskenderun was known in Greek as Alexandretta, meaning "Little Alexandria." The city had been founded by Alexander the Great after he defeated the Persian army at the nearby Battle of Issus. This coastal city has historically been of strategic importance because it controls access to the Syrian Gates, a narrow pass between the coastal lowlands of the Mediterranean and Syria.

Garstang was to return to this region in 1936 to excavate the site of Yümüktepe in Mersin. This was to be his last excavation and in 1956 he died after visiting his old excavations at Mersin while guiding a group of tourists.

Tarsus ve İskenderun
17–24 Haziran 1907

Tarsus, Türkiye'nin Mersin iline bağlı bir ilçedir. İlk defa neolitik devirde yerleşim görmüştür, Hititler zamanında Tarša diye anılırdı. Yerleşim, Kilikya Kapıları kanalıyla Suriye ve Akdeniz'i Orta Anadolu'ya bağlayan önemli ticaret yollarının geçtiği bir yerde kurulmuştur. Bu stratejik konumundan dolayı, aralarında Asur, Pers, Helen ve Roma'nın da bulunduğu çeşitli imparatorlukların egemenliği altında yaşamıştır.

Modern Türk şehri İskenderun, Yunanlılar zamanında Alexandretta diye bilinirdi. Anlamı "Küçük Alexandria"dır. Şehir, yakınlarda yapılan İssos Savaşı'nda Pers ordusunu yenen Büyük İskender tarafından kurulmuştur. Bu liman şehri, Akdeniz kıyı kesimiyle Suriye arasındaki dar bir geçit olan Suriye Kapıları'na erişimi kontrolü altında tutmasından dolayı tarih boyu stratejik bir öneme sahip olmuştur.

Garstang, daha sonra 1936'da bu bölgeye dönecek, Mersin, Yümüktepe sit alanını kazacaktı. Bu onun son kazısı olacaktı. Bu bir zamanlar kazdığı yeri son defa, bu sefer bir grup turiste rehberlik ederek gezdikten sonra 1956'da vefat etmiştir.

Image of the walls of Donuktaş near Tarsus, Turkey. Three men can be seen standing on the wall. Locally these are connected by an unproven Greek myth to the Tomb of Sardanapalus (Ashur-uballit II, the last king of Assyria, 612-605 BCE) which Alexander the Great visited on the eve of the Battle of Issus (333 BCE).

GARSTANG MUSEUM OF ARCHAEOLOGY,

UNIVERSITY OF LIVERPOOL, (I/BOS/061)

Tarsus yakınlarındaki Donuktaş surları. Surların üzerinde ayakta duran üç adam görülüyor. Yerel tarihte bu surlar, kesin olarak kanıtlanamamakla birlikte, Yunan mitolojisinde geçen Sardanapalos'un Mezarı'yla (İÖ 612-605 yılları arasında yaşamış olan son Asur kralı II. Asur-uballit) ilişkilendirilir. Anlatıya göre Büyük İskender, İssos Savaşı'nın başlamasından (İÖ 333) bir gece önce burayı ziyaret etmiştir.

GARSTANG ARKEOLOJİ MÜZESİ,

LİVERPOOL ÜNİVERSİTESİ, (I/BOS/061)

TARSUS AND ISKENDERUN 17–24 JUNE 1907

TARSUS VE İSKENDERUN 17–24 HAZİRAN 1907

Image of three horse-drawn caravans and people crossing a bridge near İskenderun (Alexandretta), Turkey.

This bridge still stands and is located near Payas Castle between Dörtyol and İskenderun.

GARSTANG MUSEUM OF ARCHAEOLOGY,
UNIVERSITY OF LIVERPOOL, (I/BOS/010)

İskenderun (Alexandretta) yakınlarında bir köprüden geçen üç atlı arabadan oluşan bir kervan ve insanlar.

Dörtyol ile İskenderun arasındaki Payas Kalesi yakınlarında bulunan bu köprü bugün hâlâ ayaktadır.

GARSTANG ARKEOLOJİ MÜZESİ,
LİVERPOOL ÜNİVERSİTESİ, (I/BOS/010)

GARSTANG'S JOURNEY ACROSS ANATOLIA (1907)
GARSTANG'IN BÜYÜK ANADOLU SEYAHATİ (1907)

An image described in Garstang's book *Land of the Hittites* (1910) as being a sacred stone in a coffin in the court of an Arab shrine. Photograph taken at Tarsus, Turkey.

GARSTANG MUSEUM OF ARCHAEOLOGY,

UNIVERSITY OF LIVERPOOL, (I/BOS/63)

Garstang'ın *Land of the Hittites* (1910) adlı kitabında, bir Arap türbesinin avlusundaki tabutta bulunan kutsal taş diye tasvir edilen taş. Fotoğraf Tarsus'ta çekilmiştir.

GARSTANG ARKEOLOJİ MÜZESİ,

LİVERPOOL ÜNİVERSİTESİ, (I/BOS/63)

Image of the coastline in the Gulf of İskenderun (Alexandretta Gulf), Turkey, featuring a man (possibly a member of the 1907 survey team) looking out to sea.

GARSTANG MUSEUM OF ARCHAEOLOGY,
UNIVERSITY OF LIVERPOOL, (I/BOS/90)

İskenderun Körfezi (Alexandretta Körfezi) sahilinde denizi seyreden bir adam. Büyük ihtimalle 1907'de bölgeye giden yüzey araştırma ekibinden biri.

GARSTANG ARKEOLOJİ MÜZESİ,
LİVERPOOL ÜNİVERSİTESİ, (I/BOS/90)

GARSTANG'S JOURNEY ACROSS ANATOLIA (1907)
GARSTANG'IN BÜYÜK ANADOLU SEYAHATİ (1907)

Image of gardens with a settlement in the background at Tarsus, Turkey. Includes a handwritten note "Gardens and town, 45 A1."

GARSTANG MUSEUM OF ARCHAEOLOGY,
UNIVERSITY OF LIVERPOOL, (I/HIT/TA/001)

Tarsus'ta, arka planda bir yerleşimin bulunduğu bahçeler. Fotoğrafta el yazısıyla "Bahçeler ve şehir, 45 A1" şeklinde bir not bulunuyor.

GARSTANG ARKEOLOJİ MÜZESİ,
LİVERPOOL ÜNİVERSİTESİ, (I/HIT/TA/001)

TARSUS AND ISKENDERUN 17–24 JUNE 1907

TARSUS VE İSKENDERUN 17–24 HAZİRAN 1907

Images taken by the survey team at "Baylan Pass," believed to be Belen Pass, the summit of the Syrian Gates, which is now called Top Boğazı.

The Syrian Gates is a mountain pass through the Nur Mountains (ancient Amanus) in the Hatay Province of Turkey. This is the most important route from the Mediterranean coast to Syria.

GARSTANG MUSEUM OF ARCHAEOLOGY,
UNIVERSITY OF LIVERPOOL, (I/HIT/BAY/001)

Yüzey araştırma ekibinin "Baylan Geçiti"nde çektiği fotoğraflar. Doğrusu Belen Geçidi olabilir. Bir zamanlar Suriye Kapıları diye bilinen geçidin günümüzdeki adı Top Boğazı'dır.

Suriye Kapıları, Türkiye'nin Hatay İli'ndeki Nur Dağları'nda (antik Amanus Dağları) bulunan bir dağ geçididir. Burası, Akdeniz kıyısından Suriye'ye giden en önemli yoldur.

GARSTANG ARKEOLOJİ MÜZESİ,
LİVERPOOL ÜNİVERSİTESİ, (I/HIT/BAY/001)

The survey team on horses, possibly taken near Baylan Pass (Top Boğazı, Turkey). The sky section of the Image has been painted on the emulsion side of the negative.

GARSTANG MUSEUM OF ARCHAEOLOGY,
UNIVERSITY OF LIVERPOOL (I/HIT/BAY/002)

Yüzey araştırması ekibi at sırtında. Bu fotoğraf, büyük ihtimalle Baylan Geçidi'nde (Top Boğazı) çekilmiş. Fotoğrafın gökyüzü kısmı negatifin emülsiyon yüzünde boyanmış.

GARSTANG ARKEOLOJİ MÜZESİ,
LİVERPOOL ÜNİVERSİTESİ (I/HIT/BAY/002)

TARSUS AND ISKENDERUN 17–24 JUNE 1907

TARSUS VE İSKENDERUN 17–24 HAZİRAN 1907

Kilis
28 June 1907

Kilis became a province in 1994. When Garstang visited the region in 1907, he travelled up the Afrin Valley in western Kilis, visiting Ravanda and Karakıl, as well as the town of Kilis where he saw many Hittite artefacts being sold openly in the bazaar. Presence of these wares in the bazaar showed him that this was an important area for Hittite archaeology and he returned to the region in 1908 to begin excavations at the nearby site of Sakçagözü.

Kilis
28 Haziran 1907

Kilis 1994 yılında il oldu. Garstang 1907'de orayı ziyaret ettiğinde, Kilis'in batısındaki Afrin Vadisi'nden geçerek Ravanda ve Karakıl'a uğradı. Kilis kasaba pazarda Hitit devrinden kalma pek çok eserin satıldığını gördü. Bu sayede oranın Hitit arkeolojisi açısından önemli bir yer olduğunu anladı, 1908'de oraya bir daha giderek yakınlardaki Sakçagözü'nde kazı yapmaya başladı.

Image of a large medieval fortress on top of a hill at Ravanda Kalesi. Some substance has been rubbed across the sky section of the image. There is also an eyelash which has become attached to the emulsion (middle left in the sky part of the image).

GARSTANG MUSEUM OF ARCHAEOLOGY, UNIVERSITY OF LIVERPOOL, (I/HIT/R/001)

Ravanda Kalesi'ndeki tepede bulunan büyük ortaçağ kalesi. Fotoğrafın gökyüzü kısmında kazınan bir yer olduğu görünüyor. Ayrıca emülsiyon tarafına, ortada gökyüzünün soluna doğru yapışmış olan kirpik de görülebiliyor.

GARSTANG ARKEOLOJI MÜZESI, LIVERPOOL ÜNIVERSITESI (I/HIT/R/001)

KILIS 28 JUNE 1907

KİLİS 28 HAZİRAN 1907

Garstang found many of the sites on his survey through conversing with villagers in Arabic and Turkish. In this image, he can be seen discussing routes with a group of local people near the Medieval citadel of Ravanda Kale, west of Kilis. This photograph and others show how relaxed Garstang was when engaging with local people, sitting on the floor and talking as equals—not at all the image of the British Imperial superiority that his sponsors back in England would have expected to see!

GARSTANG MUSEUM OF ARCHAEOLOGY,
UNIVERSITY OF LIVERPOOL, (I/HIT/R/002)

Garstang yüzey araştırma seyahatinde köylülerle Arapça ve Türkçe konuşması sayesinde pek çok yerleşimi bulmuştu. Bu fotoğrafta Kilis'in batısındaki ortaçağdan kalma Ravanda Kalesi yakınlarında bir grup yöre insanına yol sorarken görülüyor. Bu ve benzeri fotoğraflardan Garstang'ın yöre insanlarıyla ne kadar rahat iletişim kurduğu anlaşılıyor. İngiltere'de ona sponsor olan işadamlarının görmeyi bekleyeceği Britanya İmparatorluğu'nun tepeden bakan mensubu olmanın çok uzağında, burada yerde insanlarla birlikte, onları kendi dengi olarak görerek oturmuş bir insan görüyoruz!

GARSTANG ARKEOLOJİ MÜZESİ,
LİVERPOOL ÜNİVERSİTESİ, (I/HIT/R/002)

GARSTANG'S JOURNEY ACROSS ANATOLIA (1907)
GARSTANG'IN BÜYÜK ANADOLU SEYAHATİ (1907)

As Garstang and his caravan passed through the village of Karakıl, a Kurdish family posed for him in series of formal portraits. The photographs centred on the Chief surrounded by his family, all of whom were dressed in their finery. Garstang took eight photographs in this series, an unusually high number of photographs of any single event. One can only surmise that Garstang had already formed an idea about ethnicity that he could use in his anthropology research, or that this chief had been particularly helpful or hospitable to him on his way.

GARSTANG MUSEUM OF ARCHAEOLOGY, UNIVERSITY OF LIVERPOOL, (I/HIT/K/002)

Garstang kervanıyla birlikte Karakıl köyünden geçerken, bir Kürt ailesi ona bir dizi poz vermiş. Ortada aile reisi, etrafında en güzel giysileriyle ailesi. Garstang bu seride sekiz fotoğraf çekmişti, normalde tek bir sahne için bu kadar çok fotoğraf çekmezdi. Bu aileyi bu kadar çok çekmesi Garstang'ın kafasında ileride antropolojik araştırmalarında kullanacağı etnisiteye dair bir düşünce geliştirdiğine işaret ediyor olabilir veya belki de bu aile reisi ona özel bir yardımda bulunmuş, misafirperverlik göstermişti.

GARSTANG ARKEOLOJİ MÜZESİ, LİVERPOOL ÜNİVERSİTESİ, (I/HIT/K/002)

KILIS 28 JUNE 1907

KİLİS 28 HAZİRAN 1907

GARSTANG MUSEUM OF ARCHAEOLOGY, UNIVERSITY OF LIVERPOOL, (I/MISC/G/011)

GARSTANG ARKEOLOJİ MÜZESİ, LİVERPOOL ÜNİVERSİTESİ, (I/MISC/G/011)

GARSTANG'S JOURNEY ACROSS ANATOLIA (1907)
GARSTANG'IN BÜYÜK ANADOLU SEYAHATİ (1907)

GARSTANG MUSEUM OF
ARCHAEOLOGY, UNIVERSITY OF
LIVERPOOL, (I/BOS/087)

GARSTANG ARKEOLOJİ MÜZESİ,
LİVERPOOL ÜNİVERSİTESİ,
(I/BOS/087)

KILIS 28 JUNE 1907

KİLİS 28 HAZİRAN 1907

GARSTANG MUSEUM OF ARCHAEOLOGY, UNIVERSITY OF LIVERPOOL, (I/HIT/K/004)

GARSTANG ARKEOLOJİ MÜZESİ, LİVERPOOL ÜNİVERSİTESİ, (I/HIT/K/004)

GARSTANG'S JOURNEY ACROSS ANATOLIA (1907)
GARSTANG'IN BÜYÜK ANADOLU SEYAHATİ (1907)

GARSTANG MUSEUM OF ARCHAEOLOGY, UNIVERSITY OF LIVERPOOL, (I/MISC/H/006)

GARSTANG ARKEOLOJİ MÜZESİ, LİVERPOOL ÜNİVERSİTESİ, (I/MISC/H/006)

KILIS 28 JUNE 1907

KİLİS 28 HAZİRAN 1907

Gaziantep
2 July 1907

It is believed that the area around the Gaziantep province of Turkey has been occupied since the Hittite Period. Today it is one of the agricultural and industrial centres of Turkey. It was known as Aintab at the time of the survey and was part of the Aleppo province under the Ottoman Empire. In 1920 it was ceded to Turkey according to the Treaty of Sèvres and in 1921 was renamed Gaziantep. At present it is still informally known as Antep to local people.

In Gaziantep, Garstang discovered an inscribed granite corner stone and a fragment of a relief near a school. Garstang believed that the stone may have been part of a building or a hero monument.

When Garstang photographed this inscription in 1907, the Hittite language and hieroglyphic script had not been deciphered. It was only by his extensive survey and the mapping of such inscriptions that the true size and scale of the Hittite Empire began to be realised. His systematic photographic recording of the inscriptions also made it easier for scholars to eventually understand and translate them.

Gaziantep
2 Temmuz 1907

Türkiye'nin Gaziantep ili ve civarının Hititlerden günümüze sürekli yerleşim gördüğüne inanılmaktadır, günümüz Türkiye'sinin de önde gelen tarım ve sanayi merkezlerinden biridir. Yüzey araştırmasının yapıldığı dönemde Antep diye anılan şehir, Osmanlı İmparatorluğu'nun Halep Vilayeti'ne bağlıydı. Sèvres Antlaşması'yla birlikte 1920'de Türkiye sınırları içinde kaldı ve 1921'de Gaziantep adını aldı, ancak bugün orada yaşayanlar şehirlerine hâlâ Antep der.

Garstang, Gaziantep'te bir okul yakınlarında, üzerinde yazıt olan granit bir köşe taşı ile bir kabartma parçası bulmuştu. Bu taşın, bir binanın veya bir kahraman adına yapılmış bir anıtın parçası olduğuna inanıyordu.

Garstang 1907'de bu yazıtın fotoğrafını çektiğinde henüz Hititçe ve hiyeroglif çözülmemişti. Hitit İmparatorluğu'nun gerçek boyutları ve nüfuz alanı, Garstang'ın bu kapsamlı yüzey araştırması ve bulduğu bu tip yazıtların haritada konumlandırılması sayesinde anlaşılmaya başlanmıştır. Bulduğu yazıtları sistematik şekilde fotoğraflaması, ileride araştırmacıların bunları okuyup anlaması ve tercüme etmesini kolaylaştırmıştır.

Image of an inscription on a sculptured granite cornerstone at Gaziantep (Aintab), Turkey.

GARSTANG MUSEUM OF ARCHAEOLOGY,
UNIVERSITY OF LIVERPOOL, (I/HIT/AI/001)

Gaziantep'te bulunan işlenmiş granit köşe taşının üzerindeki yazıt.

GARSTANG ARKEOLOJİ MÜZESİ,
LİVERPOOL ÜNİVERSİTESİ, (I/HIT/AI/001)

Image of a sculptured granite cornerstone at Gaziantep (Aintab), Turkey, featuring what appears to be a carving of a human leg.

GARSTANG MUSEUM OF ARCHAEOLOGY,
UNIVERSITY OF LIVERPOOL, (I/HIT/AI/003)

Gaziantep'te bulunan işlenmiş granit köşe taşının üzerindeki insan bacağına benzeyen şekil.

GARSTANG ARKEOLOJİ MÜZESİ,
LİVERPOOL ÜNİVERSİTESİ, (I/HIT/AI/003)

GAZIANTEP 2 JULY 1907

GAZİANTEP 2 TEMMUZ 1907

Digital composite of two photographs taken by Garstang during his survey of 1907. It shows a group of children and teachers. It is not clear which school this is but it may be the Central Turkey College in Gaziantep. Garstang was known to have used the help of Christian missionaries who ran schools such this one during his work in the region. (Photo composed by Tetrazon.)

GARSTANG MUSEUM OF ARCHAEOLOGY, UNIVERSITY OF LIVERPOOL

(I/MISC/G/013 AND I/MISC/G/014)

Garstang'ın 1907 Yüzey Araştırması sırasında çektiği iki fotoğrafın dijital ortamda kurgulanmasıyla yapılan bu fotoğraf öğrenci ve öğretmen gruplarını gösteriyor. Hangi okul olduğu tam anlaşılmasa da Gaziantep'teki Merkez Kolej olması muhtemel. Garstang bölgedeki çalışmaları sırasında bu ve benzeri okulları yöneten Hıristiyan misyonerlerin yardımlarına başvururdu. (Tetrazon tarafından kurgulandı.)

GARSTANG ARKEOLOJİ MÜZESİ, LİVERPOOL ÜNİVERSİTESİ (I/MISC/G/013 AND I/MISC/G/014)

GAZIANTEP 2 JULY 1907

GAZİANTEP 2 TEMMUZ 1907

Nabi Huri (Cyrrhus), Syria
29 June 1907, revisited on 6 July 1907

Cyrrhus is an ancient Hellenistic and Roman city close to the modern Turkish/Syrian border near the modern Syrian village of Nabi Huri. Cyrrhus was founded in 300 BCE following the conquests of Alexander the Great. As was typical of an eastern city of the Hellenistic period, the city adhered to a grid plan. Cyrrhus was an important administrative and military hub, and also served as an important centre in the early history of the Christian church. The city was occupied by several forces but by the 14th century it was largely abandoned.

At the time of Garstang's survey the city had been completely abandoned and only ruins remained. The survey team passed through the site twice on their way between Gaziantep and Aleppo. Excavations at Cyrrhus did not begin until 1952.

Nabi Huri (Cyrrhus), Suriye
29 Haziran 1907; ekip 6 Temmuz 1907'de bir kez daha gitti

Cyrrhus günümüz Türkiye-Suriye sınırındaki Suriye kasabası Nabi Huri yakınlarında bulunan bir antik Yunan ve Roma şehridir. Cyrrhus, İÖ 300'de Büyük İskender'in fethinin ardından kurulmuştur. Helenistik dönemde tipik Doğu şehri planı olan ızgara plana sahiptir. Cyrrhus önemli bir idari ve askeri merkezdi, ayrıca erken dönem Hıristiyan Kilisesi'nin de önemli bir merkezi olmuştu. Şehir pek çok işgale uğramış, daha sonra on dördüncü yüzyılda büyük ölçüde terk edilmiştir.

Garstang'ın yüzey araştırması yaptığı dönemde şehir tamamen terk edilmiş bir harabeydi. Ekip, Gaziantep'ten Halep'e gidip gelirken buradan iki defa geçti. Cyrrhus kazıları ancak 1952'de başlayabildi.

Image of a man standing next to a hexagonal tower that formed part of a Roman mausoleum at Nabi Huri (Cyrrhus), Syria.

GARSTANG MUSEUM OF ARCHAEOLOGY,
UNIVERSITY OF LIVERPOOL, (I/HIT/HP/003)

Suriye, Nabi Huri'deki (Cyrrhus) Roma dönemi mozolesinin bir kısmını oluşturan altıgen kulenin yanında duran adam.

GARSTANG ARKEOLOJİ MÜZESİ,
LİVERPOOL ÜNİVERSİTESİ, (I/HIT/HP/003)

NABI HURI (CYRRHUS), SYRIA 29 JUNE 1907
NABİ HURİ (CYRRHUS), SURİYE 29 HAZİRAN 1907

An image showing a well-preserved Roman bridge at Nabi Huri (Cyrrhus), Syria.

This is one of two Roman bridges that survive at the site, both of which were photographed by Garstang.

GARSTANG MUSEUM OF ARCHAEOLOGY,
UNIVERSITY OF LIVERPOOL, (I/HIT/HP/011)

Suriye, Nabi Huri'de (Cyrrhus) iyi korunmuş bir Roma köprüsü.

Bu, yerleşimde Roma döneminden günümüze kalan iki köprüden biridir. Garstang iki köprüyü de fotoğraflamıştı.

GARSTANG ARKEOLOJİ MÜZESİ,
LİVERPOOL ÜNİVERSİTESİ, (I/HIT/HP/011)

GARSTANG'S JOURNEY ACROSS ANATOLIA (1907)
GARSTANG'IN BÜYÜK ANADOLU SEYAHATİ (1907)

Image of a man standing next to the ruins of an arched construction thought to be at Nabi Huri (Cyrrhus), Syria.

GARSTANG MUSEUM OF ARCHAEOLOGY,
UNIVERSITY OF LIVERPOOL, (I/HIT/HP/008)

Suriye, Nabi Huri'de (Cyrrhus) olduğu düşünülen kemerli bir yapının kalıntılarının yanında duran adam.

GARSTANG ARKEOLOJİ MÜZESİ,
LİVERPOOL ÜNİVERSİTESİ, (I/HIT/HP/008)

NABI HURI (CYRRHUS), SYRIA 29 JUNE 1907

NABİ HURİ (CYRRHUS), SURİYE 29 HAZİRAN 1907

Aleppo, Syria
8 July 1907

Aleppo in Syria (also known as Halab in Arabic) is thought to be one of the oldest continuously inhabited cities in the world and dates from the 3rd Millennium BCE. At the time of Garstang's survey, the city was the seat of an Ottoman province. In 1920 the city became part of the newly created state of Syria, although most of its former province became part of Turkey in 1923 as a result of the Turkish War of Independence.

The city came under the rule of the Hittites in the 15th century BCE and was the main centre for storm-god worship. Aleppo survived as a late-Hittite city until it came under Assyrian rule in the 9th century BCE. In 1996 archaeologists discovered the temple of the storm-god on the citadel. The temple has inscriptions that date from as early as the 11th century BCE, and also features a series of reliefs that are similar to those that Garstang himself uncovered in 1908 at Sakçagözü to the north of Aleppo, near Gaziantep.

Halep, Suriye
8 Temmuz 1907

Suriye'nin Halep şehrinin (Arapça Halab) bilinen en eski yerleşim yerlerinden biri olduğu düşünülmektedir. Şehrin tarihi İÖ üçüncü bin yıla kadar uzanır. Garstang'ın yüzey araştırmasını yaptığı dönemde şehir bir Osmanlı vilayetinin merkeziydi. Şehir 1920'de yeni kurulan Suriye devletinin sınırları içinde kalırken, vilayet topraklarının büyük kısmı 1923 İstiklal Savaşı sonrası Türkiye topraklarında kaldı.

Şehir, İÖ on beşinci yüzyılda Hititlerin egemenliği altına girdi. Fırtına tanrısının ana tapınağı oradaydı. İÖ dokuzuncu yüzyılda Asurluların egemenliği altına girene kadar geçen süreçte bir geç dönem Hitit şehri oldu. Arkeologlar 1996 senesinde içkalede fırtına tanrısının tapınağını buldular. Tapınakta İÖ on birinci yüzyıl kadar erken bir tarihe giden yazıtlar vardır, orada ayrıca Garstang'ın 1908'de Halep'in kuzeyinde, Gaziantep yakınlarında Sakçagözü'nde bulduğu bir dizi kabartmaya benzer kabartmalar da bulunmuştur.

Image of the medieval Citadel of Aleppo, Syria in 1907.

The sky section of the Image has been painted on the emulsion side of the negative.

GARSTANG MUSEUM OF ARCHAEOLOGY,
UNIVERSITY OF LIVERPOOL, (I/HIT/AL/002)

Ortaçağdan kalma Halep İçkalesi, Suriye, 1907.

Fotoğraftaki gökyüzü kısmı negatifin emülsiyon tarafında boyanmıştır.

GARSTANG ARKEOLOJİ MÜZESİ,
LİVERPOOL ÜNİVERSİTESİ, (I/HIT/AL/002)

ALEPPO, SYRIA 8 JULY 1907

HALEP, SURİYE 8 TEMMUZ 1907

The entrance to the medieval Citadel of Aleppo, Syria in 1907.

The sky section of the Image has been painted on the emulsion side of the negative. Black paper has also been stuck to the edge of the image.

GARSTANG MUSEUM OF ARCHAEOLOGY,
UNIVERSITY OF LIVERPOOL, (I/HIT/AL/003)

Ortaçağdan kalma Halep İçkalesi'nin girişi, 1907.

Fotoğraftaki gökyüzü kısmı negatifin emülsiyon tarafında boyanmış, ayrıca fotoğrafın kenarlarına siyah kâğıt yapıştırılmıştır.

GARSTANG ARKEOLOJİ MÜZESİ,
LİVERPOOL ÜNİVERSİTESİ, (I/HIT/AL/003)

GARSTANG'S JOURNEY ACROSS ANATOLIA (1907)
GARSTANG'IN BÜYÜK ANADOLU SEYAHATİ (1907)

Cityscape and skyline of Aleppo, Syria, taken from the medieval citadel and showing a market/workshops, houses, and mosques in 1907.

GARSTANG MUSEUM OF ARCHAEOLOGY,
UNIVERSITY OF LIVERPOOL, (I/BOS/092)

Ortaçağdan kalma Halep İçkalesi'nden şehir manzarası ve ufuk. Bir pazar yeri, işlikler, evler ve camiler görülüyor (1907).

GARSTANG ARKEOLOJİ MÜZESİ,
LİVERPOOL ÜNİVERSİTESİ, (I/BOS/092)

ALEPPO, SYRIA 8 JULY 1907

HALEP, SURİYE 8 TEMMUZ 1907

Bibliography | Kaynakça

A.A.P., 1947. "Village 8,000 Years Old Uncovered by Archaeologists," *The Sydney Morning Herald [NSW: 1842 - 1954]*, 23 May, 3.

Adams, Barbara. 1987. *The Fort Cemetery of Hierakonpolis. Excavations by John Garstang*. London: Kegan Paul.

Adams, Barbara. 1990. *Ancient Nekhen. Garstang in the City of Hierakonpolis*. (Egyptian Studies Association No. 3). New Maldon: SIA.

Akçura, N. 1972. "Türkiye ve Eski Eserler," *Mimarlık* 8: 39-42.

Alaura, Silvia. 2006. *"Nach Boghasköi!": Zur Vorgeschichte der Ausgrabungen in Boğazköy-Hattusa und zu den archäologischen Forschungen bis zum Ersten Weltkrieg. 13em Sendschrift der Deutschen Orient-Gesellschaft*. Wiesbaden: Harrassowitz.

Albright, W. F. 1956. "John Garstang in Memoriam," *Bulletin of the American Schools of Oriental Research* 144: 7-8.

Allan, Douglas. 1931. *Handbook and Guide to the Aegean and Hittite Collections on Exhibition in The Public Museums, Liverpool*. Liverpool: Public Museums Liverpool.

Baker, John. 1971. *Jesus College, Oxford 1571-1971*. London: Oxonian.

Boehmer, Rainer M. and Hans G. Güterbock. 1987. *Glyptik auf dem Stadtgebiet von Boğazköy: Grabungskampagnen 1931-1939, 1952-1978*. Berlin: Mann.

Bryce, Trevor. 2002. *Life and Society in the Hittite World*. Oxford: Oxford University Press.

Burney, Charles. 2004. *Historical Dictionary of the Hittites*. The Scarecrow Press Inc.

Çal, H. 1997. "Osmanlı Devletinde Asar-ı Atika Nizamnameleri," *Vakıflar Dergisi*, Ankara 26: 391-400.

Ceram, C.W. (pseudonym of Kurt Wilhelm Marek). 1957. *Narrow Pass, Black Mountain: the discovery of the Hittite Empire*. 2nd ed. London: Readers Union.

Cobbing, Felicity and Jonathan Tubb. 2005. "Before the Rockefeller: The First Palestine Museum in Jerusalem," *Mediterraneum* 5: 79-89.

Coulton, James J. 1998. "Highland cities in southwest Turkey: the Oinoanda and Balboura surveys" in *Ancient Anatolia: Fifty Years' Work by the British Institute at Ankara* ed. Roger Matthews. 225-36. London: British Institute at Ankara.

Downes, Dorothy. 1974. *The Excavations at Esna, 1905-1906*. Warminster: Aris and Phillips.

Drower, Margaret S. 1995. *Flinders Petrie: A life in Archaeology*. Wisconsin: University of Wisconsin Press.

du Plat Taylor, Joan, M. Veronica Seton-Williams, and John Waechter. 1950. "The Excavations at Sakce Gözü," *Iraq* 12(2): 53-138.

Eriş, M. Ü. 2012. "Asar-ı Atika Nizamnamelerinden 2863 Sayılı Kültür ve Tabiat Varlıklarını Koruma Kanununa Mevzuatın Karşılaştırmalı Bir İncelemesi," Kültür ve Turizm Bakanlığı Kültür Varlıkları ve Müzeler Genel Müdürlüğü, Ankara.

FitzGerald, G. M., F. Köprülü, J.A. Wilson, Ş. Günaltay, M.E.L. Mallowan, H.Z. Koşay, P.L.–H. Vincent, F. Schachermeyr, E. Weidner, L. A. Mayer, H.W. Fairman, L. Woolley. 1956. "John Garstang. Born 5th May, 1876," *Anatolian Studies* 6, Special Number in Honour and in Memory of Professor John Garstang: 27-34.

Freeman, Philip. 2007. *The Best Training Ground for Archaeologists. Francis Haverfield and the Invention of Romano-British Studies.* Oxford: Oxbow.

Garstang, J. 1908a. "Notes on a Journey through Asia Minor," *Annals of Archaeology and Anthropology, Liverpool* 1: 1-12

Garstang, J. 1908a. "Notes on a Journey through Asia Minor," *Annals of Archaeology and Antropology* 1/MCMVIII: 1-12.

Garstang, J. 1908b. "Excavations at Sakje Geuzi, in North Syria: Preliminary Report for 1908," *Liverpool Annals of Archaeology and Anthropology* 1/MCMVIII: 97–117.

Garstang, J. 1908b. "Excavations at Sakje-Geuzi in North Syria: Preliminary Report for 1908," *Annals of Archaeology and Anthropology, Liverpool* 1: 41-47.

Garstang, J. 1913. "Second interim report on the excavations at Sakje-Geuzi, in north Syria, 1911", *Liverpool Annals of Archaeology & Anthropology* 5: 63-72.

Garstang, J., Phythian-Adams, W. J., Seton Williams, V. 1937. "Third report on the excavations at Sakje-Geuzi, 1908-1911," *Liverpool Annals of Archaeology and Anthropology* 24: 119-140.

Garstang, John. 1903. "Discoveries at Beni Hasan," *The Times [London, England]*, 1 June, Issue 37095: 13.

Garstang, John. 1910. *The Land of the Hittites: An Account of Recent Explorations and Discoveries in Asia Minor.* London: Constable.

Garstang, John. 1913. "Second interim report on the excavations at Sakje-Geuzi in north Syria," *Annals of Archaeology and Anthropology, Liverpool* 5: 63-72.

Garstang, John. 1929: *The Hittite Empire.* London: Constable.

Garstang, John, 1950. "In Pursuit of Knowledge" in *Traveller's Quest: Original Contributions towards a Philosophy of Travel,* ed. M.A. Michael, 2205-228. Edinburgh: William Hidge.

Garstang, John. 1953: *Prehistoric Mersin.* Oxford: Clarendon.

Gill, David W.J. 2000. "A Rich and Promising Site': Winifred Lamb (1894-1963), Kusura and Anatolian archaeology," *Anatolian Studies* 50: 1-10.

Greaves, Alan M. 2007. "Garstang's Dream: The Foundation of the British Institute at Ankara," *Anatolian Archaeology* 13: 35-37.

Greaves, Alan M. 2010. "John Garstang's Photographs of Turkey," *Anatolian Archaeology* 16: 32-33.

Günaltay, Şemseddin. 1956. "John Garstang," *Anatolian Studies* 6: 30.

Gür, Aslı. 2007. "Stories in Three Dimensions: Narratives of Nation and the Anatolian Civilizations Museum" in *The Politics of Public Memory in Turkey*, ed. by Esra Özyürek, 49-89. Syracuse NY: Syracuse University Press.

Gurney, Oliver R. 1998. "Fifty Years of the British Institute of Archaeology at Ankara" in *Ancient Anatolia: Fifty Years' Work by the British Institute at Ankara* ed. by Roger Matthews. 1-5. London: British Institute at Ankara.

Güterbock, Hans G. 1956. "Notes on Some Hittite Monuments," *Anatolian Studies* 6: 53-56.

Hawkins, J. David. 2003. "Oliver Robert Gurney Memoir" in: *British Academy Biographical Memoirs of Fellows: Volume 120,* ed. by British Academy. 554. Oxford: Oxford University Press.

Human, K., Puchstein, O. 1890. *Reisen in Kleinasien und Nordsyrien: ausgeführt im Auftrage der Königlichen Preussischen Akademie der Wissenschaften (Atlas)* Berlin: Verlag von Dietrich Reimer.

Intellectual Property Office (IPO), (Oct 2014), "Exceptions to Copyright: Libraries, Archives and Museum" https://www.gov.uk/government/uploads/system/uploads/attachment_data/file/375956/Libraries_Archives_and_Museums.pdf (Accessed 10/01/2015).

International Council on Archives (ICA) 'ISAD(G): General International Standard Archival Description, 2nd Edition' http://www.icacds.org.uk/eng/ISAD(G).pdf (Accessed 01/12/2014). Library of Congress (2014) "Personal Digital Archiving: The Basics of Scanning" http://blogs.loc.gov/digitalpreservation/2014/03/personal-digital-archiving-the-basics-of-scanning/ (Accessed 01/12/2014).

Kemp, Barry J. 1963. "Excavations at Hierakonpolis Fort, 1905: A Preliminary Note," *Journal of Egyptian Archaeology* 49: 24-28.

Kemp, Barry J. and R.S. Merrillees. 1980. "Chapter II. Abydos Tomb 416" in *Minoan Pottery in Second Millennium Egypt,* ed. Barry J. Kemp & R.S. Merrillees. 105-107. Mainz: Deutsches Archäologisches Institut, Abteilung Kairo.

Larson, John. 2006. *Lost Nubia: A Centennial Exhibit of Photographs from the 1905-1907 Egyptian Expedition of the University of Chicago.* Chicago: University of Chicago.

Library of Congress (2014) "Personal Digital Archiving: The Basics of Scanning" http://blogs.loc.gov/digitalpreservation/2014/03/personal-digital-archiving-the-basics-of-scanning/ (Accessed 01/12/2014).

Lloyd, Seton and James Mellaart. 1962. *Beycesultan 1: The Chalcolithic and Early Bronze Age Levels.* London: British Institute of Archaeology at Ankara.

Lloyd, Seton. 1974. "Twenty Five Years," *Anatolian Studies* 24:197-220

Makridi Bey, Theodor. 1908. La porte des sphinx a Euyuk Fouilles du Museé Imperial Ottoman. *Mitteilungen der Vorderasiatisch-Agyptischen Gesellschaft,* Volume 13.

Mellink, Machteld J. 2000. "Hans Gustav Güterbock, 1908-2000," *American Journal of Archaeology* 104 (4): 787-788.

Muir, R., 1943. *An Autobiography and Some Essays.* London: Lund Humphries & Co Ltd.

Özen, Latif. Undated. *Anadolu Medeniyetleri Müzesi, Konservasyon Laboratuarı Deneyimi.* (Internet publication: http://exchange.kumid.net/tr/docs/latifozen.pdf).

Padfield, Timothy. 2010. *Copyright for Archivists and Records Managers,* 4th Edn. London: Facet.

Perrin, C.-E. 1956. "Éloge funèbre de M. John Garstang, correspondant étranger de l'Académie," *Comptes-rendus des séances de l'Académie des Inscriptions et Belles-Lettres, 100e année,* Volume 3: 345-347.

Petrie, W.M. Flinders. 1932. *Seventy Years in Archaeology.* London: Kegan Paul.

Rutland, Françoise. 2014. *The Lost Gallery: John Garstang and Turkey – A Postcolonial Reading.* Unpublished PhD thesis. University of Liverpool, School of Archaeology, Classics and Egyptology.

Sayce, Archibald. 1903. *The Hittites: The Story of a Forgotten Empire.* London: Religious Tract Society.

Seton-Williams, Veronica. 1988. *Road to el-Aguzein.* London: Taylor and Francis.

Shaw, Wendy. 2007. "Museums and Narratives of Display from the Late Ottoman Empire to the Turkish Republic" in *Muqarnas 24. History and Ideology: Architectural Heritage of the "Lands of Rum,"* ed. Sibel Bozdoğan and Gülru Necipoğlu, 253-279.

Sheppard, Kathleen. 2010. "Flinders Petrie and Eugenics at UCL," *Bulletin of the History of Archaeology* 20(1): 16-29.

Snape, Steven. 1986. *Mortuary Assemblages from Abydos.* Unpublished PH D thesis, University of Liverpool.

Taylor, J. d. P., Williams, M. V. S., Waechter, J. 1950. "The Excavations at Sakce Gözü," *Iraq* 12/2: 53-138.

The National Archives (TNA), (2013) "Digitization at the National Archives" http://www.nationalarchives.gov.uk/documents/information-management/digitisation-at-the-national-archives.pdf (Accessed 01/12/2014).

Török, László. 1997. *Meroe city: An Ancient African Capital: John Garstang's Excavations in Sudan.* London: Egyptian Exploration Society.

Vandeput, Lutgarde. 2008. "The British Institute at Ankara: 60 Years Young," *Anatolian Studies* 58: 1-14.

Woolley, Leonard. 1956. "John Garstang," *Anatolian Studies* 6: 33-34

Wright, William and Archibald Sayce. 1886. *The Empire of the Hittites.* London: Nisbet.

Timeline		Zaman Çizelgesi
Born on the 5th of May in Blackburn, England.	1876	5 Mayıs'ta Blackburn, İngiltere'de doğdu.
Read Mathematics at Jesus College, Oxford University.	1895–99	Oxford Üniversitesi, Jesus College'da matematik okudu.
Participates in his first ever archaeological excavations at Ribchester, near Blackburn.	1898	Blackburn yakınlarında Ribchester'da hayatının ilk arkeolojik kazısına katıldı.
First excavation in Egypt with Sir Matthew Flinders Petrie.	1900	Sir Matthew Flinders Petrie ile Mısır'daki ilk kazısı.
Excavated at Beit Khallâf and Abmyeh, Egypt.	1901	Mısır, Beyt Hallaf ve Abmyeh'de kazılar yaptı.
Founded Institute of Archaeology in Liverpool.	1904	Liverpool Arkeoloji Enstitüsünü kurdu.
First visit to Turkey, touring Phrygian sites in Western Anatolia.		Türkiye'ye ilk ziyaret, Batı Anadolu'daki Frigya yerleşimleri gezisi.
Anatolia Survey.	1907	Anadolu Yüzey Araştırması.
Excavations at Sakçagözü, Gaziantep province, Turkey.	1908–11	Gaziantep, Sakçagözü kazıları.

Married Mariè Louise Bergés (1880-1949) from Toulouse, France.	**1907**	Toulouse, Fransa'dan Mariè Louise Bergés (1880-1949) ile evlendi.
Excavations at Nubian city of Meroë, Sudan.	**1909–14**	Sudan'daki Nübye şehri Meroe kazıları.
The Land of the Hittites is published.	**1910**	*The Land of the Hittites* yayımlandı.
World War I. John and Mariè Garstang both volunteered for Red Cross.	**1914–18**	I. Dünya Savaşı sırasında John ve Mariè Garstang Kızılhaç'ta gönüllü olarak çalıştı.
France appointed him Chevalier de la Légion d'Honneur for his work with the Red Cross during World War I.	**1920**	I. Dünya Savaşı'nda Kızılhaç'taki hizmetleri nedeniyle Fransız hükümeti tarafından Légion d'Honneur nişanıyla onurlandırıldı.
Director of the Department of Antiquities in the British Mandate of Palestine.	**1920–26**	Birleşik Krallık Filistin Mandası'nda Eski Eserler Dairesi direktörlüğünü üstlendi.
Cilician Survey and trial trench excavations at Sirkeli Höyük, Turkey.	**1936–37**	Kilikya Yüzey Araştırması ve Sirkeli Höyük'te deneme açma kazıları.
Excavations at Yümüktepe, Mersin.	**1937–39**	Mersin, Yümüktepe kazıları.
World War II. After London, the industrial port of Liverpool is the most heavily bombed city in Britain due to its crucial role in maintaining food and munitions supplies from North America.	**1939–45**	II. Dünya Savaşı. Bir sanayi limanı olan Liverpool, Kuzey Amerika'dan gelen yemek ve silah yardımlarının giriş noktası olduğu için İngiltere'de Londra'dan sonra en çok bombalanan şehir oldu.
27th December, earthquake hits Erzincan killing 33,000 people. Garstang used his contacts to establish an Anglo-Turkish Relief Committee.	**1939**	27 Aralık'ta Erzincan'da meydana gelen deprem 33.000 can aldı. Garstang tanıdıkları vasıtasıyla bir İngiliz-Türk Yardım Komitesi kurdu.

British consultant with the Turkish Government heading a humanitarian aid council for earthquake relief in Turkey.	1940	Depremzedelere yardım amacıyla kurulan İnsani Yardım Konseyi'nin yöneticisi olarak Türk hükümetine danışmanlık yaptı..
Hittite Gallery at Liverpool Museum is bombed and completely destroyed.	1941	Liverpool Müzesi Hitit Galerisi bombardımanlarda yerle bir oldu.
Liverpool Institute of Archaeology bombed and badly damaged.		Liverpool Arkeoloji Enstitüsü bombardımanlarda ağır hasara uğradı.
Garstang retired from the University of Liverpool.		Garstang Liverpool Üniversitesinden emekli oldu.
Resumed and completed his excavations at Mersin.	1946–48	Mersin'deki kazı faaliyetine geri dönerek tamamladı.
Founded British Institute at Ankara, appointed first director.	1948	Ankara'daki İngiliz Arkeoloji Araştırma Enstitüsünü kurdu ve ilk direktörü oldu.
Appointed Commander of the British Empire (CBE).	1949	Britanya İmparatorluğu Komutan Şövalyelik Nişanı'na (CBE) layık görüldü.
Returned to England to assume the position of President of BIAA, which he was to hold until his death in 1956.		1956 yılındaki vefatına kadar sürdüreceği BIAA'nın başkanlık görevini üstlenmek üzere İngiltere'ye döndü.
Mariè Louise Garstang died.		Mariè Louise Garstang öldü.
Made Honorary Fellow at Jesus College, Oxford University.	1956	Oxford Üniversitesi, Jesus College Fahri Üyesi oldu.
Died, aged 80, on the 12th of September as he left the site of Mersin where he had been visiting his old excavations with a group of tourists.		12 Eylül'de bir turist grubuyla Mersin'deki eski kazı alanını ziyaretinden dönerken seksen yaşında hayata gözlerini yumdu.

Notes

Chapter 1

1. VII–1#65, FCD Archives, NML; Perrin 1956, 346.
2. British Red Cross, e-mail correspondence, Cox-Rutland, 2012.
3. Funeral—Prof. J Garstang, *The Times* October 1956. Correspondent 1956.

Chapter 2

1. Letter from John Garstang to Sir Francis Chatillon Danson, NML Archives, Liverpool.
2. H. Winckler, 1907, Preliminary Report on Excavations at Boghaz Keui, (*Mitteilungen der Deutschen Orient-Gesellschaft*, Berlin).
3. Correspondence: J. Seeher & F. Rutland, 14th Jan, 2013.
4. Kuno Meyer was Professor of Teutonic Languages (1894–1903) and Professor of Celtic (1908–14) at University College Liverpool, now University of Liverpool (P159, Kuno Meyer Coll., Special Collections Archive of the University of Liverpool).
5. Letter from Garstang to Pears dated 15 July 1908. Garstang Museum of Archaeology, University of Liverpool.
6. Garstang Museum of Archaeology, University of Liverpool.
7. D/D/v/2/30, Garstang-Pears corr., 15.07.1908, GM, UoL.

Chapter 3

1. This text is a brief summary of on-going work which explores Garstang's work and methods as an archaeologist: Freeman *in prep*.
2. The British sites excavated, military in character, were Ribchester (1898 and 1899), Melandra (1898), Richborough (1900) and Brough-on-Noe (1903).
3. Identifying Garstang's Egyptian sites is complicated by the fact that he frequently opened trenches in areas adjacent to his main sites—usually as reconnaissance exercises—and/or interchanged names but included the results in the (interim) reports for the principle sites. Between 1902 and 1909 the main sites included Bet Kallef, Reqagnah, Mashana, Beni Hasan, Edfu, Esna, Hierakonpolis and Abydos. On occasional detours into Sudan in this period he was also opening (what he regarded as inconsequential) trenches at a variety of locations.
4. *The Times* 28 October 1903.
5. Egypt was then under British rule.
6. "Salvage" reports of some of the Egyptian sites published include: Adams 1987, 1990; Kemp 1963; Downes 1974; Kemp & Merrillees 1980; Snape 1986.

Chapter 4

1. University of Liverpool Annual Reports and Prospectus of the Institute of Archaeology. Hon. Secretary's Report 1907–8.
2. Ibid.
3. University of Liverpool Annual Reports and Prospectus of the Institute of Archaeology. Hon. Secretary's Report 1908–9.
4. Institute of Archaeology (University of Liverpool) Account: General Working Account for the Year ending 30 June 1909.

Bölüm 3

1. Bu metin Garstang'ın bir arkeolog olarak çalışmalarını ve metotlarını inceleyen bir çalışmanın çok kısa bir özetidir: Freeman *yayına hazırlanıyor*.
2. Kazılan, askeri nitelikli İngiliz kazı alanları Ribchester (1898 ve 1899), Melandra (1898), Richborough (1900) ve Brough-on-Noe (1903) idi.
3. Çoğu zaman, genellikle keşif amaçlı olarak, esas alanlara bitişik açmalar kazmış olması ve/veya isimleri birbirinin yerine kullanmış fakat sonuçları da esas alanlara ait (ara) raporlara dahil etmiş olduğundan dolayı Garstang'ın Mısır'da kazı yaptığı alanları kesin olarak belirlemek oldukça güçtür. 1902–9 yılları arasında kazı yapılan ana yerleşim alanları arasında Bet Kallef, Reqagna, Maşana, Beni Hasan, Edfu, Esna, Hierakonpolis ve Abydos bulunmaktadır. Bu dönemde ara sıra Sudan'da yöneldiği farklı güzergâhlarda çeşitli yerlerde (önemli bir sonuç alamadığını düşündüğü) açmalar da kazmıştı.
4. *The Times* 28 Ekim 1903.
5. Mısır o dönemde İngiliz yönetimi altındaydı.
6. Mısır'daki bazı kazı alanlarına ait "kurtarma kazısı" raporları arasında şunlar bulunmaktadır: Adams 1987, 1990; Kemp 1963; Downes 1974; Kemp ve Merrillees 1980; Snape 1986.

Bölüm 4

1. University of Liverpool Annual Reports and Prospectus of the Institute of Archaeology. Hon. Secretary's Report 1907–8.
2. Agy.
3. University of Liverpool Annual Reports and Prospectus of the Institute of Archaeology. Hon. Secretary's Report 1908–9.
4. Liverpool Üniversitesi Arkeoloji Enstitüsü Muhasebesi: 30 Haziran 1909 itibariyle Genel Yıl Sonu Muhasebesi.

5 PEF/SE/GAR "Camera 1." Tan leather satchel Stamped "Maurice L. MacEwan 16th Lancers" on exterior lid. Interior lid labeled: "W. Watson & Sons. Manufacturers of Optical & Photographic Instruments. 313 High Holborn…" Contents: 5xThornton & Pickard wood & metal (steel & brass) 5"x7" glass plate negative holders. 1 x C.P.Goerz. Berlin. Condenser lens. 1 x camera: Thornton Pickard Patent "Royal Ruby" Triple Extension. Wood, metal (steel & brass), glass, leather

6 PEF/SE/GAR "Camera 2." 1 x camera: Leather, wood, metal (steel & brass), glass. Embossed into wood on interior of glass plate holder: "Pat. Applied for"/ Also hand inscribed "Full size 15 ½ inches from Front (not lens)."

7 PEF/SE/GAR "Camera 3." Black leather box, blue velvet interior, with label "Sands Hunter & Co. Limited 37 Bedford Street. Strand W.C. Contents: 1 x Sands & Hunter & Co. Camera c. 4x3." Black leather, wood, metal (steel), glass. Labeled with metal plaque: "Sands & Hunter & Co. 37 Bedford Street, Strand, London W.C.2." and "'Fallowflex Jonathan Fallowfield 146 Charing Cross Road London W.C."

8 Sliver gelatin glass plate speed would have been in the range of ca. 10–20 ISO by modern comparison.

9 Common developers used in the early 20th century were Pyro or Metol/hydroquinone.

10 Ammonia or sodium carbonate.

11 Usually potassium bromide.

12 Under field conditions this could have been an oil lamp with a glass cover of a suitable colour.

13 The measurements of the 5"x7" plates range from 177x128 mm to 180x130 mm, with the most common (106 plates) size being 179x129 mm. (7 1/16x5 1/16).

5 PEF/SE/GAR "Kamera 1." Dış kapağında "Maurice L. MacEwan 16th Lancers" yazısı basılı kahverengi deri omuz çantası. Kapak içine basılı: "W. Watson & Sons. Manufacturers of Optical & Photographic Instruments. 313 High Holborn…" yazısı. Çanta içindekiler: 5 adet Thornton & Pickard ahşap ve metal (çelik ve pirinç) 5"x7" cam plaka negatif taşıyıcısı. 1 adet C.P.Goerz. Berlin. Kondansör lens. 1 adet fotoğraf makinesi: Thornton Pickard Patentli "Royal Ruby" Triple Extension. Ahşap, metal (çelik ve pirinç), cam, deri.

6 PEF/SE/GAR "Kamera 2." 1 adet fotoğraf makinesi: Deri, ahşap , metal (çelik ve pirinç), cam. Cam plaka taşıyıcısının iç yüzündeki ahşaba kabartma ile: "Pat. Applied for" yazılı. / Aynı zamanda el yazısı ile: "Full size 15 ½ inches from Front (not lens)" yazılı.

7 PEF/SE/GAR "Kamera 3." Siyah deri kutu, mavi kadife iç kaplama, etikette: "Sands Hunter & Co. Limited 37 Bedford Street. Strand W.C." yazılı. Muhtevası: 1 adet Sands & Hunter & Co. Fotoğraf makinesi yaklaşık 4x3." Siyah deri, ahşap, metal (çelik), cam. Metal bir plaka ile etiketlenmiş, üzerinde: "Sands & Hunter & Co. 37 Bedford Street, Strand, London W.C.2." ve ""Fallowflex Jonathan Fallowfield 146 Charing Cross Road London W.C." yazılı.

8 Gümüş jelatin kaplamalı cam plakanın film hızı günümüz film hızı değerleriyle karşılaştırıldığında yaklaşık 10–20 ISO'ya denk gelir.

9 Yirminci yüzyılın başlarında yaygın olarak kullanılan film banyosu kimyasalları Pyro ya da Metol/hidrokinon idi.

10 Amonyak ya da sodyum karbonat.

11 Genellikle potasyum bromür.

12 Saha koşullarında bu bir gaz lambası ile uygun renkte bir cam muhafaza olsa gerek.

13 5"x7" plakaların ölçüleri 177x128 mm ile 180x130 mm arasında değişmektedir ve en yaygın olarak rastlanan ölçü (106 plaka) 179x129 mm (7 1/16x5 1/16) ebadındadır.

Chapter 5

1. I must express my gratitude to Vural Genç for his efforts in transcribing these documents.
2. In archaeological texts, Coba Höyük mound was incorrectly named after a nearby village as Sakçegözü/Sakçagözü (Türkiye Arkeolojik Yerleşmeleri-TAY Project).
3. BOA. MKT. 985/72, 18 Kanunievvel 1322/31 December 1906.
4. In 1906 the Ancient Monuments Act was reviewed and certain shortcomings were revised (Akçura 1972: 40). According to Article 14 of the Ancient Monuments Act, applications for excavation permits must be made to the Ministry of Education (Eriş 2012: 41). For issues regarding the Ancient Monuments Act in the Ottoman Empire, see Çal 1997: 391-400.
5. On the two stamps affixed to the map appears the name of Edwin Pears and the date 6/19/1905.
6. MF. MKT. 985/72, 26 Rebiülevvel 1325/9 May 1907.
7. Presumably this is the same map mentioned in the previous correspondence (Fig. 5.1).
8. BEO. 003188/239090, 14 Şevval 1325/20 November 1907.
9. DH. MKT. 1212-71, 14 Şevval 1325/20 November 1907.
10. BEO. 3195/239590, 22 Şevval 1325/28 November 1907; BEO. 003195/239590, 22 Şevval 1325/28 November 1907.
11. BEO. 003183/23865, 27 Şevval 1325/3 December 1907.
12. Garstang Museum of Archaeology Archives, University of Liverpool.
13. DH. MKT. 2624/45, 10 Ramazan 1326/6 October 1908.
14. Letter from Garstang to Pears dated 29 October 1908. (Garstang Museum of Archaeology Archives, University of Liverpool.)
15. Letter from Garstang to Pears dated 14 July 1909. (Garstang Museum of Archaeology Archives, University of Liverpool.)
16. İ.MF. 16/7, 2 Cemaziyelahir 1328/11 June 1910
17. İ.MF. 16/7, 19 Cemaziyelahir 1328/28 June 1910.

Bölüm 5

1. Belgelerin transkripsiyonunu yapan Vural Genç'e teşekkür ederim.
2. Coba Höyük, yakındaki köyün isminden yola çıkılarak arkeolojik metinlere yanlış bir şekilde Sakçagözü/Sakçagözü olarak geçmiştir (Türkiye Arkeolojik Yerleşmeleri-TAY Projesi).
3. BOA. MKT. 985/72, 18 Kanunievvel 1322/31 Aralık 1906.
4. 1906 yılında Asar-ı Atika Nizamnamesi yeniden ele alınarak bazı eksiklikler giderilmeye çalışılmıştır (Akçura 1972: 40). Asar-ı Atika Nizamnamesinin 14. Maddesiyle kazı yapacak kişilerin kazı izni almak için Maarif Nezaretine başvurmaları istenmektedir (Eriş 2012: 41). Osmanlı Devleti'nde Asar-ı Atika Nizamnameleri ile ilgili olarak bkz. Çal 1997: 391-400.
5. Söz konusu haritaya yapıştırılan iki adet pul üzerinde Edwin Pears'ın adı ve 6/19/1905 tarihi yer almaktadır.
6. MF. MKT. 985/72, 26 Rebiülevvel 1325/9 Mayıs 1907.
7. Bu büyük ihtimalle bir önceki yazışmada zikredilen haritadır (Res. 5.1).
8. BEO. 003188/239090, 14 Şevval 1325/20 Kasım 1907.
9. DH. MKT. 1212-71, 14 Şevval 1325/20 Kasım 1907.
10. BEO. 3195/239590, 22 Şevval 1325/28 Kasım 1907; BEO. 003195/239590, 22 Şevval 1325/28 Kasım 1907.
11. BEO. 003183/23865, 27 Şevval 1325/3 Aralık 1907.
12. Garstang Arkeoloji Müzesi Arşivleri, Liverpool Üniversitesi.
13. DH. MKT. 2624/45, 10 Ramazan 1326/6 Ekim 1908.
14. Garstang'dan Pears'a 29 Ekim 1908 tarihli mektup (Garstang Arkeoloji Müzesi Arşivleri, Liverpool Üniversitesi).
15. Garstang'dan Pears'a gönderilen 14 Temmuz 1909 tarihli mektup (Garstang Arkeoloji Müzesi Arşivleri, Liverpool Üniversitesi).
16. İ.MF. 16/7, 2 Cemaziyelahir 1328/11 Haziran 1910.
17. İ.MF. 16/7, 19 Cemaziyelahir 1328/28 Haziran 1910.

18 BEO. 3776/283152, 27 Cemaziyelahir 1328/6 July 1910; BEO. 3776/283152, 28 Cemaziyelahir 1328/7 July 1910
19 MF. MKT. 1160/6, 17 Temmuz 1326/30 July 1910.
20 MF. MKT. 1160/6, 14 Ağustos 1326/27 August 1910.
21 MF. MKT. 1160/6, 24 Zilhicce 1328/27 December 1910.
22 For a photograph of Garstang's tent, see (Greaves 2010: 33).
23 DH. İD 60-9, 5 Şevval 1329/29 September 1911; DH. İD 60-9, 17 Şevval 1329/11 October 1911.
24 DH. İD 60-9, 5 Ramazan 1329/30 August 1911; DH. İD 60-9, 17 Ağustos 1327/30 August 1911.
25 MF. MKT. 985/72, 18 Kanunievvel 1322/31 December 1906.
26 In a letter, dated October 29th, 1908, from Garstang to Pears, it is mentioned that he had sent the entire small finds that were found to Osman Hamdi Bey. He adds that the sculptures were too heavy to be transported to Istanbul, and that if Garstang were allowed to take five copies from the works that they found, they would carry all the stones to Istanbul (Garstang Museum of Archaeology Archives, University of Liverpool). Garstang was evidently allowed to make his copies. On the history of the stones see Öz in this volume.
27 MF. MKT. 1160/6, 17 Temmuz 1326/30 July 1910.

Chapter 6

1 The name of the museum changed to Ankara Archaeological Museum and then to Ankara Anatolian Civilizations Museum in 1968 (Gür 2007: 48).
2 A team under the auspices of the BIAA that subsequently worked on the site forty years after Garstang, in 1949, recorded these "Turkish trenches," as they called them, during their own excavation (see du Plat Taylor et al. 1950: Figs 6, 11).

18 BEO. 3776/283152, 27 Cemaziyelahir 1328/6 Temmuz 1910; BEO. 3776/283152, 28 Cemaziyelahir 1328/7 Temmuz 1910.
19 MF. MKT. 1160/6, 17 Temmuz 1326/30 Temmuz 1910.
20 MF. MKT. 1160/6, 14 Ağustos 1326/27 Ağustos 1910.
21 MF. MKT. 1160/6, 24 Zilhicce 1328/27 Aralık 1910.
22 Garstang'ın çadırı için bkz. (Greaves 2010: 33).
23 DH. İD 60-9, 5 Şevval 1329/29 Eylül 1911; DH. İD 60-9, 17 Şevval 1329/11 Ekim 1911.
24 DH. İD 60-9, 5 Ramazan 1329/30 Ağustos 1911; DH. İD 60-9, 17 Ağustos 1327/30 Ağustos 1911.
25 MF. MKT. 985/72, 18 Kanunievvel 1322/31 Aralık 1906.
26 29 Ekim 1908 yılında Pears'a yazdığı mektupta Garstang, buldukları küçük buluntuların tümünü Osman Hamdi Bey'e gönderdiğinden bahsetmektedir. Ayrıca heykellerin taşımak için çok ağır olduğuna değinerek buldukları eserlerden beş kopyanın kendilerine verilmesi halinde bütün taşları İstanbul'a götürebileceklerini belirtmektedir (Garstang Arkeoloji Müzesi Arşivleri, Liverpool Üniversitesi). Garstang'ın bunlardan kopya çıkarma izni olduğu anlaşılmaktadır. Bu taşların tarihçesi için bkz. Öz'ün bu kitaptaki yazısı.
27 MF. MKT. 1160/6, 17 Temmuz 1326/30 Temmuz 1910.

Bölüm 6

1 Müzenin adı önce Ankara Arkeoloji Müzesi daha sonra 1968 yılında da Ankara Anadolu Medeniyetleri Müzesi olarak değiştirilecektir (Gür 2007: 48).
2 Garstang'dan kırk yıl sonra, 1949 yılında, kazı alanında çalışan BIAA (Ankara İngiliz Arkeoloji Enstitüsü) himayesindeki bir ekip, kendi kazıları sırasında bu çalışmaları "Türk açmaları" adını vererek kaydetmiştir (bkz. du Plat Taylor vd. 1950: Res. 6, 11).
3 Şerif Akşit ile kişisel görüşme.

3 Personal communication with Şerif Akşit.
4 It is interesting to see that the plaster cast of the sphinx column-base made from Garstang's original squeezes already had its second head restored when it was photographed in 1931 (see Fig. 1.8).
5 This was the only conservation laboratory in a museum in Turkey. In 2012 it was converted into a regional directorate with a remit covering eighteen other museums.

Chapter 7

1 This chapter is an extended version of an earlier article on this theme (Greaves 2007). The BIAA was originally founded as the British Institute of Archaeology in Ankara, but is now known as the British Institute in Ankara to reflect its broader disciplinary remit.
2 The back pages of his Sakçagözü notebook include hand written grammar and vocabulary exercises from which we can surmise that he was practicing his Turkish whilst working on site (UCL Archives).

Chapter 8

1 24 megapixel Sony a850 digital camera with a Sony 100 mm f2.8 macro lens.
2 Shutter speeds varied between 1/8 and 4 seconds.
3 Accessed at www.geonames.org
4 Recorded in the Minutes of the Institute of Archaeology held in the Garstang Museum of Archaeology.

4 1931 yılında fotoğraflandığı zaman Garstang'ın orijinal kalıbından yapılan sfenksli sütun kaidesinin alçı döküm modelinde ikinci başın çoktan restore edilmiş olduğunu görmek ilginçtir (bkz. Res. 1.8).
5 Bu Türkiye'de bir müzede bulunan tek koruma laboratuvarıydı. 2012 yılında sorumluluk alanı on sekiz başka müzeyi kapsayan bir bölge müdürlüğü haline getirilmiştir.

Bölüm 7

1 Bu bölüm, burada ele alınan konu üzerine daha önce kaleme alınan bir makalenin genişletilmiş halidir (Greaves 2007). BIAA ilk kurulduğunda adı British Institute of Archaeology in Ankara (Ankara İngiliz Arkeoloji Enstitüsü) idi, daha sonra adı ilgi alanlarının genişletilmesini yansıtmak amacıyla British Institute in Ankara (Ankara İngiliz Enstitüsü) olarak değiştirilmiştir.
2 Sakçagözü defterinin arka sayfalarında kazı alanında bir yandan da Türkçe çalıştığını gösteren dilbilgisi ve kelime haznesi alıştırmaları bulunmaktadır (UCL Arşivleri).

Bölüm 8

1 24 megapiksel Sony a850 dijital kamera üzerinde Sony 100 mm f2.8 makro lens.
2 Pozlama süreleri 1/8 ila 4 saniye arasında değişmiştir.
3 Erişim: www.geonames.org
4 Garstang Arkeoloji Müzesi Arşivinde bulunan Arkeoloji Enstitüsü Tutanakları'nda kayıtlıdır.

Contributors

Katkıda Bulunanlar

PHIL FREEMAN is senior lecturer in Roman Archaeology at the University of Liverpool. His research interests include the archaeology of Roman frontiers as well as the history of the study of Roman archaeology. He also has publications on the archaeology of early modern warfare. He is currently working on a study of the archaeological work of the first Professor of Archaeology at Liverpool, John Garstang.

BÜLENT GENÇ graduated from Dicle University, Department of Archaeology in 2003. He started his graduate studies in 2004 at Yüzüncü Yıl University with a dissertation entitled "Western Expansion of the Urartu Kingdom in Written Documents and Archaeological Finds." He started his PhD studies in Ancient History at Marmara University in 2008. He received his degree in 2015 with his dissertation entitled "Cultural Relations between Urartu and Assyria and the Effect of Assyria in the Transformation of Urartu."

ALAN M. GREAVES is senior lecturer in Archaeology at the University of Liverpool. He has been working on the archaeology of Turkey since 1992, including fieldwork and research at the sites of Miletos, Aphrodisias and Oylum Höyük. He is currently director of the Çaltılar Archaeology Project (www.sace.ac.uk/lycia). Previously he was a partner

PHIL FREEMAN Liverpool Üniversitesi Roma Arkeolojisi Bölümü öğretim üyesidir. Araştırma konuları Roma sınır bölgeleri arkeolojisi ve Roma akeolojisi tarihidir. Bunların yanı sıra erken dönem modern savaş teknikleri arkeolojisi üzerine yayınlar yaptı. Şu an Liverpool'daki ilk arkeoloji profesörü John Garstang'ın işleri üzerine bir çalışma yürütmektedir.

BÜLENT GENÇ 2003 yılında Dicle Üniversitesi Arkeoloji Bölümünden mezun oldu. 2004 yılında Yüzüncü Yıl Üniversitesi Arkeoloji Bölümü, Protohistorya ve Önasya Arkeolojisi'nde yüksek lisansa başladı. 2008 yılında "Yazılı Belgeler ve Arkeolojik Kanıtlar Işığında Urartu Krallığı'nın Batı Yayılımı" başlıklı tez çalışmasıyla yüksek lisansını tamamladı. 2008 yılında Marmara Üniversitesi Eskiçağ Tarihi'nde doktora çalışmalarına başladı. Doktorasını "Urartu ve Assur Arasındaki Kültürel İlişkiler ve Urartu'nun Dönüşümünde Assur Etkisi" adlı tez çalışmasıyla 2015 yılında tamamladı.

ALAN M. GREAVES Liverpool Üniversitesi Arkeoloji Bölümü öğretim üyesidir. 1992'den beri Türkiye arkeolojisi çalışmaktadır, Miletos, Aphrodisias ve Oylum Höyük kazı alanlarında çalıştı. Şu an Çaltılar Arkeoloji Projesi'nin direktörüdür (www.sace.ac.uk/lycia). Geçmişte Fethiye Müzesinde, bir Türkiye-AB ortak projesi kap-

in a Turkey-EU funded partnership with Fethiye Museum that worked to tackle looting of archaeological sites in rural areas of Muğla province through community education. In 2006, together with Alexandra Fletcher, he organised an international conference at the British Museum entitled Transanatolia: Connecting East and West in the Archaeology of Turkey (published by the BIAA in 2007). He previously published two monographs on Turkish Archaeology: *Miletos: A History* (2002) and *The Land of Ionia* (2010), both of which available in Turkish via Homeros Kitabevi.

BOB MILLER is a specialist in archaeological photography, and has worked with universities from Australia, Britain, Cyprus, Greece, Jordan, Syria, and Turkey. He is currently working on his PhD in archaeological photography at the University of Canberra, Australia, where he was formerly a senior lecturer in photography and design. His research interests include the history of archaeological photography and the impact of digital photography in this field. His work is represented in a number of institutions including the photographic collections of the National Library of Australia.

B. NİLGÜN ÖZ is currently the BIAA-RCAC fellow in Cultural Heritage Management at Koç University. Trained as a conservation architect at METU in Ankara, she has worked for both private and public organizations, including the Chamber of Architects of Turkey, and worked for over fifteen years on various heritage projects, three of which received the Europa Nostra Award–EU Prize for Cultural Heritage. Her main research interests include the conservation of archaeological sites (especially those excavated by foreign teams working in Turkey), management planning and community engagement. Previously a research fellow of the University of Liverpool, she is working on her PhD at

samında, toplum eğitimi yoluyla Muğla'daki arkeolojik alanlarda yağmalamanın önüne geçmek için yapılan bir çalışmada görev aldı. 2006'da Alexandra Fletcher ile beraber British Museum'da Transanatolia: Connecting East and West in the Archaeology of Turkey başlıklı uluslararası bir konferans düzenledi. Konferans bildirileri BIAA tarafından 2007 yılında yayımlandı. Yazarın Türkiye arkeolojisi üzerine iki kitabı vardır: *Miletos: A History* (2002) ve The *Land of Ionia* (2010). Bu iki kitabın Türkçe çevirileri Homeros Kitabevi tarafından basılmıştır.

BOB MILLER Avusturalya, Kıbrıs, Yunanistan, Ürdün, Suriye ve Türkiye'deki çeşitli üniversitelerin projelerinde arkeoloji fotoğrafçısı olarak çalışmaktadır. Daha önce fotoğrafçılık ve tasarım konularında öğretim görevlisi olduğu Canberra Üniversitesinde arkeoloji fotoğrafçılığı üzerine doktora yapmaktadır. Araştırmaları arkeoloji fotoğrafçılığının tarihi ve dijital fotoğraf tekniklerinin bu alana olan etkilerini kapsamaktadır. Çalışmaları, aralarında Avusturalya Milli Kütüphanesinin fotoğraf koleksiyonlarının da bulunduğu pek çok koleksiyona dahil edilmiştir.

B. NİLGÜN ÖZ Koç Üniversitesi BIAA–ANAMED Kültürel Miras Yönetimi bursiyeridir (2015–16). Koruma–onarım uzmanı mimar (ODTÜ) olarak Mimarlık Bölümünde bu alanda eğitim aldıktan sonra on beş yılı aşkın bir süre, aralarında Mimarlar Odasının da bulunduğu özel ve devlet kurumlarında kültürel miras projelerinde çalıştı. Bunlardan üçü AB'nin kültürel miras alanında verdiği Europa Nostra Ödülü'ne layık görüldü. Araştırmaları arkeolojik alanların korunması (özellikle Türkiye'de yabancı ekiplerin çalıştıkları alanlarda), yönetim planlaması ve toplumsal duyarlılık konularını kapsamaktadır. Daha önce Liverpool Üniversitesinde ziyaretçi araştırmacı olan

METU. She is a member of several Turkish and international heritage organisations, including ICOMOS Turkey.

JR PETERSON is a senior technician and photographer in the School of Histories, Languages and Cultures at The University of Liverpool. He has been the technical lead, or has been closely involved in the technical aspects, of a number of projects using techniques including photographic negative and slide digitisation, Structure-from-Motion photogrammetry (SfM), Reflectance Transformation Imaging (RTI), triangulation laser scanning and time-of-flight laser scanning, as well as archaeological object photography both in the studio and in the field. He has a degree in Computer Science and previously worked in software engineering.

FRANÇOISE P. RUTLAND completed her PhD at the University of Liverpool with a Collaborative Doctoral Award from the Arts Humanities and Research Council in partnership with National Museums Liverpool. Her thesis entitled "The Lost Gallery" was a postcolonial reading of the work of John Garstang in Turkey and centred on the destroyed Hittite Gallery in Liverpool Museum and the cultural contexts within both Britain and Turkey in which Garstang operated. After graduation she worked as a knowledge transfer associate with Peter Sommer Travels, a travel company specialising in cultural tourism in Turkey and the Mediterranean. With a background in Near Eastern Archaeology focusing upon the utility of Hittite and Neo-Hittite heritage, she has worked with various national and international heritage organisations, museums, art galleries and archaeology institutes in the United Kingdom, Malta, and Turkey as a researcher, curator, project developer and collections manager. Working as a cultural historian she specialised in the analysis of collections and displays exploring themes relevant to contemporary social contexts.

Öz, ODTÜ'de doktora çalışmalarını sürdürmektedir. ICOMOS Türkiye gibi pek çok Türk ve uluslararası kültürel miras örgütüne üyedir.

JR PETERSON Liverpool Üniversitesi Tarih, Dil ve Kültür Fakültesinde uzman teknisyen ve fotoğrafçı olarak çalışmaktadır. Negatif fotoğraf ve slayt dijitalleştirmesi, Fotoğraftan 3D'ye (SfM) Yansıtma Dönüşümlü Görüntüleme (RTI), üçgenleme lazer taraması ve *time-of-flight* lazer taramasının yanı sıra sahada ve stüdyoda arkeolojik obje fotoğrafçılığı konularını kapsayan birçok projenin teknik ekibinde yer aldı, yöneticiliğini üstlendi. Bilgisayar üzerine bir derecesi olan Peterson'ın yazılım mühendisliği geçmişi de vardır.

FRANÇOISE RUTLAND doktorasını Liverpool Üniversitesinde tamamladı, çalışması Liverpool Ulusal Müzeleri ve İnsani Bilimler Araştırma Konseyinin verdiği Ortak Doktora Ödülü'ne layık görüldü. "Lost Gallery" başlığını taşıyan tezi John Garstang'ın Türkiye'deki çalışmalarının postkolonyal bir incelemesi olup, Liverpool Müzesi Hitit Galerisinin bombalanarak tahrip edilmesi ve Garstang'ın çalıştığı dönemde Türkiye ve İngiltere'deki kültürel bağlamları irdelemektedir. Mezuniyetinden sonra Türkiye ve Akdeniz'de kültür turizmi yapan Peter Sommer Travels'ta bilgi aktarım uzmanı olarak çalıştı. Yakındoğu arkeolojisi, özellikle de Hitit e Neo-Hitit kültürel mirası uzmanlığı sayesinde Birleşik Krallık, Malta ve Türkiye'de birçok ulusal ve uluslararası kültürel miras kurumu, müze, sanat galerisi ve arkeoloji enstitüsünde araştırmacı, küratör, proje geliştiricisi ve koleksiyon yöneticisi olarak çalıştı. Kültürel tarihçi olarak güncel sosyal konularla ilişkilendirilen temalara odaklanan koleksiyon ve sergilerde uzmanlaştı.

KATIE WARING is a qualified archivist with over ten years' experience. She led the digital archive strand of the Heritage Lottery Funded Lost Gallery project in which she processed photographic collections relating to John Garstang's work in the Near East held by the Garstang Museum, University of Liverpool. She is currently working on the Pilgrim Trust funded Ancient Egypt in Focus project at the University of Liverpool to catalogue and digitize the Garstang Museum's photographic collections relating to John Garstang's work in Sudan and Egypt.

KATIE WARING on yıldan uzun bir deneyime sahip bir arşivcidir. Heritage Lottery'nin sponsorluğunu üstlendiği Lost Gallery projesinin dijital arşiv kolunu yönetti, bu görev kapsamında Liverpool Üniverstesi Garstang Müzesinde bulunan, Garstang'ın Yakındoğu çalışmalarıyla ilgili fotoğraf koleksiyonlarını hazırladı. Şu an Pilgrim Trust sponsorluğunda, Liverpool Üniversitesinin Ancient Egypt in Focus isimli projesinde kullanılacak olan, Garstang Müzesindeki Garstang'ın Sudan ve Mısır fotoğraf koleksiyonlarının kataloglaması ve dijitalleştirmesinde çalışmaktadır.

www.ingramcontent.com/pod-product-compliance
Lightning Source LLC
Chambersburg PA
CBHW080803300426
44114CB00020B/2817